निबन्धों की दुनिया

केदारनाथ अग्रवाल

निबन्धों की दुनिया

केदारनाथ अग्रवाल

सम्पादक

निर्मला जैन

वाणी प्रकाशन

वाणी प्रकाशन
4695, 21-ए, दरियागंज, नयी दिल्ली 110 002

शाखा
अशोक राजपथ, पटना 800 004

फ़ोनः +91 11 23273167 फ़ैक्स: +91 11 23275710

www.vaniprakashan.in
vaniprakashan@gmail.com

NIBANDHON KI DUNIYA : KEDARNATH AGARWAL
Edited by : Nirmala Jain

ISBN : 978-93-5072-162-9
Literary Essays

प्रथम संस्करण
मूल्य : ₹ 395

ओम ऑफ़सेट, दिल्ली-110093 में मुद्रित

वाणी प्रकाशन का लोगो मक़बूल फ़िदा हुसेन की कूची से

अनुक्रम

भूमिका

केदारनाथ अग्रवाल का जन्म 9 अप्रैल, 1911 को उत्तर प्रदेश के बाँदा क्षेत्र के कमासिन नाम के कस्बे में हुआ। आरम्भिक शिक्षा स्थानीय स्कूल में और उसके बाद क्रमशः रायबरेली और कानपुर में हुई। अन्ततः इलाहाबाद विश्वविद्यालय से उन्होंने बी.ए. और डी.ए.वी. कॉलेज कानपुर में एल.एल.बी. की पढ़ाई पूरी की। वे जन्मना वैश्य, पेशे से वकील, पर हृदय से कवि थे। काव्य रचना का संस्कार उन्होंने पिता से पाया था। घर के पुस्तकालय में सहज उपलब्ध काव्य-ग्रन्थों का कवि केदार ने लगन से अध्ययन किया। कहा जाता है कि कथा-साहित्य पढ़ने में उनकी विशेष रुचि नहीं थी। घर में ज़मीनें भी थी और दुकानें भी। इसलिए कृषि और व्यापार भी उनके सहज संस्कार का हिस्सा हो गये। विशेषकर किसान-चेतना का प्रभाव उनकी कविता में भरपूर दिखाई पड़ता है। उन्हें वृत्ति से किसान, पेशे से वकील और रुचि से कवि कहा जा सकता है। व्यापारी का काइयाँपन नहीं अलबत्ता समझदारी और विवेक भी उनकी मानसिक बनावट का हिस्सा अवश्य रही होगी जिसके कारण उनकी अभिव्यक्ति में मताग्रही तेवर रह रहकर प्रकट होता है। पर मुख्य रूप से वकालत के साथ-साथ वे जीवनपर्यन्त पूरी निष्ठा से साहित्य-रचना करते रहे। उनकी प्रकाशित रचनाओं में मौलिक काव्य कृतियों के अलावा, निबन्ध-संग्रह, यात्रा वृत्तान्त, अनुवाद और 'मित्र संवाद' नाम से दो खंडों में प्रकाशित पत्राचार भी शामिल है। इन रचनाओं की कुल संख्या 29 है। यह अलग बात है कि सम्पादित काव्य और निबन्ध संग्रहों में उनके संपादकों ने संकलित रचनाओं का एकाधिक बार समावेश कर लिया है।

केदारनाथ अग्रवाल के मित्र वरिष्ठ मार्क्सवादी आलोचक डॉ. रामविलास शर्मा ने बाबा नागार्जुन और केदारनाथ अग्रवाल का महत्त्व विशेष रूप से राजनीति को कविता का विषय बनाने की दृष्टि से स्वीकार किया था। क्रमशः यह विशेषता उनके रचना कर्म की पहचान बन गयी और उनकी गणना प्रगतिशील साहित्य के प्रमुख स्तम्भों में होने लगी। यह बात अलग है कि उनके चिन्तन और सृजन का क्षेत्र कहीं आधिक व्यापक है। सम्वेदनशील भाव-तन्त्र और गहन वैचारिकता की

संहिति से उनकी सृजनशीलता आकार लेती है—कविता और गद्य दोनों में।

अभिव्यक्ति के इन दोनों रूपों को जोड़ने वाली विशेषता है मार्क्सवादी विचारधारा में अतर्क्य विश्वास और जन-जीवन के प्रति उनकी प्रतिबद्धता। उनकी कविताओं के विभावन व्यापार और चिन्तन के सरोकार, दोनों का स्रोत एक ही है—व्यापक लोक जीवन। अभिजनों का नहीं, सामान्यों का। उनकी कविता और गद्य-रचनाओं का वस्तु जगत बेहद ठोस और मूर्त है, पूरी तरह पारदर्शी। पाठक जिसके आर-पार देख सकता है। न कोई दुराव छिपाव है और न लक्षणा-व्यंजना की भाषिक पेचीदगियाँ। वे अभिधा की शक्ति और सौन्दर्य के रचनाकार हैं। अपने चारों ओर के परिवेश, अतीत और वर्तमान, परम्परा और आधुनिकता की पारस्परिकता के सहज और समझदार प्रेक्षक। साथ ही वैचारिक प्रतिबद्धता के एकनिष्ठ समर्थक और दावेदार। कविता में वे जो रचते हैं, उसकी ऐतिहासिक पृष्ठभूमि और वैचारिक आधार का खुलासा अपनी निबन्ध रचनाओं में करते चलते हैं। कविता में यदि उनका भावप्रवण अन्तस् आकार लेता है तो निबन्धों में उनका बौद्धिक अपने सृजन के वैचारिक आधार के प्रखर प्रवक्ता के रूप में सामने आता है। दोनों मिलकर रचनाओं में एक अनुभूति-प्रवण, विचार सम्पन्न समग्र व्यक्तित्व को आकार देते हैं। कुछ उसी ढंग से जिसके बारे में आचार्य रामचन्द्र शुक्ल जी ने 'चिन्तामणि' के निवेदन में लिखा थाः "यात्रा के लिए निकलती रही है बुद्धि, पर हृदय को भी साथ लेकर। ...बुद्धि-पथ पर हृदय भी अपने लिए कुछ न कुछ पाता रहा है।" निबन्ध मूलतः रचनाकार की बौद्धिक यात्रा का प्रतिफल होता है। इसलिए उसमें विषय, विचार को प्रमुखता मिलती है। जहाँ हृदय का हस्तक्षेप कुछ अतिरिक्त होता है वहाँ व्यक्ति की प्रधानता और लालित्य का अनुपात बढ़ जाता है। केदारनाथ अग्रवाल के निबन्ध पहली कोटि में आते हैं।

प्रस्तुत संकलन में ठेठ निबन्ध की श्रेणी में आने वाली ग्यारह रचनाएँ हैं। एक भाषण है; 'प्रगतिशील साहित्यकारों से' जिसमें शीर्षक के अनुरूप पाठक का परिचय मार्क्सवादी रचनाकारों से लेखक की अपेक्षाओं से होता है। केदार जी के अधिकांश निबन्धों का सरोकार साहित्य की जीवन-सम्बद्धता है। अलग-अलग कोणों से वे इसी मूल प्रश्न के इर्द-गिर्द अपने विचार-तन्त्र को केन्द्रित करते हैं। अभिव्यक्ति के विभिन्न रूपों में साहित्य की अपनी विधि होती है। भाषा प्रयोग का अपना निजी ढब, एक अलग लय। जो भाव और विचार की उपस्थिति के अनुपात से रूप बदलती है। एक ही बात, अनुभव या चिन्तन के आग्रह से जब कविता और निबन्ध में अलग रूप लेती है तो बात एक ही नहीं रहती। कभी-कभी भाव-लय की व्याख्या के लिए रचनाकार विचार लय का सहारा लेता है। सर्जनात्मक उपक्रम की विश्लेषणपरक समझ के लिए। यह प्रक्रिया अपनी सृष्टि को ही अपने से दूर हटकर समझने की कोशिश जैसी होती है। कविता में जो अनकहा रह गया,

क्योंकि वह गद्य में ही कहा जा सकता था, उसी को कहने की कोशिश का प्रतिफलन होता है निबन्धों में। विशेषकर वैचारिक निबन्धों में।

केदारनाथ अग्रवाल आधुनिक कला के उन कवियों में हैं जिन्होंने 'नयी कविता' के समानान्तर अपनी अलग और विशिष्ट पहचान कायम की। प्रगतिवादी खेमे के कवियों के रूप में। फर्क दोनों के यथार्थ-विषयक दृष्टिकोण में था। नये कवियों ने जब 'अनुभूति की प्रामाणिकता' का आग्रह किया तो वे सतही यथार्थ से जारी होकर गहराई में जाने वाली अन्तःक्रिया पर बल दे रहे थे और प्रगतिशील कवि और आलोचक यथार्थ के सतही वस्तुगत यथार्थ पर। 'नयी कविता और अस्तित्ववाद' में डॉ. रामविलास शर्मा यथार्थ की भीतरी परतों में अन्तः प्रवेश करने के आग्रह से अभिव्यक्ति में आने वाली दुरूहता के कारण साधारण जनता और कविता के बीच पैदा होने वाली खाई की चर्चा मुक्तिबोध के सन्दर्भ में कर चुके थे। संप्रेषण में पैदा होने वाले इस अटकाव को उन्होंने 'निम्नमध्यवर्गीय स्तर छोड़ने की कठिनाई' कहा है। इस कठिनाई से एक बड़ा पाठक-वर्ग साहित्य की पहुँच के बाहर छूट जाता है और ऐसा साहित्य विशिष्टों का साहित्य होकर रह जाता है।

नयी कविता को केदारनाथ अग्रवाल 'आधुनिकता की खोल में छिपी मौलिकता' की देन मानते थे। ऐसी मौलिकता 'समग्र मानवता की चेतना की नहीं', बल्कि एक व्यक्ति-विशेष के—एक आधुनिक कृतिकार के दृष्टिकोण का प्रतिनिधित्व करती है और वही उसका लक्ष्य होता है। इसके विपरीत 'निजत्व से बाहर निकली मौलिकता पूर्ण निर्वैयक्तिकता है, जिसका दूसरे मनुष्य की रुचि और रस से पूरा सम्बन्ध है।'

कृतिकार की मानसिक चेतना की सार्थकता वे वस्तु-जगत में अपनी विलगता खोने में मानते हैं। विलगता खोने की स्थिति जब आती है तब 'मानसिक चेतना एक उद्देश्य, एक जीवन-दर्शन, एक समाधान, एक नैतिकता, एक संकल्प, एक क्रियाकलाप से संलग्न होती है और लोक-चेतना से आबद्ध होती है' इसके विपरीत नयी कविता चूँकि 'मानसिक चेतना की कविता है' इसलिए 'वह क्षण की कविता है।' 'खंडित सौन्दर्य की कविता है।' 'कुंठित व्यक्तित्व की कविता है', 'खंडित लय की कविता है', और अन्ततः 'असंस्कृत कविता है'।

साहित्य के प्रति अपने दृष्टिकोण का खुलासा करते हुए विरोधी नज़रिये की आलोचना वे अक्सर इतनी ही प्रखरता और कटुता से करते हैं। सवाल नयी-कविता की 'समस्या और समाधान' का हो, या 'साहित्य में यथार्थवाद' का। साहित्य में यथार्थवाद की प्रतिष्ठा करते हुए छायावादी साहित्य और आदर्शवाद के समर्थकों की वे तीव्र आलोचना ही नहीं करते, लगभग एकसूत्रीय फतवे देने लगते हैं : "आदर्शवाद अपना काम कर चुका है। उसकी शक्ति क्षय हो चुकी है। वह जिस युग में पैदा हुआ था, वह मिट गया है। उस युग जैसी समस्याएँ नहीं रहीं।" पर

दिलचस्प बात यह है कि उनकी शैली में ऐसी ध्वंसात्मकता हठाग्रह और दुर्भाव से नहीं निश्छल आत्मविश्वास और अपनी वैचारिक निष्ठा से पैदा होती है। वे एक हाथ से ध्वंस करते हैं और लगे हाथों वैकल्पिक व्यवस्था प्रस्तावित करते जाते हैं। यथार्थवाद के उद्‌देश्य वे उसी तत्परता से गिनाते हैं जिससे आदर्शवाद की व्यर्थता की घोषणा करते हैं। वर्तमान के प्रति असन्तोष, उस पर केन्द्रित प्रहार, व्यंग्य के माध्यम से जनता की चेतना को जाग्रत करना, समता का प्रसार करना, प्रश्नों के उत्तर जुटाना और 'अन्य' संज्ञा का बहिष्कार करते हुए मानवता के महत्त्व को सर्वोपरि स्थान देना ही उनकी नज़र में यथार्थवादी साहित्य का कर्तव्य है। केदार जी अपनी स्थापनाओं की पुष्टि बराबर कृतियों के उदाहरण देकर करते चलते हैं। उनकी हर बात से सहमति भले ही नहीं हो पर उनकी वैचारिक दृढ़ता और बेबाक अभिव्यक्ति में सन्देह की गुंजाइश नहीं मिलती।

अपने निबन्धों में उन्होंने साहित्य में जिन तत्वों की सम्बद्धता पर विचार किया उनमें एक महत्त्वपूर्ण सवाल कविता में बौद्धिकता की स्थिति का है। ऐसे विषयों पर वे अक्सर समकालीन रचना-परिदृश्य से प्रेरित होकर लिखते थे। कविता में चिन्तन की ऐसी मुद्रा को जो सम्प्रेषण में बाधक हो वे भारतीय काव्य-परंपरा के बाहर की प्रवृत्ति मानते हैं, "भारतीय काव्य-लोक में कविता कभी भी बौद्धिकता से निःसृत नहीं हुई और न ही उसने, सजग रूप से, बौद्धिकता का पथ अपनाया।"

उनकी इस स्थापना से शायद ही कोई असहमत हो कि कविता में "जो बौद्धिकता रहती है, वह उसके कथ्य और शिल्प में अन्तर्ग्रन्थित रहती है। वह व्यक्त होकर भी अव्यक्त रहती है। वह नहीं कविता ही बोलती है।" ज़ाहिर है यदि बौद्धिकता कविता पर हावी हो जाएगी तो सम्प्रेषणीयता बाधित होगी। जबकि "बौद्धिकता से भरपूर सशक्त और सम्प्रेषणीय कलात्मक कविता" की रचना भी सम्भव है जैसे निराला की 'कुकुरमुत्ता'। पर जब बौद्धिक विशिष्टता जन-साधारण के लिए कविता की बोधगम्यता को बाधित करे, वह शिक्षित-दीक्षित बोधगम्यता का रूप ले ले, तो ऐसी 'गूढ़ और गठीली बौद्धिकता' जनतान्त्रिक कलात्मकता से विलग हो जाएगी। केदार जी ऐसी बौद्धिकता के पक्षधर नहीं हैं।

कविता को गूढ़ बौद्धिक और असम्प्रेषणीय बनाने वाली बौद्धिकता का समर्थन न करके केदार जी ने लेनिन के साक्ष्य पर उसमें संज्ञान (cognition) की वकालत की। मनुष्य जीवन प्रवाह के बीच अपने से बाहर देश-काल के घटनाक्रम को, उसके विभिन्न आयामों को जैसे आत्मसात् करता है तदनुरूप कविता में रचता चलता है। यह देश-काल का ऐसा बोध है जो आदमी को और उसकी कविता को एक साथ उनके ऐतिहासिक सन्दर्भ में जानने-पहचानने में मददगार होता है। मुख्य बात यह है उसकी रचना कविता होने का दर्जा तभी हासिल कर

पाएगी जब 'संज्ञान' से प्राप्त हुए सत्य की कलात्मक अभिव्यक्ति करने में सक्षम होगी। इस सन्दर्भ में कलात्मक होने की शर्त शिल्प-सज्जित होना नहीं है बल्कि यह है कि जिस सत्य की अभिव्यक्ति कविता करती है, वह "स्पष्ट और लोक-जीवन को बिम्बित करने वाला हो, यानी वस्तुगत सत्य को उसकी समग्र वस्तुवत्ता के साथ एवं अन्तर्विरोधों के साथ व्यक्त करने वाला हो।" शिल्प के मोह को वे रचनाकार के लिए अनावश्यक मानते थे क्योंकि सत्य के साथ शिल्प के द्वन्द्व में कथ्य का अपना शिल्प तैयार हो जाता है और वही अर्थ-बोध देने लगता है।

वस्तुवत्ता को केदार जी ने वस्तुवत्तीय यथार्थ के रूप में परिभाषित किया है। ऐसे साहित्यकार को सम्बद्ध साहित्यकार कहते हैं। वस्तुवत्तीय यथार्थ से जुड़ा 'सम्बद्ध' साहित्यकार उसी से प्रभावित होता है, उसी को ऐतिहासिक द्वन्द्वात्मक भौतिकवादी दार्शनिक दृष्टि से जाँचता-परखता है। उसी से प्रगतिशील और प्रतिगामी तत्वों का विवेकसम्मत आकलन करता है और अपनी आत्मपरकता बनाता है। जबकि 'सही बयानी' के नाम पर आत्मपरक लेखन करने वाले रचनाकार आत्मस्थ होकर रह जाते हैं। उन्होंने जग और जीवन से, उसके यथार्थ से कटी सही बयानी को 'इतिहासहीनता' से, अमूर्तन से, और आत्मनिर्वासन से, अराजक होते-होते भाव-विचार-शून्य हो जाने की प्रवृत्ति से जोड़कर उसकी कटु आलोचना की। उसके इतिहास-सापेक्ष होने की अनिवार्यता पर बल दिया।

दरअसल लेनिन की संज्ञान की अवधारणा पर आधारित उन्होंने जिस 'सम्बद्धता' का प्रतिपादन किया, वही 'आदमी को आदमी बनाती है और उसके साहित्य को महान् मानवीय गुणों का साहित्य बनाती है।' केदारनाथ अग्रवाल की दृष्टि में 'समाज' सम्बद्धता का अनिवार्य सन्दर्भ है। साहित्यकार के सामाजिक दायित्वों पर विचार करते हुए उन्होंने स्पष्ट किया कि समाजवादी आदर्शों के अनुसार यथास्थिति को तोड़ना साहित्यकार का दायित्व है। सामान्यतः अपने लेखकीय कर्तव्य-कर्म का निर्वाह करते हुए 'देश और समाज पर आपत्ति' की स्थिति में सक्रिय योगदान करना उसकी ज़िम्मेदारी है।

'शासन, जनता और लेखक' शीर्षक अपने निबन्ध में उन्होंने जनता और शासन के रिश्ते की व्याख्या करते हुए वैश्विक साहित्य के हवाले से जनता के प्रति कवि, कलाकार, लेखक और साहित्यकार की ज़िम्मेदारी का खुलासा किया। वे साहित्य को भौतिक परिस्थितियों की सापेक्षता में देखते थे। उनकी नज़र में साहित्य की चेतना में बदलाव का कारण भौतिक परिस्थितियाँ होती हैं। जीवन ही साहित्य का जनक और नियामक होता है। पहले जीवन जनमता है और फिर साहित्य। जीवन भी एकाकी नहीं, सामाजिक। उनकी दृष्टि में "एकाकी जीवन सामाजिक जीवन नहीं है और न वह कोई मूल्य रखता है।" प्रमुखता तो जीवन की

ही होती है, और साहित्य "उसकी प्रक्रिया और इससे भी आगे बढ़कर उसका एक अस्त्र है। जीवन-निरूपण और उसके मार्ग को प्रशस्त करना ही साहित्य का धर्म है। ...सार्वजनीन जीवन की प्राप्ति और उसकी अभिव्यक्ति ही सच्चे और उत्तम काव्य-साहित्य का गुण है। इसलिए साहित्य तलवार है, ललकार है और जीवन के विकास तथा अभिव्यक्ति का परम उपयोगी अस्त्र है। उसके द्वारा समाज और जीवन का कल्याण होता है। वही वर्तमान गतिरोध को तोड़ने में सक्षम है।"

साहित्य को ऐसी उपयोगितावादी दृष्टि से परखने वाले रचनाकार यदि साहित्य की यात्रा की दिशा 'पूँजीवादी साहित्य से जन साहित्य की ओर' दिखाई पड़ी तो आश्चर्य नहीं। यूँ भी उनका रचना-समय छायावादी काव्य-प्रवृत्ति के अवसान और प्रगतिशील साहित्य के उत्कर्ष का समय था। केदारनाथ अग्रवाल प्रगतिशील प्रवृत्तियों का समर्थन करते थे, पर निरपेक्ष रूप में नहीं। उन्होंने परम्परा से उसके सम्बन्ध और नवीनता की ज़रूरत पर विचार करते हुए दोनों को रेखांकित किया। उनका कहना था कि "परम्परा ने आदमी को जीने का नैतिक बल भी प्रदान किया। उसने लोक-कल्याण के लिए भी आदमियों को रास्ता दिखाया है। उसने आदर्श चरित्रों के माध्यम से आसुरी प्रवृत्तियों के समुदाय से लोहा लेना भी सिखाया है। उसने प्रकृति के प्रति और अपने परिवेश के प्रति आदमी में प्रेम पैदा किया है... ।" पर देखना तो यह था कि "आज के युगीन सन्दर्भ में क्या यह तत्त्व आज के मानव-बोध को ऐतिहासिक परिप्रेक्ष्य में विकसित कर सकते हैं और उसे भयावह यथास्थिति की व्यवस्था से उबार सकते हैं।" इस सवाल के उत्तर में केदारनाथ जी का कहना था कि "निश्चय ही ऐसे तत्वों को प्रगतिशील काव्य-सृजन में प्रविष्ट करना होगा, अन्यथा परम्परा के इन तत्वों को नकार कर काव्य के सृजन में अराजकता की स्थिति उत्पन्न हो जाएगी और वह अराजक स्थिति न आदमी को आदमी बना सकती है और न उसके काव्य को मूल्यवान कर सकती है।" यही नहीं जनवादी उभार के दौर में उपजी क्रान्तिकारिता को वे ऐसी 'निहंग क्रान्तिकारिता' मानते थे, "जिसका लक्ष्य एकमात्र यही होता है कि वह अब मनमाने ढंग से, बिना किसी साहित्यिक मानदंड के, नंग-नाच करती रहे। काव्य-सृजन में ऐसे नंग-नाच का कोई रचनात्मक मानव-मूल्य नहीं होता।" उनका कहना था कि काव्य-सृजन कभी भी एकदम नये सिरे से किया ही नहीं जा सकता। उसे पहले से प्राप्त सधे-सधाए विवेक के चरण से ही आगे ले जाना होता है। इस लक्ष्य के लिए प्रगतिशील कवि को वैसा ही द्वन्द्व करना होता है जैसा पूर्ववर्ती बड़े कवि कर चुके हैं।

प्रगतिशील काव्य-सृजन की शर्त इतनी ही है कि वह दायित्वबोधी हो और समाजवादी यथार्थवाद के हित में हो। कुछ ऐसा हो जो शोषक व्यवस्था को जनहित में बदल सके। इस सन्दर्भ में केदारनाथ अग्रवाल ने नवीनता और

नवाचार में अन्तर बताते हुए अपना मत नवाचार के पक्ष में दिया है।

मार्क्सवादी विचारधारा से प्रतिबद्ध समाजवादी साहित्य की पैरोकारी करने के बावजूद केदारनाथ अग्रवाल इस प्रवृत्ति की खूबियों और खामियों दोनों के प्रति पूरी तरह जागरूक थे। उन कठिनाइयों के प्रति भी जो प्रगतिशील रचनाकारों के सामने आती हैं। उत्तर प्रदेश साहित्यकार सम्मेलन, आगरा के अध्यक्षीय भाषण में उन्होंने प्रगतिशील साहित्यकारों को सम्बोधित करते हुए ऐसी कई समस्याओं पर विचार किया। रचनाकारों के सामने आने वाले संकटों का जिक्र करते हुए यह महत्त्वपूर्ण प्रश्न उठाया कि ''साहित्यकार, आज का साहित्यकार, आज के जन-जीवन में कैसे स्थापित हों। जनता उसके कृतित्व को कैसे अपनाने लगे। ऐसी स्थिति में जब "जनता का आज का जीवन उसके पहले के जीवन से नितान्त भिन्न है।" इस सन्दर्भ में उन्होंने प्रगतिशील साहित्य-सम्मेलनों की भूमिका, पत्रिकाओं की स्थिति, और प्रकाशन से जुड़ी कठिनाइयों का हवाला देते हुए यह ऐलान किया कि ''सहकारी प्रकाशन-केन्द्र के बिना न तो प्रगतिशील लेखक अपनी अभिव्यक्ति का कोई मंच ही प्राप्त कर सकते हैं और न उन्हें प्रकाशकीय शोषण से मुक्ति मिल सकती है।''

लगे हाथों उन्होंने यह सवाल भी उठाया कि ''क्या साहित्यकार की भाषा जनता की जीवन्त भाषा से अलग कोई वैयक्तिक भाषा होती है? क्या साहित्य की उपलब्धि के नाम पर ऐसी भाषा का प्रयोग होना चाहिए, जो जन-चेतना के लिए सम्प्रेषणीय न हो? क्या साहित्यकार की भाषा में विदेशी भाषाओं की जड़ता को स्वीकार किया जाना चाहिए अथवा अपने यहाँ की जन-बोलियों से अपनी भाषा को समर्थ और सक्षम बनाना चाहिए?" अभिव्यक्ति से जुड़े ऐसे तमाम सवाल उठाकर उन्होंने अपेक्षा की कि, ''ऐसे अनेक प्रश्न हैं जिन पर बड़ी गम्भीरता और सूक्ष्मता के साथ विचार करना होगा—यह काम भी हम प्रगतिशीलों को करना है, ऐसी संस्था और पत्रिका के माध्यम से।''

दिलचस्प बात यह है कि इस भाषण में उन्होंने साहित्य में विघटन पैदा करने वाली जिन अशुभ बातों के बारे में चिन्ता जाहिर की, उसमें एक है साहित्य-सृजन से क्रमशः प्रकृति-चित्रण का क्षरण : "हम हो गये हैं प्रकृति-विहीन निस्संग आदमी। प्रकृति से जुड़ना उसकी मुद्राओं को चित्रित करना और उसको सँवारना हम भूल गये हैं। यह हितककरी नहीं विनाशकारी है। हम प्रगतिवादियों को इस ओर विशेष ध्यान देना है और प्रकृति का साहित्य-सृजन करना है।"

एक और कमी जो उन्होंने लक्ष्य की वह थी सौन्दर्य की उपेक्षा, 'साहित्य में सौन्दर्य की अभिव्यक्ति अब तो उपलव्ध ही नहीं होती। राजनीति ओर अंहवाद ने बुद्धिवाद से लैश होकर साहित्य से सौन्दर्य को निकाल ही दिया है। यह कहना ...कि सौन्दर्य कलाबाज़ी है, उसका ज़ीवन से कोई सम्बन्ध अब आज के युग में

नहीं है, बेहद गलत है। ऐसा कहना अवैज्ञानिक और अमानवीय है। सौन्दर्य न हो तो सुन्दर समाज की कल्पना तक नहीं की जा सकती। ...इस तत्व को नयी जीवन-दृष्टि से समाजवादी दृष्टि से चारों ओर देखकर पकड़ना चाहिए और अपने कृतित्व में इसे उतारना चाहिए।'' कहना न होगा कि केदारनाथ अग्रवाल की कविताओं में उनका यही दृष्टिकोण चरितार्थ हुआ है। यही उन्हें प्रगतिशील रचनाकारों में सृजन और चिन्तन दोनों दृष्टियों से विशिष्ट बनता है।

इसी सौन्दर्यप्रियता ने केदारनाथ अग्रवाल को गीत काव्य के इतिहास और शिल्प पर विचार करने के लिए प्रेरित किया। संग्रह में संकलित उनके दो निबन्ध क्रमशः 'गीत' के 'ऐतिहासिक विकास-क्रम' और 'जन-मानस के आइने' में गीत काव्य इस विधा के दो महत्त्वपूर्ण पक्षों की मीमांसा प्रस्तुत करते हैं। प्रकृत रूप में गेयता से सम्बद्ध गीत की परिणति विकास-क्रम में कैसे सहज और मुक्त स्वरूप से जटिल, पराधीन और कृत्रिम रूप में होती चली गयी, इसका उन्होंने दिलचस्प विवेचन किया है। सिद्धान्त और धार्मिकता ओढ़ लेने के बाद, गेय पद कैसे संकीर्तन और धर्माचार की ओर प्रयाण करते गये। भक्ति काव्य के पदों से छायावादी गीतों के प्रकृत अन्तर की व्याख्या करते हुए उन्होंने कहा कि छायावाद में पदों की गेयता सांस्कृतिक उन्मेष की गेयता बन गयी। उनके इस निबन्ध में पद-साहित्य से नवगीत तक, गीत काव्य के विकास-क्रम को लक्षित किया जा सकता है। गील सम्बन्धी दूसरा निबन्ध 'गीत-काव्य जन-मानस के आइने में' चमत्कारप्रिय भीड़ की मानसिकता अर्थात् लोकप्रियता के मनोविज्ञान को समझने-समझाने की कोशिश है। मुक्त-छन्द और कविता में गद्य-लय के बढ़ते प्रयोग के बावजूद, छन्दोबद्ध कविता और गेय कविता का सम्मोहन आज भी बरकरार है। कविता दो स्पष्ट खानों में बँटी है। गहन बौद्धिकों की विशिष्ट वर्गीय कविता और जन-मानस को सहज उद्वेलित करने वाली सहज सम्प्रेषणीय कविता। निश्चित रूप से दूसरे वर्ग की कविताओं का पाठक संख्या में कहीं अधिक है और श्रोता उससे भी अधिक। व्यापक जन-मानस तक पहुँचने का अधिक प्रभावी माध्यम आज भी सहज बोधगम्य गीत-काव्य है। केदारनाथ अग्रवाल ने इसी काव्य के जनाधार के महत्त्व और मनोविज्ञान को रेखांकित किया है।

केदारनाथ अग्रवाल को अधिक ख्याति यद्यपि कवि-रूप में हुई—राजनीतिक विषयों के साथ प्रकृति और सहज मानव-सौन्दर्य के सहज रूपों के सम्वेदनशील रचनाकार के रूप में, पर उनका चिन्तक भी काव्य-सृजन के समान्तर सक्रिय रहा। उनके स्वतन्त्र निबन्ध-संग्रहों के साथ, काव्य-संग्रहों की भूमिकाओं में उनके चिन्तक रूप से पाठक का परिचय होता है। वह भी वैसा ही बेबाक, निडर अभिव्यक्ति में सहज-ग्रास्य है। अपनी रचनाओं की बोधगम्यता से वे अपने पाठकों से अनायास आत्मीय सम्बन्ध स्थापित कर लेते हैं। प्रस्तुत संग्रह में नमूने

के बतौर उनके दो काव्य-संग्रहों 'युग की गंगा' और 'पंख और पतवार' की भूमिकाएँ संकलित हैं। साथ ही कुछ अन्य काव्य-संग्रहों (पुष्पदीप,अनहारी हरियाली और बोले बोल अबोल) से ऐसी टिप्पणियों का चुनाव करना मुनासिब लगा जिनसे उनकी रचना-प्रक्रिया के मर्म का उद्घाटन होता है। ऐसे विविध प्रसंगों में (क) सौन्दर्य दृष्टि (ख) कविता और बौद्धिकता (ग) कविता और मानवीय मूल्य, और(घ) प्रगतिशील साहित्य की ज़रूरत, को शामिल किया गया है।

चिन्तक रचनाकार की मानसिक बनावट की पूरी समझ के लिए उसके समीक्षात्मक-विवेक के साक्षात्कार का अपना महत्त्व होता है। केदारनाथ अग्रवाल के समीक्षक ने अपने वर्तमान और अतीत दोनों समय-खंडों के रचना-कर्म का लेखा-जोखा प्रस्तुत किया है। वे तुलसी की चेतना की प्रासंगिकता को 'आज के सन्दर्भ' में परखते ज़रूर हैं पर 'लोक-चेतना से उद्भूत' रचना-कर्म की दृष्टि से— 'काव्य ग्रन्थ' के रूप में नहीं 'जीवन-ग्रन्थ' के रूप में। तुलसी का महत्त्व वे इसलिए स्वीकार करते हैं कि "उनकी चेतना राजवंश से लालित-पालित चेतना न थी। वह कवि थे, विद्वान भी थे, अपने महान ज्ञान भंडार से भरपूर अवगत भी थे। तिसपर भी उनकी चेतना अपना काम अपने ढंग से करती रही।" और यह अपना ढंग क्या था? कि 'तब का—उनके युग का—लोक जीवन उनकी चेतना में प्रतिबिम्बित हुआ और वह उसी प्रतिबिम्बन (Reflection) के आधार पर अपने राम का चरित्र लिखते रहे। "तुलसी का चिन्तन चूँकि 'मुक्त चिन्तन न होकर श्रद्धा और भक्ति से बँधा चिन्तन है। इसीलिए आज के युग में इसको, पूरा ज्यों-का-त्यों, स्वीकार नहीं किया जा सकता। हाँ, उसके उस पक्ष को अवश्य स्वीकार किया जा सकता है, जो मानवीयता का पूरा-पूरा बोध कराता है।" इस दृष्टि से केदारनाथ को परशुराम और लक्ष्मण के संवाद में उसी पक्ष यानी मानवीयता का समर्थन दिखाई पड़ा।

उन्होंने तुलसी की प्रसिद्ध पंक्ति में 'छबिग्रह दीपसिखा जनु बरई' में 'रूप-वर्णन का पिष्टपेषण और 'औपचारिकता की अति' देखी। युगीन परिप्रेक्ष्य में तुलसी कृत रामायण की महत्ता को 'उसके मानवीय पक्ष को लेकर प्रतिपादित और प्रतिष्ठित किया जा सकता है।' तुलसी के पठन-पाठन की चली आती परम्परा के बारे में सावधान करते हुए उन्होंने टिप्पणी की : "तुलसीदास की चेतना में यदि इसी तरह भक्ति का पक्ष निरन्तर और अधिक काल तक आरोपित किया जाता रहा और यदि उनकी चेतना को विज्ञान, बुद्धि और विवेक से जोड़कर बाहर न निकाला गया तो वह दिन दूर नहीं है, जब उनकी चेतना का हमारे जीवन में मूल्य ही न रह जाएगा।"

उनकी समीक्षात्मक दृष्टि का एक और उदाहरण हरिशंकर परसाई की कृति 'पगडंडियों का जमाना' पर लम्बे समीक्षा-लेख में देखा जा सकता है। परसाई की

परख वे 'सत्य के समर्थ और साहसी व्यंग्यकार' के रूप में करते हैं। परसाई का वैशिष्टय इस बात में है कि वे 'क्षणिक मनोरंजकता की छिंगुली छोड़कर, पूरा प्रतिबद्ध व्यंग्य' रचते हैं। यह व्यंग्य 'बेलौस, निर्भीक और सच का साथ देने वाला' होता है। वह 'तथाकथित आभिजात्य वर्गीय शक्तिसम्पन्न महाप्रभुओं की कलई खोलने वाला व्यंग्य है, और दलित, दमित और पीड़ित दीन-हीन शोषितों को आँख देनेवाला और करनी से समाज को बदलने का और समाजवादी बनाने के लिए कार्यक्रम प्रस्तुत करता है।' यानि उनके व्यंग्य में 'व्यक्त सत्य सामाजिक सत्य होता है।' उन्होंने परसाई के 'वचनों' के लिए इस धुआँधारिए व्यंग्यकार को बारम्बार बधाई देते हुए कहा कि ''उसने अपनी चेतना को सार्थक किया और दूसरे भी उसके सटीक विश्लेषण से समर्थ और साहसी हुए। साहित्य और कला का भी ऐसे ही जनतन्त्रीकरण किया जा सकता है, जैसा करके परसाई जी ने बता दिया। सत्य की पकड़—निर्भीक अभिव्यक्ति साहित्यकार की सबसे बड़ी मौलिक उपलब्धि होती है।''

जिस निर्भीक अभिव्यक्ति के लिए केदार जी परसाई की सराहना करते हैं वह उनके अपने लेखन की भी पहचान है। अपने मित्र डॉ. रामविलास शर्मा के साथ उनका पत्र-व्यवहार जो 'मित्र-संवाद' नाम से दो खंडों में प्रकाशित है, उसके अनेक पत्र दोनों मित्रों के बीच मतभेद और वैचारिक टकराहट के जीवन्त उदाहरण हैं। दिनकर की 'उर्वशी' को लेकर उन्होंने अपने प्रिय मित्र की भर्त्सना करते हुए लिखा : 'फिर से पढ़ो। चौकड़ी न भरो' और "आपने अपने लेख में अँधेरे पक्ष को लिया मगर सपाट दौड़ गये। हम आशा करते थे कि आप दोनों का विवेचन इसलिए और करेंगे कि यह काव्य एक वयस (वयस्क) कवि का है। उससे ऐसी भूलों की आशा नहीं की जा सकती थी। वह महज़ इसलिए सराहे जाने का पात्र नहीं है कि उसने कुछ ऐसी मनबहलाव की बातें की हैं जो थोड़ी देर तक नशे का सुरूर देती हैं।"

'उर्वशी' ही नहीं, पत्रों के बीच वे दूसरे विषयों पर भी यथाप्रसंग बेबाक टिप्पणियाँ करते चलते थे। मसलन ऐसी ही एक संक्षिप्त टीप उन्होंने 'अज्ञेय' की रचना 'सागर मुद्रा' पर की और एक पार्टी की स्थिति पर। उनके समग्र चिन्तनपरक लेखन में जो विशेषताएँ उभर कर आती हैं उनमें उनकी वस्तुनिष्ठता, वैचारिक प्रतिबद्धता, बेबाक साहसिक अभिव्यक्ति, वस्तुनिष्ठता के साथ आत्मनिष्ठता का संयोग, उनकी पहचान कायम करती हैं।

ज़रूरी नहीं कि वे साहित्य और साहित्यकारों पर लिख रहे हों। ये विशेषताएँ 'समान्तर फिल्म दृष्टि और दिशा'—जैसे विषय के विवेचन में भी दिखाई पड़ती हैं। उनका मुख्य सरोकार तो समाज पर पड़ने वाला प्रभाव है। वे स्वीकार करते हैं कि "सिनेमा एक बड़ा सशक्त सार्वजनिक माध्यम है। यह माध्यम तत्काल फल देने वाला माध्यम है। इस माध्यम से आँखें वह जीवन दृश्य देखती हैं जो तुरन्त ही

असर करता है।" इस तत्काल फलदाई माध्यम के बारे में भी वे करणीय-अकरणीय का निर्देश करना ज़रूरी समझते हैं। इस तरफ ध्यान दिलाने का श्रेय भले ही साहित्य में चलने वाली 'समान्तर-कहानी' की प्रवृति को दिया जा सकता है पर इस माध्यम पर ध्यान देना उन्हें ज़रूरी इसलिए लगा होगा कि वे कुछ लोगों के समान इस भ्रम के शिकार नहीं हैं कि 'समान्तर' फिल्म 'समसामयिक फैशन की फिल्म है, जो कुछ दिन जीकर मर जाएगी।' इस सशक्त सार्वजनिक माध्यम पर उनकी कुछ नसीहतें काबिले गौर हैं : "समान्तर फिल्म को सिर्फ बौद्धिक निष्क्रियता से जिलाए नहीं रखा जा सकता। उसे तो कर्ममय जीवन की क्रियाशीलता का ब्यौरा प्रस्तुत करना ही पड़ेगा।" इसी तरह यह भी कि ''सबसे बड़ी ज़रूरत तो इस बात की है कि 'समान्तर' फिल्म में आज के अलगाव या अजनबीपन (ESTRANGEMENT) को कम किया जाय।" दरअसल केदारनाथ अग्रवाल के हर निबन्ध, हर टिप्पणी की परिणति अन्ततः उनके सामाजिक सरोकार में होती थी। उसी के अनुरूप उन्होंने 'समान्तर' फिल्मकारों को भी सलाह दी कि ''इसलिए अब उसे दृष्टि और दिशा से ही उस कथ्य और शिल्प को अपनाना होगा, जो जीवन के विभिन्न क्षेत्रों को मानव-जीवन की समग्रता में दृश्यांकित कर सकने की क्षमता रखते हैं। तभी 'समांतर' फिल्म आम जीवन का प्रतिनिधित्व कर सकेगी और देश की चेतना को समाजवादी चेतना में रूपान्तरित कर सकेगी।" यानी मुख्य बात है कि देश के जन-जीवन में समाजवादी चेतना का संवर्द्धन। माध्यम चाहे जो हो, लक्ष्य के बारे में केदारनाथ जी की दृष्टि सर्वथा निर्भ्रान्त थी।

केदारनाथ अग्रवाल के रचनाकार व्यक्तित्व की प्रमुख विशेषता है उनके दृष्टिकोण की समस्वरता। उनकी कविताओं और निबन्धों में इतनी संवादिता है जिसमें प्रयास करने पर भी कोई फाँक या अन्तर्विरोध खोज पाना कठिन होगा। कविताओं में संवेदनशील कवि का पूरक चिन्तक रचनाकार उनके निबन्धों में प्रकट होता है। उनकी कविताओं का अनुभवगम्य वस्तु-जगत, निबन्धों में पाठक को वैचारिक साझेदारी के लिए प्रेरित करता है, सहमति-असहमति का अवसर प्रदान करता है। समवेत् रूप में अभिव्यक्ति के ये दोनों मार्ग एक ऐसे प्रतिबद्ध रचनाकार व्यक्तित्व का उद्घाटन करते हैं जो अपनी बेबाक, सहज और साहसी अभिव्यक्ति से, पाठक को अपने पारदर्शी रचना-संसार में अनायास शामिल कर लेता है। उनके कृतित्व में जिस हद तक गहनता का अभाव है उसी अनुपात में उलझाव का भी। जैसा पहले कहा जा चुका है वे मूलतः अभिधा की शक्ति और सौन्दर्य के रचनाकार हैं।

हमारा विश्वास है कि प्रस्तुत निबन्ध-संग्रह पाठक को उनके इस कृतिकार रूप से साझेदारी का अवसर प्रदान करेगा और उनके चिन्तक व्यक्तित्व के उद्घाटन में सहायक होगा।

—निर्मला जैन

आधुनिकता : नयी कविता—समस्या और समाधान

1. आधुनिकता समस्या है या समाधान?

आधुनिकता समस्या भी है और समाधान भी। समस्या हो चाहे समाधान, दोनों ही निरपेक्ष नहीं हैं—दोनों ही सापेक्ष हैं। समस्या भी जीवन से सन्नद्ध है—समाधान भी। दोनों का महत्त्व जीवन से है। जीवन से विलग न आधुनिकता है और न उसकी समस्या—न उसका समाधान। अतएव आधुनिकता का विवेचन जीवन के सन्दर्भ में ही हो सकता है। जीवन से कटकर या काटकर अलग से आधुनिकता पर विचार करना न्यायसंगत नहीं है। आधुनिकता न जीवन-दर्शन है, न कोई बौद्धिक इकाई कि जिस पर चिन्तन किया जा सके। उसे नाहक ही एक दर्शन के रूप में स्थापित किया जा रहा है—एक स्वयं स्थिति इकाई मानकर विवेच्य ठहराया जा रहा है।

आधुनिकता जीवन के विकास-क्रम की एक आवश्यक स्थिति है,जो दृष्टि से ओझल नहीं की जा सकती। उसको स्वीकार करना पड़ता है। उसके दो रूप होते हैं : 1. विघटन, और 2. संघटन। विघटन जीवन के माने हुए मूल्यों को तोड़ता है। संघटन जीवन के जीवित तन्तुओं को जोड़ता है। आधुनिक एक ओर अस्वीकृति है, तो दूसरी ओर स्वीकृति। इस अस्वीकृति और स्वीकृति की दूरी में आधुनिकता एक ओर कुंठाओं को उभारती है, तो दूसरी ओर अदम्य शक्ति को उद्भूत करती है। इसलिए कुंठाएँ आधुनिकता का रूप नहीं हैं। वह आधुनिकता को प्रतिफल है। इसलिए अदम्य शक्ति आधुनिकता का रूप नहीं है। वह उसका प्रतिफल है। कुंठाएँ परिवर्तित परिस्थितियों की मनोदशा मात्र हैं। उस मनोदशा का जीवन से सम्बन्ध अवश्य है। परन्तु वह सम्बन्ध जीवन के साथ आगे बढ़ने वाला नहीं है। अदम्य शक्ति भी परिस्थितियों की मनोदशा है। वह मनोदशा भी जीवन से संलग्न है। परन्तु वह संलग्नता जीवन के साथ आगे बढ़नेवाली है। अतः कुंठाओं से जीवन का सृजन और संवर्धन असम्भव है। अतः अदम्य शक्ति से जीवन का सृजन और संवर्धन सम्भव है। अतः आधुनिकता कुंठाओं के रूप में समस्या है। अतः आधुनिकता अदम्य के रूप में समाधान है। अतः समाधान के रूप में ही

आधुनिकता के विकास-क्रम की एक मानवीय-स्थिति है।

आज हिन्दी की नयी कविता में जो कुछ अधिक-से-अधिक सामने आ रहा है, वह कुंठाग्रस्त है। वह अनावस्था से प्रभावित और प्रजनित है। वास्तव में वह जीवन की सृजनात्मक शक्ति से शून्य और संवर्धन-शक्ति से रहित है। इसलिए आज हिन्दी की नयी कविता समस्यामूलक है, समाधानमूलक नहीं है। इसलिए आज हिन्दी की नयी कविता मानवीय मूल्यों के विघटन का आकलन मात्र है। इसलिए आज हिन्दी की नयी कविता जीवन को जीवन से नहीं जोड़ती—उसको तोड़ती है। यह दशा शोचनीय है।

आज कोई भले ही कह ले कि नयी कविता एक उपलब्धि है, एक सिद्धि है, एक जीवन्त इकाई है, किन्तु वस्तुस्थिति उसके विपरीत है। वह न उपलब्धि है, न सिद्धि है, और न जीवन्त इकाई। वह खंडित मानव-मन की खंडित मनोदशा की खंडित अभिव्यक्ति मात्र है।

2. क्या आधुनिकता कालबद्ध चेतना है?

आधुनिकता कालबद्ध चेतना है। जैसे समय से परे कुछ भी नहीं है, वैसे समय से परे आधुनिकता भी नहीं है। समय की एक परिधि है। समसामयिकता उस परिधि की एक स्थिति है। उस स्थिति-विशेष में एक विशेष प्रकार की चेतना होती है। उस चेतना का स्वरूप साधारण मानवीय चेतना के स्वरूप से भिन्न होता है। वह भिन्नता असाधारण होती है। चाहे वह असाधारणता कुंठित मनोदशा की ओर प्रयाण करे और करती ही चले जाए, चाहे वहीं कहीं रुककर एक ठहराव पा ले और अपनी ठहराव की स्थिति में भाव और भाषा को अपने अनुकूल गढ़ने लगे। दोनों ही दशाओं में असाधारणता अभिव्यक्ति पाती रहती है। दोनों ही दशाओं में मौलिकता वैयक्तिक होती है। वही वैयक्तिक मौलिकता नयी कविता में आधुनिकता का नाम पाती है। इसी दृष्टि से आधुनिकता व्यक्ति-विशेष की विशिष्ट चेतना होती है। और वह चेतना क्षणों की अभिव्यंजना होती है। वह अभिव्यंजना एकान्तिक—घोर एकान्तिक होती है। वह एकान्तिकता समूह-विरोधी, जागरण-विरोधी, जीवन-विरोधी, क्रिया-कर्म-विरोधी और प्रगति विरोधी है, किन्तु एकान्तिकता की यह अवस्था अधिक दिन तक जीवित नहीं रहती।

इसी तरह अदम्य शक्ति भी काल-बद्ध चेतना होती है, किन्तु वह अदम्य शक्ति निर्वैयक्तिक मौलिकता होती है। उसका सार्वजनिक स्वरूप होता है। वह युग की अभिव्यंजना होती है। वह यथार्थ से उद्‌भूत यथार्थ में ही समाहित रहती है। उसमें आदर्श पनपता है, फलता-फूलता है। वह समूह-समर्थक जागरण, ज्योतित, जीवनाभिमुखी, कर्मशील, और गतिवान होती है। निर्वैयक्तिकता की यह अवस्था अधिक दिन तक जीवित रहती है।

इसलिए अपने स्वभावों से आधुनिकता कालबद्ध चेतना है।

आज हिन्दी की नयी कविता में आधुनिकता से उद्‌भूत असाधारणता है—विघटन की मनोदशा की वैयक्तिक मौलिकता है—आत्मपरक एकान्तिकता है—और यह सब का सब सम्वेदन-विहीन, रुचि और रस से रहित, मानव-मूल्यों से शून्य है। वह आधुनिकता संक्रामक है। वह अपूर्णता की विकृत चेतना है।

ऐसी नयी कविता को ही नयी कविता कहना और उसी के सिर-माथे सेहरा बाँधना, किसी प्रकार से, उचित नहीं है। ऐसी नयी कविता वास्तव में मानव की उस मनः-स्थिति की कविता है, जब वह धुँधलके में होता है, जब उसके मार्ग अवरुद्ध होते हैं, जब वह नया प्रकाश खोज रहा होता है, जब वह अपने स्नायविक स्पन्दनों से अमूर्त भावनाओं की प्रतीति मात्र कर रहा होता है और उसके विचार बन-सँवरकर, निखरकर सामने नहीं आ सके होते हैं। ऐसी कविता का कोई मानवीय मूल्य नहीं होता। वह मानवता से विरक्त होती है। वह विघटन के अमूर्त अवसादों की अनजानी, अपहचानी, स्वयं-स्फूर्त, अथवा बलात् प्रजनित, कृति होती है। शब्द वहाँ अपनी ध्वनियों से नहीं बोलते—अपने अर्थ देते हैं—वरन् वे वहाँ कुछ के कुछ हो जाते हैं। कहीं वे प्रतीक की तरह प्रयुक्त होते हैं। कहीं वे ओट किये खड़े होते हैं। कहीं एकदम उदासीन, कहीं एकदम तटस्थ, कहीं एकदम मौन होते हैं। वह किसी बात की सूचना नहीं देते। वह अपना अस्तित्व खोए हुए होते हैं। कवि के अस्तित्व को अपने ऊपर ओढ़े हुए होते हैं।

न जाने लोग-बाग ऐसी कविता के अलावा अदम्य शक्ति की कविता को, नयी कविता में सम्मिलित क्यों नहीं करते। वह भी तो आधुनिकता का एक अंश...और बहुत जीवन्त अंश है। शायद! वह इसलिए त्याज्य समझा जाता है कि कहीं सामाजिकता का आग्रह न कर बैठे।

मेरी राय में वही कविता नयी कविता है, जो स्वस्थ, सबल, सुन्दर है, जो युग और यथार्थ को समेट कर चलती है, जो अदम्य शक्ति से जीवन को उत्साहित और प्रेरित करती है, और जो मानव-मूल्यों की उदास परम्परा को उत्तरोतर विकसित करती है।

3. क्या आधुनिकता, विशेष परिस्थितियों के प्रति आत्म-सजग कृतिकार की संलग्नता है?

जो भी विशेष परिस्थितियाँ घटित हुई हैं, उन सब का प्रभाव मानव-समाज पर पड़ा है, मानव-मन पर पड़ा है, मनुष्य के सोचने-समझने और विचार करने के तरीके पर पड़ा है, उसकी अभिव्यक्तियों के अंकन पर पड़ा है और उसकी कलात्मक रुचि बदली है। आत्म-सजग कृतिकार तो और भी संवेदनशील प्राणी होता है। उस पर तो उन परिस्थितियों का विशेष प्रभाव पड़ा है। वह आत्मसंकट की स्थिति में पहुँच

गया है। उस आत्ममसंकट से वह अत्यधिक विघटित हो गया है। उस विघटित होने से वह अपनी ही सत्ता को लोप होते देखने लगा है। वह ऐसी मनोदशा में डूब रहे प्राणी की तरह हताश हो गया है—तिनके का सहारा खोजने लगा है, वह कृतिकार है, इसलिए अपनी ही मानसिक विकृतियों को पकड़ने लगा है। इसलिए नये कवि की रचनाएँ मुख्यतः विकृतियों का पुंज होती है। वह विकृतियाँ आधुनिकता के नाम से स्वीकृत होती हैं। वह आधुनिकता वस्तुस्थिति का प्रतिफलन नहीं करती—वह वास्तव में मानसिक आधुनिकता होती है। इससे घटित हुई परिस्थितियों का निरूपण नहीं होता। उससे घटित हुई परिस्थितियों से विघटित हुई मानसिक मनोदशा का संचयन होता है। इसलिए यह कहना सही नहीं है कि आत्मसजग कृतिकार की संलग्नता विशेष परिस्थितियों से होती है। और उसी संलग्नता में उसकी आधुनिकता है। आत्मसजग कवि परिस्थितियों से पीड़ित होता है, किन्तु उनसे संलग्न नहीं होता। वह अपने को उनसे विलग रख सकता—न रख पाता है—तभी तो परिस्थितियाँ उस पर हावी होती हैं और वह उनका शिकार होता है। वह विवशता की अवस्था में पड़ा रहता है। वह अपने उद्धार का बोध तक खो देता है।

परिस्थितियों से संलग्नता तो वह स्थापित करते हैं, जो परिस्थितियों पर सवार होने का बल और बूता रखते हैं—जो आत्म-संकट से निकलकर लोक-चेतना को पाना चाहते हैं, जो संघर्ष में विश्वास रखते हैं, जो नव-निर्माण की कामना रखते हैं—जो सुख-शान्ति और समृद्धि की अवतारणा के लिए जीते, जागते, और मरते हैं। लेकिन ऐसे कृतिकारों को आजकल आधुनिक नहीं कहा जाता। उन्हें नये कवियों की पंक्ति में नहीं रखा जाता। उन्हें वहाँ से बलात् निष्कासित किया जाता है। उन्हें आरोपित व्यक्तित्व का कवि कहा जाता है।

यह विडम्बना है कि जो विघटित व्यक्तित्व के कृतिकार हैं, वही आज आधुनिक हैं, नये हैं और जो अदम्य शक्ति के कृतिकार हैं, वही आज आधुनिक नहीं हैं—नये नहीं हैं।

4. क्या यह परिस्थितियाँ आधुनिक युग में एक साथ घटित हो गयी हैं, जिससे आधुनिकता का पैनापन बहुत स्पष्ट हो गया है?

निस्सन्देह आधुनिक युग में विशेष परिस्थितियाँ एक साथ घटित हुई हैं। उन परिस्थितियों ने मनुष्य को विवश कर दिया है कि वह नये को स्वीकारे, लेकिन यह नयापन, वह आधुनिकता कोई बाह्य विकार की देन नहीं है। परिस्थितियाँ भी जीवन की हैं और वह नयापन भी जीवन का है। देखने-सुनने में दोनों भले ही बाह्य-आरोपित लगें। जिसे आधुनिकता का पैनापन समझा जाता है, वह जीवन का पैनापन है। निश्चय ही वह पैनापन तीव्र हो गया है। जीवन भी दो तरह से जिया

जाता है। एक जीना मानसिक होता है। दूसरा जीना भौतिक होता है। दोनों में तीव्रता आ जाती है।

5. क्या यह परिस्थितियाँ उस वस्तु-जगत् तक ही सीमित हैं, जो वैज्ञानिक या प्राविधिक प्रगति के कारण बदला है?

निश्चय ही परिस्थितियाँ वस्तु-जगत में घटित होती हैं। वे मूलतः भौतिक होती हैं। उन भौतिक अथवा लौकिक परिस्थितियों को मानव-मन संवेदनों के द्वारा जानता-पहचानता है। मानव-मन में परिस्थितियाँ नहीं घटित होतीं। वहाँ भाव और विचार उपजते हैं। वस्तु-जगत् की तीव्र परिस्थितियाँ तीव्र भावों और विचारों को उद्वेलित करती हैं। इसलिए यह कहना कि मानव-मन में भी वही परिस्थितियाँ घटती होती हैं जो वस्तु-जगत् में घटती हैं, सर्वथा अवैज्ञानिक कथन है।

भाव और विचार अपनी प्रारम्भिक स्थिति में केवल आवेग और संवेग होते हैं। वह मनुष्य के मानसिक केन्द्रों में एक प्रकार की चेतना को उकसाते हैं। वहीं वह अन्य केन्द्रों में संरक्षित अनुभवों के साथ सम्पर्क स्थापित करते हैं। और फिर वहीं वह भाव और विचार मनुष्य के बने हुए व्यक्तित्व का बोध प्राप्त करते हैं और वहीं अपना स्वरूप ग्रहण करते हैं और वहीं से शब्द और अर्थ के रूप में बाहर आते हैं। इसलिए कहना गलत है कि मनुष्य के मन में विचार अपने पूर्ण रूप में पहले ही बने रहते हैं और वह सीधे वहाँ से बाहर निकल आते हैं। इसलिए यह कहना गलत है कि नयी कविता परिपक्व विचारों को व्यक्त करती है—भावों का बोध कराती है। वह तो मनुष्य के मन की उस अवस्था की कृति है, जिसमें मनुष्य धुंध में रहता है, जिसमें सबकुछ अपना सही रूप नहीं पा सका होता, जिसमें अधूरापन, अधकचरापन रहता है। ऐसी मनोदशा की कविता निश्चय ही केवल मानसिक विकृतियों का पुंज होगी—उसकी अभिव्यक्ति भी विकृति होगी। उसे वही समझ सकता है, जो उसे लिखता है। वह दूसरे में वैसी ही अनुभूति उत्पन्न कर सकने में अवश्य ही असमर्थ होती है। वह पूर्णरूपेण अमानवीय होती है। इसी आधार पर—उसी धरातल पर—नयी कविता का सम्पूर्ण रहस्य समझा जा सकता है। अन्य धरातल पर नयी कविता को समझ सकना असम्भव है।

नयी कविता को अलग से लेकर उसकी समीक्षा करना, उसका मूल्यांकन करना, उसकी विवेचना करना, इसलिए कोई अर्थ नहीं रखता। वैसी समीक्षा, वैसा मूल्यांकन, वैसा विवेचन असत्य के प्रतिपादन के अतिरिक्त कुछ नहीं है। नयी कविता का सारा दर्शन, सारा सिद्धान्त, मानसिक ग्रन्थियों के अस्पष्ट उद्वेलन और आकारहीन आवेगों का निरर्थक दर्शन और सिद्धान्त है। जीवन में नयी कविता का—ऐसी कृतियों का—कोई मूल्य नहीं है।

यदि नयी कविता को और अधिक समय तक भीतर रखा जाए और उसके

धुँधले आवेगों को और अधिक काल तक वहाँ रमाया-बिरमाया जाय और उसके व्यक्त करने की क्रिया में उतावली न बरती जाय और कवि उसे अपने समक्ष व्यक्तित्व में समा लेने दे, तो निश्चय ही वह दूसरे सफल रूप में व्यक्त होगी, जो वास्तव में कविता होगी और प्रिय होगी।

6. क्या वह परिस्थितियाँ कृतिकार की आन्तरिक विवशता और बेचैनी में अधिक केन्द्रित हैं?

वस्तु-जगत् की परिस्थितियाँ घटती तो वस्तु-जगत् में हैं, किन्तु उनका प्रभाव मानव-मन पर भी पड़ता है। वह काम इन्द्रियाँ करती हैं। इन्द्रियों के माध्यम से मनुष्य उन परिस्थितियों का प्रभाव ग्रहण करता है। वह प्रभाव संवेदना के रूप में होता है। भाव और विचार के रूप में होता है, संवेदन भाव और विचार का स्वरूप मनुष्य के अपने बने हुए व्यक्तित्व से निर्धारित होता है। उसके व्यक्तित्व में अतीत का इतिहास और उसके अनुभव रहते हैं। उसके व्यक्तित्व में वर्तमान का यथार्थ और आदर्श रहता है। उसके व्यक्तित्व में भविष्य का रूप रहता है। एक साथ तीनों कालों को समेटे हुए मनुष्य का व्यक्तित्व ही बाह्य परिस्थितियों से प्रभावित होता है और उन्हें भी प्रभावित करता है। इस तरह देखने से पता चलता है कि दो जगत् हैं—1. बाह्य जगत्, और 2. मनोजगत्। बाह्य जगत् से ही मनोजगत् का अस्तित्व सम्भव हुआ है। प्रत्येक प्राणी को बाह्य जगत् में रहकर ही मनोजगत् को उपलब्ध करना पड़ता है। जहाँ और जब इन दोनों जगतों का सम्बन्ध तोड़ दिया जाता है अथवा एक के अस्तित्व को दूसरे के अस्तित्व से अलग कर दिया जाता है, वहाँ और तब इन दोनों जगतों में एक अवांछनीय विभाजन उत्पन्न हो जाता है। यह विभाजन न बाह्य जगत् के लिए हितकार होता है, न आत्मजगत् के लिए। हित इसी में है कि दोनों में संयोग रहे।

बाह्य परिस्थितियों की समस्याओं का संकट ही मानसिक धरातल पर आन्तरिक विवशता और बेचैनी का रूप पाता है। लेकिन यही एक रूप हो, ऐसा नहीं है। दूसरा रूप भी है। वह है उत्साह और आशा का, अदम्य शक्ति और साहस का। इस रूप की उपेक्षा करना मानव-मन की उपेक्षा करना है। इनमें से कौन रूप किस कृतिकार में कितना मिलेगा, यह कह सकना असम्भव है। किसी में किसी रूप का प्राधान्य होगा, किसी में किसी रूप का, किसी में दोनों रूपों का संयोग होगा।

विवशता और बेचैनी का रूप कहीं अपने सहज और स्वाभाविक स्वभाव में व्यक्त होता है, तो कहीं बलात् आरोपित स्वभाव में—कला की नवीन अभिव्यक्ति के स्वभाव में व्यक्त होता है। जहाँ सहजता होती है, स्वाभाविकता होती है, वहाँ विवशता तदनूरूप विवश बनाती है। जहाँ आरोपित होती है, केवल कलात्मक नवीनीकरण होती है, वहाँ विवशता कृत्रिमता प्रदर्शित करती है और तदनुरूप

उपेक्षा और अस्वीकृति उत्पन्न करती है।

इसी प्रकार उत्साह और आशा का रूप कहीं अपने सहज और स्वाभाविक स्वभाव में व्यक्त होता है, तो कहीं बलात् आरोपित स्वभाव में—कला की नवीन अभिव्यक्ति के स्वभाव में व्यक्त होता है, जहाँ सहजता होती है। स्वाभाविकता होती है, वहाँ उत्साह और आशा तदनुरूप उत्साहित और आशान्वित बनाती है। जहाँ वे आरोपित होते हैं, केवल कलात्मक नवीनीकरण होते हैं, वहाँ उत्साह और आशा जीवन की कृत्रिमता प्रदर्शित करते हैं और तदनुरूप उपेक्षा और अस्वीकृति उत्पन्न करते हैं।

अतएव यह कहना कि परिस्थितियाँ कृतिकार की आन्तरिक विवशता और बेचैनी में अधिक केन्द्रित हैं, अनुचित है।

नयी कविता में विवशता और बेचैनी को ही प्रश्रय मिला है, इसका मुख्य कारण यही है कि मन को बाह्य संसार से अलग मान लिया गया है और उसकी स्वतन्त्र सत्ता के आधार पर ही कृतियों को जन्म दिया गया है। वह कृतियाँ भी असहज और आरोपित अधिक हैं, सहज और अनारोपित कम हैं।

7. क्या यह परिस्थितियाँ इस पर भी कालातीत सम्बन्ध स्थापित करना चाहती हैं?

परिस्थितियाँ तभी कालातीत सम्बन्ध स्थापित कर सकती हैं, जब वह अतीत की परिस्थितियों से सम्बन्ध स्थापित किये रहें और भविष्य की परिस्थितियों से सम्बन्ध स्थापित करें। तभी वर्तमान की परिस्थितियाँ एक सूत्र में बँधती हैं। इसके विपरीत यदि वह एकाकी रहीं, तो उनको ऐतिहासिक महत्त्व मिल जाता है। इसके विपरीत यदि वह एकाकी रहीं, तो उनका महत्त्व उनको नहीं मिल पाता। वह क्षणिक बोध की मूल्यहीन इकाइयाँ बन जाती हैं और केवल विघटन का उद्घाटन करती हैं। विघटन स्वयमेव जीवन नहीं है। वह जीवन के संकट की स्थिति है। जीवन उसे पार करता है। इसलिए जीवन की मूल्यहीन इकाइयों के रूप में वह परिस्थितियाँ पीछे छूट जाती हैं और मनुष्य विकास-क्रम में आगे बढ़ जाता है। कालातीत सम्बन्ध तो वह सम्बन्ध है, जो समय में शाश्वत है। जो क्षण का है—जो मात्र आधुनिकता है—जो केवल वैयक्तिकता है—वह शाश्वत का अंश नहीं है। वह कालातीत नहीं हो सकता। आधुनिकता का आशय ही कालातीत नहीं हो सकता। आधुनिकता का आशय ही कालातीत सम्बन्ध स्थापित करने के विरुद्ध है। वह जीवित रखी जाती है अपनी ऐसी विशिष्टता में ही, जो व्यक्ति की निजी आत्मगत् मौलिकता होती है। कालातीत सम्बन्ध इस विशिष्टता का परिहार करता है। वह सम्बन्ध आत्मगत मौलिकता का तिरस्कार करता है। कालातीत विशिष्टता और कालातीत-मौलिकता जीवन की व्यापकता से उद्भूत होती हैं और व्यापक जीवन

की समग्रता में ही समाई रहती है।

मौलिकता, जहाँ निजी निधि हो जाती है और आधुनिकता की खोल में छिपी रहती है, वहाँ वह समग्र मानवता की चेतना की नहीं, बल्कि एक व्यक्ति-विशेष के—एक आधुनिक कृतिकार के दृष्टिकोण का प्रतिनिधित्व करती है और वही उसका लक्ष्य होता है।

मौलिकता जहाँ निजत्व से निकलकर समग्र की चेतना का संस्पर्श करती है, वहाँ वह उसी समग्र चेतना का प्रतिनिधित्व करती है और वही उसका लक्ष्य होता है।

इसलिए आधुनिकता के खोल में छिपी रहने वाली मौलिकता घोर वैयक्तिकता है, जिसका दूसरे मनुष्य की रुचि और रस से कोई सम्बन्ध नहीं है।

इसलिए निजत्व से बाहर निकली मौलिकता पूर्ण निर्वैयक्तिकता है, जिसका दूसरे मनुष्य की रुचि और रस से पूरा सम्बन्ध है।

आधुनिकता की खोल में छिपी मौलिकता की देन नयी कविता है। वह घोर वैयक्तिक है। उसका सम्बन्ध दूसरे मनुष्य की रुचि और रस से नहीं है। वह इकाई है। आदि से अन्त तक इकाई बनी रहती है।

इसलिए नयी कविता भी कालातीत नहीं हो सकती। वह एक कृतिकार की विशिष्ट चेतना का प्रतिनिधित्व मात्र कर सकती है—समग्र मानवता की चेतना का संस्पर्श तक नहीं कर सकती।

इसलिए यह कहना सही नहीं है कि नयी कविता का कृतिकार अपनी मौलिकता से कालातीत और शाश्वत कविता की सृष्टि कर रहा है।

8. क्या इन परिस्थितियों में भी कृतिकार एक बड़ी सीमा तक तटस्थ रहता है?

तटस्थ वही कृतिकार रह सकता है जो परिस्थितियों में न पड़े। परिस्थितियों में वही कृतिकार नहीं पड़ सकता जो परिस्थितियों से परे किसी दूसरे जगत् में रहे। वह दूसरा जगत् भौतिक नहीं हो सकता। यदि होगा, तो वह मानसिक होगा। इसलिए तटस्थता का यही अर्थ हुआ कि कृतिकार ने अपने मनःलोक में आश्रय पा लिया है, जहाँ निश्चय ही भौतिक परिस्थितियाँ अपने बाह्य रूप में प्रवेश नहीं पातीं। वहाँ इन्द्रियों के आवेग और संवेग ही पहुँचते हैं। कृतिकार उन आवेगों और संवेगों की वजह से अपनी पूर्वस्थिति में नहीं रहता। उसकी पूर्वस्थिति प्रभावित होती है। कृतिकार इसका अनुभव करता है। उसका व्यक्तित्व चेतन है, इसलिए उसकी चेतनता कृतिकार को उन आवेगों और संवेगों से दोलित करती है। कृतिकार अपनी इस मनोदशा में कुछ अतिरिक्तता पाता है। वह अतिरिक्तता यदि विघटन की ओर प्रयाण कर गयी, तो कृतिकार कुंठाओं से अभिभूत हो जाता है। वह अतिरिक्तता यदि संघटन की ओर प्रयाण कर गयी, तो कृतिकार मन के गहरे

स्तरों में प्रवेश कर जाता है। संघटन की दशा में कृतिकार बाह्य लोक के स्तरों में प्रवेश कर जाता है। अपनी संघटन की दशा में कृतिकार वैयक्तिक—घोर वैयक्तिक हो जाता है। अपनी संघटन की दशा में कृतिकार निर्वैयक्तिक—पूर्णरूपेण निर्वैयक्तिक हो जाता है। अपनी इस वैयक्तिक स्थिति में वह अपने आवेगों और संवेगों में लीन रहता है। दोनों ही दशाओं में कृतिकार तटस्थ नहीं रहता। वैयक्तिक स्थिति को निर्वैयक्तिक स्थिति की तटस्थता नहीं कहा जा सकता। न निर्वैयक्तिक स्थिति को वैयक्तिक स्थिति की तटस्थता कहा जा सकता है। कृतिकार तो दोनों ही दशाओं में संलग्नता की स्थिति में रहता है। इस संलग्नता की स्थिति में एक ओर वैयक्तिकता उद्भूत होती है। निर्वैयक्तिकता मौलिक प्रसार पाती है।

नयी कविता संलग्नता की उस स्थिति की देन है, जो वैयक्तिकता-मूलक है। वह कदापि तटस्थता की स्थिति की रचना नहीं है।

9. क्या इन परिस्थितियों में भी कृतिकार को अपनी रचना-प्रक्रिया में अधिक तल्लीन रहना पड़ता है?

विघटन की मनोदशा हो चाहे संघटन की—दोनों मनोदशाओं में कृतिकार को अधिक तल्लीन रहना पड़ता है। अधिक तल्लीनता की अवस्था में आत्मसजग कृतिकार अपने में ही डूब जाता है। वह बाह्य जगत् का और भी नहीं रह जाता। अधिक तल्लीनता की अवस्था में वाह्य जगत् का कृतिकार बाह्य में ही डूब जाता है। वह आत्म जगत् का और भी नहीं रह जाता। आत्म-सजग कृतिकार की तल्लीनता उसे बाह्य जगत् में रचना के उपकरण नहीं खोजने नहीं देती। यदि इसपर भी आत्म-सजग कृतिकार अपनी तल्लीनता की अवस्था में बाह्य जगत् से अपनी रचना के उपकरण खोजता भी है, तो वह खोज ऊपरी और सतही होती है और इस खोज के परिणाम भी ऊबड़-खाबड़ और विकृत होते हैं। यदि इस पर भी बाह्य-सजग कृतिकार अपनी तल्लीनता की अवस्था में आत्म-जगत् से अपनी रचना के उपकरण खोजता है, तो वह खोज ऊपरी होती है। और उस खोज के परिणाम अंड-बंड और भ्रष्ट होते हैं।

रचना-प्रक्रिया का मूल उद्गम इन्द्रियों के बोध-ग्रहण में है। बोधग्रहण पहले संकेतबद्ध नहीं होता। वह संकेतबद्धता परिस्थितियों से प्राप्त होती है। जब वह प्राप्त हो जाती है, तब बोध-ग्रहण ज्ञान की दशा में आने लगता है। ज्ञान की दशा में ही भाव विचारों का रूप पाने लगते हैं। भाव और विचार इसलिए संकेत-बद्ध इन्द्रिय-बोध है। वह संकेत-बद्ध इन्द्रिय-बोध ही भाषा में अभिव्यक्ति पाता है। भाषा में की गयी अभिव्यक्ति ही अमूर्त से मूर्त हुआ संकेत-बद्ध इन्द्रिय-बोध है। यही अभिव्यक्ति रचना है।

अतएव अमूर्त इन्द्रिय-बोध से संकेत-बद्ध मूर्त इन्द्रिय-बोध तक पहुँचने की प्रक्रिया ज्ञान के पाने की प्रक्रिया है। जब वह ज्ञान की प्राप्ति की प्रक्रिया सृजन-संकल्प से सम्बद्ध हो जाता है, तब यह रचनात्मक प्रक्रिया बन जाती है। यही रचनात्मक प्रक्रिया जब वैयक्तिकता से संयोगित हो जाती है, तब मानसिक प्रक्रिया निर्वैयक्तिकता से संयोगित हो जाती है। तब वस्तु-जगत् का निरूपण करने लगती है।

अतएव नयी कविता अत्यधिक मानसिक तन्तु-जाल की कविता है। वह मूर्त हुआ संकेत-बद्ध इन्द्रिय-बोध है। किन्तु वह मूर्तत्व एक विशिष्ट इन्द्रिय-बोध से मानसिक अमूर्तत्व हो जाता है। अमूर्त में मूर्त ज्ञान की और मूर्त ज्ञान से फिर मानसिक अमूर्तत्व की ओर नयी कविता प्रयाण करती है। यदि यही कविता अपनी मानसिक अमूर्तत्व की ओर प्रयाण न करे, बल्कि बाह्य जगत् के मूर्तत्व की ओर प्रयाण करे, तो वह मूर्तत्व नयी कविता की संज्ञा नहीं पाता। वह निर्वैयक्तिक होता है, इसलिए भौतिक होता है। मानसिक नहीं।

10. क्या तटस्थ रहने में और तल्लीन रहने में विरोधाभास है?

तल्लीनता में आत्मसजग या बाह्य-सजग संलग्नता और चेतना या अवचेतना सक्रिय रहती है। वह संलग्नता हो या सक्रियता अथवा दोनों हो, कृतिकार को तटस्थ नहीं रहने देती। तल्लीनता गहरे सम्पर्क में समाने की अवस्था है। तटस्थता सम्पर्क में न समाने की व्यवस्था है। तल्लीनता की अवस्था में कोई भी कृतिकार तटस्थ रहने का दावा नहीं कर सकता। तटस्थता तल्लीनता को अस्वीकार करती है। तल्लीनता तटस्थता को अस्वीकार करती है। यह हो सकता है कि कृतिकार पहले तल्लीनता की अवस्था में रहे और फिर तटस्थता की स्थिति में आ जाय। यह भी हो सकता है कि कृतिकार पहले तटस्थता की अवस्था में रहे और फिर तल्लीनता की स्थिति में आ जाय। तात्पर्य यह है कि दोनों स्थितियाँ एक साथ प्रकट नहीं हो सकतीं। एक का अस्तित्व दूसरे के अनस्तित्व का प्रमाण है। इसलिए उनके सहअस्तित्व की कल्पना करना असंगत है। इसलिए इनमें विरोधाभास की कल्पना करना असंगत है। विरोधभास का दोनों के सहअस्तित्व में ही प्रकट होना सम्भव है। किन्तु दोनों के सह-अस्तित्व की सम्भावना नहीं है, इसलिए विरोधाभास की भी सम्भावना नहीं है।

नयी कविता तटस्थता की स्थिति की कविता नहीं है। वह कृतिकार की मानसिक संलग्नता की स्थिति की कविता है। वह संलग्नता अन्तर्मुखी होती है—बर्हिमुखी नहीं। इसलिए उस संलग्नता से जो रचना की प्रक्रिया होती है वह भी अन्तर्मुखी होती है। अन्तर्मुखी प्रक्रिया से अन्तर्मुखी रचना का निर्माण होता है। यह अन्तर्मुखी प्रक्रिया प्रत्येक व्यक्ति की अपनी होती है। यह अन्तर्मुखी रचना

प्रत्येक व्यक्ति की अपनी होता है। इसका तात्पर्य यह है कि किसी दो कृतिकारों की रचनाएँ एक-सी नहीं हो सकतीं। मानसिक धरातल पर कोई दो कृतिकार एक ही बिन्दु पर स्थित नहीं पाये जा सकते। वस्तु-जगत् से विमुख मानसिक चेतना प्रमुख रूप में विभेदीय होती है। वह एकात्मकता स्वीकार नहीं करती। विलग रहना उसका स्वभाव है। नयी कविता यही प्रतिपादन करती है।

मानसिक चेतना केवल बहिर्मुखी होकर ही एकात्मकता की ओर संक्रमण करती है। वह कहीं-न-कहीं वस्तु-जगत् में अपनी विलगता खोती है। वह विलगता खोने की स्थिति जब आती है, मानसिक चेतना एक उद्देश्य, एक जीवन-दर्शन, एक समाधान, एक नैतिकता, एक संकल्प, एक क्रियाकलाप से संलग्न होती है और लोक-चेतना से आबद्ध होती है। नयी कविता वैयक्तिक मानसिक चेतना की कविता है। उसमें लोक-चेतना से आबद्ध होने का पूर्णतया तभी अभाव मिलता है। तभी नयी कविता की विषय-वस्तु और शैली में विभिन्नता मिलती हैं और वह विभिन्नता कहीं भी, किसी बिन्दु पर एकता स्थापित नहीं करती। तभी नयी कविता लोक-जीवन की कविता नहीं है। तभी नयी कविता लोक-जीवन में टिक नहीं सकती। तभी नयी कविता का लौकिक मूल्यांकन नहीं किया जा सकता। तभी नयी कविता का सैद्धान्तिक स्तर स्थापित नहीं किया जा सकता। तभी उसको आलोचनात्मक स्थिरता नहीं प्राप्त हो सकती। तभी वह क्षण की कविता है। तभी वह खंडित सौन्दर्य की कविता है। तभी वह कुंठित व्यक्तित्व की कविता है। तभी वह खंडित लय की कविता है। तभी वह असंस्कृत कविता है।

साहित्य में यथार्थवाद

यथार्थवादी कृति साहित्यिक नहीं है, ऐसा विचार प्रचार में है। इस विचार का कारण यह बताया जाता है कि हम आदर्शप्रिय प्राणी हैं। जो कृति आदर्श की ओर उन्मुख नहीं है, वह हमारे किसी काम की नहीं है और हम ऐसी कृति को अपने साहित्य में स्थान नहीं दे सकते। हम चाहते हैं प्रकृति में अपनी आदर्श प्रियतमा का विश्वविमोहन रूप देखना। हमें वही जलनिधि साहित्य में भाता है, जो हमारी प्रियतमा का हिल्लोलित वक्षस्थल दिखाता है। हम उस आकाश को पूजते हैं, जो निरन्तर हमारे आदर्श देवता की प्रतिध्वनि से निनादित रहा करता है। वह पहाड़ हमें न चाहिए, जो रूपराशि का चित्रांकन अपने कठोर हृदय पर नहीं करा पाते। वह झरने ही हमें प्रिय हैं, जो उत्तुंग पर्वत से, धर्म का कलरव, प्रवाहित किया करते हैं। यथार्थवादी रचना ईंट को ईंट, पत्थर को पत्थर, फूल को पंखुरियों का समूह और रंगों का एक विस्तार मात्र बताती है। वह प्रिया को लेकर आकाश में विहार नहीं करती। वह रत्नाकार को खारे पानी का स्थल कहती है। वह कल्पना से वंचित है और जीवन की निम्नतम आवश्कताओं से परिवेष्टित है। वास्तव में यथार्थवादी रचना हमारे मानवीय संस्कारों को उनके विकृत रूप में ही चित्रित करती है, उन्हें परिमार्जित एवं परिष्कृत करके हमारे सम्मुख नहीं लाती; फलतः हम ऐसी रचना का कोई भी साहित्यिक मूल्यांकन नहीं कर सकते। जो वस्तु ऐसी रचना देती है, वह तो हम क्षण प्रति क्षण अपनी इन्द्रियों से ग्रहण किया ही करते हैं। इस वस्तु को पाकर हमें जीवन की विषमताओं को भूलने का क्षणिक अवसर तक नहीं मिलता, वरन् हम जीवन के भार से और भी भारान्वित हो जाते हैं। फलतः हम किसी भी रूप में यथार्थवादी कृति को नहीं अपना सकते। यह हुआ यथार्थवादी कृति का साहित्यिक विरोध।

विश्लेषण करने से सिद्ध होता है कि यथार्थवाद के विरोध के उपरोक्त कारण के मूल में मानवीय स्वभाव सर्वांश में काम करता दृष्टिगोचर होता है, सत्य नहीं। मनुष्य जन्मजात ही रूढ़िप्रिय है। वह गत को गौरव देकर, आगत को उस गौरव की छाया में लपेट कर आमत को आमत नहीं रखता। वह अपने पूर्व निर्धारित

किन्हीं आदर्शों की लम्बी से लम्बी छाया निरन्तर आगम तक फेंकते रहने का आदी है। उसे इस संसार की जटिलताओं से ऊब कर किन्हीं मधुर और स्वर्णिम स्वप्नों का पूर्व-निर्मित लोक चाहिए, जहाँ कुछ काल विश्राम कर, वह विस्मृति के आलोक में, सुख का स्पर्श कर सके। मनुष्य की यह अनवरत लालसा और प्रगाढ़ प्रवृति उसे यथार्थवाद से हटाये रखती है। इसके अतिरिक्त अन्य कारण कोई नहीं है। इसीलिए, जब यथार्थवादी लेखक अपनी विदग्ध लेखनी से समय के सिर से मैली पुरानी ओढ़नी उतारकर आँखों के सामने वास्तविकता का एकदम स्पष्ट अंकन कर देता है, तब आदर्श के सत्ताधारियों के विभिन्न केन्द्रों से क्रोध और विष की फुफकार उमड़ पड़ती है। यह फुफकार स्वार्थ पर आक्रमण होने से जाग्रत हुई है और स्वार्थ ही की रक्षा के लिए यथार्थवादी पर डाली जाती है। हमारे आदर्श के केन्द्र हैं : मन्दिर, मस्जिद, गिरजा, न्याय विधायक समितियाँ और अन्यान्य चिर पोषित संस्थाएँ। न्यायालय भी इसी की पूर्ति में संलग्न रहता है। यदि इन केन्दों का नग्न और वास्तविक चित्रण होता है, तो अवश्यमेव इनकी नीवें डगमगाती हैं और इन केन्द्रों के अधिनायकों की पेट पूजा पर पदाघात होता है। इसी एक मूल भावना के कारण से यथार्थवादी कृति का विरोध किया जाता है।

आदर्शवाद अपना काम कर चुका है। उसकी शक्ति क्षय हो चुकी है। वह जिस युग में पैदा हुआ था, वह मिट गया है। उस युग जैसी समस्याएँ नहीं रहीं। वास्तव में उस युग में भौतिकता की ओर ध्यान ही नहीं था। यह गुण था एक अलौकिक curiosity का। समय पर्याप्त था। मनुष्य ने सारी शक्ति इसी से पृथ्वी से खींच कर आकाश की तरफ कर दी थी। वह धरती को छूकर भी व्योमचारी और शून्यप्रेमी हो गया था। अब नयी समस्याएँ और असीम हो गयी हैं। विज्ञान ने मनुष्य की अलौकिक curiosity को नष्ट कर दिया है, क्योंकि सूर्य देवता नहीं हैं, वरन् अग्निपुंज हैं, यह उसने सिद्ध कर दिया है। इसी प्रकार अभूतपूर्व एवं आश्चर्यमयी समस्त सृष्टि के रहस्य को अपने अन्वेषणों द्वारा विज्ञान ने इतना सुबोध और गम्य कर दिया है कि विज्ञान के पूर्वापर ज्ञान पर हँसी-सी आ जाती है। फलतः आदर्शवाद का वह धरातल ही जब खिसक गया, तब आदर्शवाद टिक ही कैसे सकता है। यथार्थवाद तो आया है वह आँखे लेकर, जो आसमान की परियों को नहीं खोजतीं, किन्तु उन घटनाओं को टकटकी बाँधकर देखती हैं, जो खूनी जीभ निकाले, पंजे फैलाए, चष्टिकार करके व्योममंडल को सर पर उठाए हुए है। इन घटनाओं को लेकर यथार्थवाद आदर्शवाद का पीछा करता है और उसकी नस-नस तड़का देता है। इसी से यथार्थवाद क्रूर है, कठिन है, भौतिक है, विनाशकारी है और दिन-प्रतिदिन की समस्याओं के चित्रण में संलग्न है। वह आदर्शवाद की भाँति स्वप्नों की चादर तानकर नहीं सोता। आदर्शवाद एक विशेष युग की देन थी। वह युग गया; पुनः यथार्थवाद आदर्शवाद को विदा कर रहा है।

उदाहरण के लिए राजा और प्रजा का आदर्श सम्बन्ध लीजिए। राजा एक समय ईश्वर-तुल्य था। बाद को पिता-तुल्य हुआ। फिर तो प्रजा का प्रतिनिधि मात्र रह गया। अब इस बींसवीं सदी में उसे इस प्रतिनिधि पद से भी च्युत कर दिया गया है और उसकी कोई आवश्यकता ही नहीं रखी गयी। राजा का स्थान स्वयं प्रजा-मंडल ले रहा है। समस्त संसार का एक Federation हो, यह गूँज बलवती हो रही है। यही नहीं, भिन्न-भिन्न देशों में भिन्न-भिन्न प्रकार की राज्य-व्यवस्थाएँ बन चुकी हैं। सोवियत यूनियन इन सब में प्रमुख है। यदि कोई लेखक अब भी अपनी साहित्यिक कृति में राजा को ईश्वर अथवा पिता-तुल्य दिखाकर प्रजा को इसलिए दोषी ठहराता है कि उसने उन आदर्शों की अवज्ञा की है और इसलिए वह अपराधी है, तो वह लेखक अपने युग का प्रतिनिधि नहीं हो सकता और देश उसे अपने युग के साहित्यिकों मे कोई स्थान न देगा। यथार्थवादी ने साहित्य की इस परम्परागत जड़ता के मोह को मिटाया है; साहित्य को आगामी और प्रगतिशील किया है; जीवन की भौतिकता को जीवन की सार्थकता कहकर पुकारा है। रूसी क्रान्ति का साहित्य और अब का साहित्य दोनों यह प्रत्यक्ष कर देते हैं कि आदर्शवाद बेकार है और यथार्थवाद जीवन की अभिव्यक्ति है। जीवित साहित्य यथार्थवादी साहित्य है; आदर्शवादी साहित्य तो मृत साहित्य है। निस्सन्देह इस साहित्य ने देश की प्रतिभाओं को स्फूर्ति प्रदान की थी, किन्तु अब तो वह किसी अर्थ का नहीं रह गया। एक समय था कि भारत में व्यक्ति ही अपनी उन्नति का चरम लक्ष्य था। आध्यात्मिक विकास ही व्यक्ति का आदर्श रहा है। अब व्यक्ति विकास का केन्द्र नहीं रह गया। देश केन्द्र हो गया है। व्यक्ति की सत्ता का मूल्य इसी से है कि वह देश का एक अंग है। देश की भौतिक उन्नति पर विशेष ध्यान दिया जाता है, वह भी इसलिए कि जनसंख्या अधिक हो गयी है और उसके भरण-पोषण और लौकिक जीवन के निर्वाह के लिए यह आवश्यक है कि भूमि की उपज की वृद्धि की जाय। देश का जीवन और विकास व्यक्ति का जीवन और विकास बन गया है। लाखों की तादाद में मौज मारनेवाले महन्त और संन्यासी आध्यात्मिक आदर्श का बहाना करके ही देश की छाती पर फोड़े की तरह दुखदायी हो गये हैं। वैयक्तिक सम्पति का आदर्श भी मिट रहा है। इन महान् परिवर्तनों को यथार्थवादी आदर्शवाद के चक्कर में पड़कर, यदि न देखें, तो महान् मूर्खता होगी। वास्तव में यथार्थवाद तो इस युग का श्रेष्ठ साधन है, जो जीवन और साहित्य को विकास की ओर उन्मुख किये है।

यह सोचना कि आदर्शों का मोह नहीं जाता, इसलिए इनका परित्याग नहीं हो सकता, महान् बुद्धिहीनता का परिचय देता है। मानवकल्याण की जिस भावना से प्रेरित होकर आदर्शों की सृष्टि हुई थी, जब वह कल्याण की गुंजाइश ही नहीं रह गयी, तब उन आदर्शों का काम तमाम होना ही पड़ेगा। आदर्शों का मोह अज्ञान

है। अब आदर्शों के पीछे न दौड़कर चारों ओर की जीवित समस्याओं को सुलझाना है। यह काम वही कर सकते हैं, जो आदर्श-प्रेमी नहीं रहे, यथार्थ के पोषक हैं और साहित्यिक हैं। यदि इस आर्थिक संकट के युग में स्त्री के सामने कोई वही पुराना आदर्श उपस्थित करे, और यह कहे कि नारी नर की चेरी है और अपने बेकार पति की जूतियों की पूजा किया करे चाहे वह खाना-कपड़ा कुछ न दे, तो मैं तो यही कहूँगा कि यह अन्याय है। पति की सहकारिता न मिलने पर नारी भी उसी प्रकार स्वतन्त्र है, जिस प्रकार पत्नी की सहकारिता न मिलने पर नर है। ब्याह एक धार्मिक चिर-मिलन है, यह विचार अब नहीं चल सकता। एक के साथ जब दूसरे की नहीं निभती, तब दोनों का विच्छेद अनिवार्य है। ब्याह हो जाने के बाद जितने बदचलनी के उदाहरण देखे गये हैं, उतने ब्याह के पूर्व नहीं होते देखे गये। ब्याह को तो लोगों ने एक प्रकार की धार्मिक स्वीकृति (License) समझ रखा है। आदर्श बन्धन बहु आलिंगनों का कारण बन गया है। अब सीता का आदर्श देना स्वार्थपरता सूचक मात्र है। वह मूल संकट की शान्ति नहीं करता।

क्योंकि यथार्थवाद इस सदी में शक्तिशाली हो रहा है, इससे इसका साहित्यिक बहिष्कार करने पर भी वास्तव में किया ही नहीं जा सकता। यथार्थवाद को साहित्य में स्थान न देने का तात्पर्य है कि जीवन को बहिष्कृत किया जा रहा है। बुद्धिमानी और उदारता इसमें है कि यथार्थवाद का साहित्य में स्वागत किया जाय और उसका मूल्यांकन नव नियमों से किया जाय। दंडी और मम्मट अथवा भरत मुनि के सिद्धान्तों को इस युग के यथार्थवाद की कसौटी कदापि नहीं बताया जा सकता। वे नियम, उपनियम, उस काल की सामाजिकता को दृष्टि में रखकर बनाए गये थे। वे भले ही आदर्श नियम हों, फिर भी उनका पालन इस सदी की जटिलताओं के चक्रव्यूह में नितान्त अवांछनीय और असम्भव है। 'प्रिय प्रवास' में काव्य के सम्पूर्ण अंगों का समावेश है, किन्तु इतने पर भी यह महाकाव्य इस युग का प्रतिनिधि जीवन व्यक्त नहीं करता। कवि ने निस्सन्देह इसकी रचना में आदर्श काव्यांगों का दक्षता और कुशलता के साथ दोहन किया है, पर वह अपने जीवित युग से दूर ही अपनी लेखनी को घुमाता रहा है। शोषित और पददलित जनता इसे पढ़कर भले ही क्षणभर को अपनी बेचैनी बिसार दे, किन्तु इसे पढ़कर उसे जड़ जगत् से मुक्ति नहीं मिल सकती है। इस युग की विचारधारा के विमुख इस ग्रन्थ की धारा प्रवाहित हुई है और अतीत के अन्तस्तल में मधुसिक्त कृष्ण की गाथा के दोनों कूल छूकर लहराती है। यह न वर्तमान की पीड़ा से पीड़ित मानव की कहानी कहता है, न उसके दिल की बातें। इसमें मिलती हैं Bardic Literary Consistancy जो जीवन के सच्चे साहित्य से पोषित नहीं है। गुप्त जी का 'साकेत' और 'यशोधरा' ग्रन्थ भी इसी श्रेणी में आते हैं। उनका वर्तमान मूल्यांकन स्पष्ट कर देता है कि वे 'प्रियप्रवास' की कोटि के हैं। जीवन से

कतराकर इन्हीं सामग्री का संग्रह किया गया है और इस युग के भीषण कोलाहल से दूर रहकर इनकी रचना की गयी है। यह कहना कि वे सांस्कृतिक सभ्यता के आदर्श उदाहरण ग्रन्थ हैं, जो हमारे मनोविकारों को परिष्कृत कर विश्वात्मा के नानारूपों से एकात्मकता स्थापित करते हैं, इसलिए वे पवित्र और साहित्यिक श्रेष्ठता के सर्वप्रथम योग्य हैं, मेरी राय में, बिल्कुल झूठी बात है। हाँ, दिल बहलाव के लिए यह विचार अवश्य अच्छा है। विश्वात्मा से एकात्मकता स्थापित करनेवाली बात छू हो गयी है। न यह युग यह बात समझ सकता है और न उसे ऐसा समझने की फुरसत है। यदि इस युग में मलिक मुहम्मद जायसी पुनः जन्म लेकर एक बार अपने प्रसिद्ध ग्रन्थ 'पद्मावत' से भी उत्तम दूसरा कोई एक काव्य-ग्रन्थ उसी प्रेम को लेकर लिखें, तो उनका साहित्य मृत ही समझा जाएगा। वह ग्रन्थ युग का ग्रन्थ न होगा और न यह रामायण का ही युग है। नायिका भेद भी मर गया, मिट गया। प्रसाद ऐसा कलाकार वर्तमान के साँप की चाल नहीं चल सका। प्राचीन नियमों का संग-साथ उन्होंने छोड़ा अवश्य, फिर भी वह यथार्थ जीवन से विमुख ही रहे। सामने कोसती-कराहती दुनिया को छोड़कर बौद्ध-युग की कहानियाँ कहने-सुनने में उन्हें मस्तिष्कीय आनन्द मिलता था। उनके नाटकों का यथार्थवाद की परख में, कोई मूल्य नहीं रहता। यदि प्रसाद जी ने बीसवीं सदी का नाटकीय तत्व ग्रहण करके उसे शब्दांकित किया होता, तो आज वे जीवित युग के जीवित नाट्यकार होते। 'कामायिनी' की सृष्टि भी यथार्थवादी गौरव प्राप्त नहीं कर सकती। पंत की अधिकांश रचनाएँ इस युग की रचनाएँ नहीं हैं। उन्होंने 'युगवाणी' में बौद्धिक विश्लेषण वाली कविताएँ अवश्य दी हैं, किन्तु सबकी सब अपनी धमनियों में युग का रक्त लेकर नहीं बहतीं। इन सब में वही छायावादी स्पर्श रहता है। 'ग्राम्या' भी यथार्थवाद नहीं है। निराला जी की पूर्वकालीन लगभग समस्त रचनाएँ इस युग का साथ नहीं देतीं। 'राम की शक्ति पूजा' और 'तुलसीदास' दोनों ही काव्य और कला की दृष्टि से अतुलनीय साहित्यिक रचनाएँ हैं। हर्ष है कि निराला जी ने यथार्थ से आँखें चार कीं और प्रगतिशील कविताएँ लिखना प्रारम्भ कर दिया। उनकी कुछ रचनाएँ तो वास्तव में अत्यन्त सुन्दर बन पड़ी हैं। युवक-कवियों में से बहुतों ने यथार्थवादी होने का दावा किया है, पर स्वभावतः सब के सब हैं नहीं। महादेवी की रचनाओं में रंग है, कल्पना है, वैचित्र्य है, संगीत है, आत्मसमर्पण है, और है स्त्री हृदय की आकांक्षा। यह सब है, पर युग का चित्र नहीं है, नहीं है। उनके अतिरिक्त अन्य कवयित्रियों का भी यही हाल है। जिस ओर पुरुष कवि चले जा रहें हैं उसी ओर कवयित्रियाँ भी। बात तो यह है कि किसी ने युग की विचारधारा का विवेचनात्मक अध्ययन नहीं किया और इसलिए किसी भी महाकवि में उसका पता तक नहीं चलता। प्राचीन की सामग्री को आधुनिकता का रंग देकर अब वे कवि साहित्य को जीवित सामग्री नहीं दे रहे हैं;

वे तो साहित्य के साथ महान् अन्याय कर रहे हैं। वर्तमान जीवन को जीवित करने में हिन्दी को अब के कवियों का तनिक भी सहयोग नहीं है। यह बड़े खेद का विषय है। हिन्दी के उपन्यासकार भी इसी रोग के रोगी हैं। आदर्शवाद उन पर चढ़ बैठा है और यथार्थवाद की गरदन जबरदस्ती मरोड़े डालता है। यथार्थ को लेकर चलने का प्रयास करते तो हैं वे लोग पर वे अपने को गौरवान्वित करने के लिए आदर्शवाद का पक्ष-समर्थन ही करते है। 'निमन्त्रण' में वाजपेयी जी ने इसी का परिचय दिया है। 'पर्दे की रानी' में जोशी जी ने 'गुरु जी' के द्वारा यथार्थ का विश्लेषण कराया तो है, पर वह इसलिए कि उनकी 'निरंजना' पतित न समझी जाए, वह क्षम्य रहे। एक 'दिन के तारे' उपन्यास में ही जीता-जागता यथार्थवाद मिलता है। नरोत्तमप्रसाद नागर ने यथार्थ का प्रत्येक पहलू उभारा है और अपनी विश्लेषणात्मक लेखनी से उन चरित्रों की सृष्टि की है, जो कागज पर नहीं रहते-सहते, वरन् हमारे चारों तरफ समस्या लिए हुए रोते-चिल्लाते मिलते हैं। नागर जी का यह महत्त्वपूर्ण प्रयोग हिन्दी के लिए हितकर है। इस उपन्यास में जीवन की वर्तमान राजनैतिक, आर्थिक, सामाजिक, पारिवारिक, नैतिक तथा स्वभावजन्य दुर्बलताओं की यथार्थवाद की दृष्टि से आलोचना की गयी है। जीवन राम इसका सबसे ज्वलन्त उदाहरण है। वह पोर-पोर से यथार्थवादी है। जोशी जी का उपन्यास तो बहुत निम्नकोटि का है। उसकी Technique पुरानी और अंग्रेजी उपन्यासकारों से उधार ली हुई है। उसमें तर्क और विचार को ग्रहण नहीं किया गया; मुख्यतः 'अज्ञात' का सहारा लिया गया है। उपेन्द्रनाथ 'अश्क' और कृष्णचन्द्र ने एकांकी नाटक लिखे हैं, पर उनमें नाटकीय दोष हैं।

दुर्भाग्य तो यह है कि अभी यथार्थवादी लेखक यह सोचकर नहीं लिखते कि उन्हें करना क्या है। उनको अपना एक ध्येय बनाकर अग्रगामी होना चाहिए, केवल सनसनी पैदा कर देना यथार्थ नहीं है। वाजपेयी जी ने यथार्थवाद को बिल्कुल गलत समझा है। जब उन्होंने अपनी मालती के ब्लाउज वगैरह सब उतरवा दिये थे और एक तरह उसे रज्जन के पिता के कमरे में नग्न ही कर दिया था। जोशी जी ने भी चन्द्रमोहन और निरंजना का होस्टल वाला सीन खींचकर यथार्थवाद की सृष्टि नहीं की, वरन् अपनी अनभिज्ञता का ही परिचय दिया है। 'दिन के तारे' में यथार्थवाद फूट-फूटकर भरा पड़ा है। इसका कारण यह है कि नागर जी ने जीवन के प्रत्येक पहलू पर निगाहें डाली हैं और उसका तर्कपूर्ण विवेचन करने पर उपन्यास लिखा है।

यथार्थवाद के कई प्रयोग हो सकते हैं। एक तो यह है कि वर्तमान के प्रति असन्तोष। दूसरा यह कि वर्तमान पर केन्द्रित प्रहार। तीसरा यह कि समता प्रचार। चौथा यह कि प्रश्नों का उत्तर देना। पाँचवा यह कि व्यंग्य से जनता की चेतना को जाग्रत करना। छठा यह कि मानवीय व्यवहार के मूल में निहित भावना

को उभारकर प्रत्येक कार्य की वास्तविकता को दिखाना। सातवाँ यह कि मानव की महत्ता को स्वीकार करके अन्य किसी सत्ता का बहिष्कार करना। आठवाँ यह कि समस्त मानावजाति सूत्र में बँधकर एक राज्य-व्यवस्था की निर्माता बन जाय। नवाँ यह कि मानव अतीत का नहीं, वर्तमान का प्राणी है। इसके अतिरिक्त अन्यान्य प्रयोग भी सम्भव हैं। प्रत्येक यथार्थवादी लेखक का ध्येय कुछ ऐसा ही होना चाहिए, नहीं तो वह कुछ कर नहीं सकता।

यह सही है कि यथार्थवाद अपने प्रथम चरण में विनाश लेकर आता है। जो है उसे ढहाता है। एक तूफान और तहलका उत्पन्न कर देता है, किन्तु शक्ति और साहस को लेकर क्रमशः आगे चलकर जीवन को नये रूप से सहज करके, उसे रहने और उपभोग करने योग्य बना देता है।

बौद्धिकता और कविता

चिन्तन की मुद्रा में लिखी इधर अत्यधिक कविताएँ पत्र-पत्रिकाओं व पुस्तकों में छपकर सामने आयी हैं; सभी किसी-न-किसी रूप में बौद्धिक हैं। इन कविताओं के बारे में आम शिकायत यह है कि ये बहुत कम लोगों के पल्ले पड़ती हैं।

इन कविताओं के रचयिताओं ने स्वयं भी और उनके जैसे स्वभाव के आलोचकों ने भी ऐसी कविताओं के लिखे जाने का औचित्य बार-बार प्रस्तुत भी किया है। फिर भी, इस सबके बावजूद, वह औचित्य कारगर सिद्ध नहीं हुआ और लोगों की आम शिकायत अब भी ज्यों-की-त्यों बरकरार है।

इसलिए यह आवश्यक हो गया है कि बौद्धिकता और कविता के पारस्पारिक सम्बन्ध में विचार कर लिया जाय।

अपने यहाँ, यानी भारतीय काव्य-लोक में कविता कभी भी बौद्धिकता से निःसृत नहीं हुई और न ही उसने, सजग रूप से, बौद्धिकता का पथ अपनाया। हिन्दी-काव्य के इतिहास के किसी काल-खंड में जो कविताएँ लिखी गयीं, वे सब की सब बौद्धिकता को नकारती रही। कारण यह रहा है कि अपने देश में भाववादी चिन्तन की परम्परा रही है और यहाँ का समस्त काव्य इसी परम्परा से मुख्यतः प्रभावित होता रहा है। यहाँ के चिन्तक देशकाल से परे का परिकल्पित चिन्तन करते रहे हैं। इसका परिणाम यह हुआ है कि यहाँ की मानसिकता, जन-जीवन की समस्याओं से ऊपर उठकर, अनेकानेक दार्शनिक प्रवृत्तियों से, मानवीयता को, एक अदृश्य शक्ति से समायोजित करती रही है। आरम्भिक काल से लेकर छायावाद के काल तक ऐसा ही होता रहा है। इसीलिए छायावाद के काल तक भारतीय कविता परिकल्पनात्मक अधिक रही और बौद्धिक नहीं।

सन् 1936 ई. में 'प्रगतिशील लेखक-संघ' की स्थापना हुई। इसके बाद से हिन्दी-कविता परिकल्पनात्मक परिवेश से बाहर लाई गयी और तब कविता और आम जनता का एक-दूसरे से सीधा-सीधा आमने-सामने का साक्षात्कार होने लगा। भारतीय काव्य की परम्पराएँ शिथिल पड़ने लगीं, और वैज्ञानिक चिन्तन से प्रभावित मानसिकता उभरने लगी। कविता में यह मानसिकता व्यक्त होने लगी।

कवियों ने अदृश्य शक्ति से छुटकारा पाने का प्रयास किया। उन्होंने आदमी को आदमियों के बीच और देश और समाज में खोजा और पाया। उसकी समस्याओं का समाहार उसके जीवन से ही निकाला जाने लगा। देश और काल के भीतर ही आदमी को उसकी स्वायत्तता प्राप्त होने लगी।

लेकिन प्रगतिवादी मानसिकता इतनी व्यापक न हो सकी कि वह अपने देश के सभी कवियों की मानसिकता बन सके। इस पर भी इतना तो अवश्य हुआ कि कविता आदमी से अधिकाधिक सम्बद्ध होने लगी, किन्तु यह सम्बद्धता उत्तरोत्तर समाज-निरपेक्ष होकर व्यक्ति-सापेक्ष्य होने लगी। प्रगतिवाद के बाद के कवि, चाहे वह जिस वाद से संलग्न रहे हों, अपनी निजी इकाई को ही महत्त्वपूर्ण इकाई मानने लगे। वे अपने अहं को और अपनी काव्य-कला को सर्वोपरि महत्त्व देने लगे। इसीलिए कुछ कवियों ने कविता को प्रयोगवादी बना डाला। उनका यह प्रयास निरावैयक्तिक था। उनकी सामाजिक अवगतता भी उन्हीं की निजी मानसिकता बनती रही और वह, उसी मानसिकता को, काव्य की उपलब्धि के रूप में, प्रस्तुत करते रहे। उनकी यह मानसिकता जन-जीवन की मानसिकता का रूप न ले सकी। यह भी एक प्रकार का बौद्धिक कवि-कर्म ही था।

प्रयोगवाद के बाद हिन्दी-कविता कई नये वादों से होकर आगे चली। लेकिन, अपनी इस यात्रा के दौरान में भी, वह मात्र बौद्धिक ही होती चली गयी। चाहे उसकी बौद्धिकता कथ्य के स्तर पर रही हो, चाहे शिल्प के स्तर पर। कई तरह की स्थापनाएँ इन कवियों ने भी, इन कविताओं के बारे में, समय-समय पर प्रस्तुत कीं। ये सब स्थापनाएँ मूलतः वैयक्तिक ही रहीं। परिणामस्वरूप, अन्ततोगत्वा, कविता कविता न रहकर मात्र अकविता हो गयी। छन्द तोड़े गये, लेकिन लय और प्रवाह के उतार-चढ़ाव साधे गये। ताकि मानसिकता अपने आवेग के साथ मानवीयता को उजागर कर सके। भाषा को रहस्यवादिता से निकालकर मानवीय बोध की सम्प्रेषणीयता प्रदान करने का जो सशक्त अभ्यास आरम्भ किया गया था वह अभ्यास भी, बाद के कवियों ने, नहीं अपनाया और वे भाषा के साथ सभी तरह के बलात्कार करते रहे। स्थिति यहाँ तक पहुँची कि भाषा को ही निरर्थक घोषित कर दिया गया। यह भी एक प्रकार की अराजक बौद्धिकता ही थी।

निस्सन्देह कविता में बौद्धिकता का प्रवेश भारतीय काव्य-परम्परा व उसकी शास्त्रीयता के प्रतिरोध में हुआ था। यह शुभ हुआ था। परन्तु यह बौद्धिकता, सही वैज्ञानिक समाजवादी चिन्तन के अभाव में, विपथगा हो गयी, और इससे, उत्कर्ष के बजाय, कविता का अपकर्ष हुआ। यह बौद्धिकता कविता को पागुर कर गयी, और स्वयं दिशा-दृष्टि-हीन होकर, दिग्भ्रमित हो कर, घूमती रही—और किसी भी आदमी को प्रिय न हो सकी। इस बौद्धिकता ने, इस गहराई राजनीति के युग में, कवि और कविता दोनों को निस्संग, निरीह और अजनबी बना दिया। ऐसा करने

में 'फ्री-वर्ल्ड' की विचारधारा ने भी अत्यधिक प्रभाव डाला।

अब अपना देश समाजवाद की ओर अग्रसर हो रहा है। वह धर्म-निरपेक्ष हो गया है। ऐसी दशा में अब पहले वाली बौद्धिकता और भी बेकार हो गयी है। वह बौद्धिकता जनता के जीवन से कदापि नहीं जुड़ सकती। उसे जनता से जोड़ने के सभी प्रयास विफल होंगे। क्योंकि वैयक्तिक बौद्धिकता सार्वजनिक बौद्धिकता में परिणत नहीं हो सकती। और जैसे ही वह अपने स्थान से हटकर सार्वजनिक परिधि में प्रवेश करेगी, उसे अपने बनाए पथ से अलग होना पड़ेगा और ऐसे मानवीय पथ पर चलना पड़ेगा, जिस पर चलकर दूसरे व्यक्ति भी मानवीय महत्ता और गरिमा प्राप्त करना चाहते हैं।

ऐसे उचित समय में अनुचित बौद्धिकता का विश्लेषण करना और उससे छुटकारा पाना आवश्यक हो गया है, ताकि सचमुच में हिन्दी की कविता कवि-विशेष की कविता होते हुए भी दूसरे व्यक्ति की मानसिकता की कविता हो सके।

निस्संग, विशिष्ट, वैयक्तिक बौद्धिकता सामाजिक परिवेश की या तो अवहेलना कर जाती है या उसे उपेक्षित कर उसकी विसंगतियों को लेकर उन्हीं को अहंवादी ढंग से निरूपित करती रहती है और ऐसे शिल्प से संरचना करती रहती है, जो परिवेश से सम्बद्ध और उपजा हुआ नहीं होता। तभी वह सम्प्रेषणीयता होने से वंचित रह जाती है। बौद्धिकता भी तभी सम्प्रेषणीयता होती है, जब वह जन-जीवन से, परिवेश से, उसके आचार-विचार से, और उसके क्रिया-कलाप से और उसके मानवीय गुणों से सम्बद्ध होती है।

सम्प्रेषणीयता को प्राप्त करना होता है। सम्प्रेषणीयता प्राप्त करने के लिए कवि को अपनी बौद्धिकता से बाहर निकलना पड़ता है। बाहर निकलकर ही कवि अपनी बौद्धिकता को दूसरों की मानसिकता से माँजता और परखता है और इस प्रकार अपनी बौद्धिकता के स्वरूप को सार्वजनिक स्वरूप देता है और उसे सबके लिए सम्प्रेषणीय बनाता है।

सम्प्रेषणीयता कोई अमूर्त गुण नहीं होती। बौद्धिकता, यानी वैयक्तिक बौद्धिकता, मूर्तन से अमूर्तन की ओर जाया करती है और इस प्रयाण में मानवीय सम्बन्ध-सूत्रों को अवांछनीय मानते हुए केवल आदिम प्रवृत्तियों को पकड़ने लगती है। तभी ऐसी बौद्धिकता से विरचित कविताएँ किसी दूसरों को स्वीकार नहीं होतीं। आदमी जिस परिवेश में रहता है, जिन लोगों के साथ वह जीता, जागता, और संघर्ष करता है, और जिस तर्ज और तेवर से आगे बढ़ता है और विघटित हो रहे मानवीय मूल्यों की परिधि से उबरकर योजनाबद्ध रूप से, भविष्य की ओर बढ़ते हुए महान् मानवीय आदर्शों को आत्मसात् करने के लिए अग्रसर होता है, उन सब के विवरण से ही उनकी सही-सटीक अवगतता प्राप्त करता है। वह बौद्धिकता जो समाजवादी दार्शनिक दृष्टि से अपने को लैस नहीं करती, वह सही और सटीक अवगतता भी प्राप्त नहीं कर पाती। इसलिए अब वही बौद्धिकता सम्प्रेषणीय बौद्धिकता हो

सकती है जो सम्बद्ध और सम्पृक्त बौद्धिकता होगी।

कविता कोई फार्मूला (सूत्र) नहीं है। कविता कोई आकाश में उछाल नहीं है। कविता में कोई अतल में पहुँचने की कोशिश नहीं है। कविता में मानवीय अवगतता मानसिकता बनकर कृतित्व का रूप पाती है। उसमें जो बौद्धिकता रहती है, वह उसके कथ्य और शिल्प में अन्तर्ग्रथित रहती है। वह व्यक्त हो कर भी अव्यक्त रहती है। वह नहीं, कविता ही बोलती है।

जब बौद्धिकता मानसिकता का रूप धारण कर लेती है, तभी वह सपाट बयानी नहीं करती; तभी वह जीवन को उसकी समग्रता में ग्रहण करती है; तभी वह सम्बद्धता से प्राप्त प्रत्येक सम्बद्ध-सूत्र को बिम्बित करती है और ऐसी सम्बद्धता से सार्थक आत्मपरकता उपलब्ध करती है और उसी को कृतित्व का सुगठित कलात्मक रूप देती है।

यह कार्य आज का कौन कवि किस तरह सम्पन्न करे, यह उसकी क्षमता पर निर्भर करता है, इसके लिए सतत परिश्रम अनिवार्य है । तुलसी का एक बहुत प्रसिद्ध दोहा है—

आवत ही हरसै नहीं, नैनन नहीं सनेह।
तुलसी तहाँ न जाइए, कंचन बरसे मेह॥

यह लोकप्रिय दोहा आजतक जीवित है क्यों? इसलिए कि तुलसी ने जो बात कही है सन्दर्भ के साथ कही है। इस सन्दर्भ में किसी का किसी के यहाँ जाना और उसके वहाँ जाने से गृही की आँखों में खुशी के न प्रकट होने की बात कही गयी है। इस बात को अर्थवन्त और सजीव बनाने के लिए तुलसी ने यह और कह दिया कि ऐसे के यहाँ न जाना चाहिए चाहे वहाँ मेह सोना बरसे। मेह पानी बरसते हैं, सोना नहीं बरसते फिर भी तुलसी ने मेह से सोना बरसने की सम्भावना का वर्णन किया और असम्भव को सम्भव किया। उन्होंने यह इसलिए किया, ताकि आत्मसम्मान की गरिमा सोने से भी अधिक मानी जाय। इससे कही गयी बात अत्यधिक सम्प्रेषणीय हो गयी। सभी ने इस लोकप्रिय सत्य को हृदयंगम किया। और तुलसी की बुद्धि ने तो केवल एक सीधा-साधा सत्य पकड़ा था। उसके बाद उनकी बौद्धिकता का काम समाप्त हो गया। फिर तुलसी की मानवीय मानसिकता ने प्रभावशाली ढंग से उस बौद्धिक सत्य को तथ्यात्मकता देकर कलात्मक और सम्प्रेषणीय बना दिया। इसी कवि-कर्म को कला कहते हैं। कला में ही वस्तुपरकता आत्मपरकता से निरूपित होती है और कृति के रूप में प्रकट होती है।

जान-बूझकर यहाँ इस सदियों पुराने दोहे का उल्लेख किया गया है, ताकि आज के नये लोगों का यह भ्रम दूर हो जाए कि तब के युग के कवि बौद्धिकता से प्राप्त सत्य को सँवारकर सम्प्रेषणीय बना सकने में असमर्थ थे।

निराला की 'कुकुरमुत्ता' बौद्धिकता से भरपूर सशक्त और सम्प्रेषणीय कलात्मक कविता है। इसमें निराला की दार्शनिक वृत्ति युगीन यथार्थवाद के सत्य को पकड़कर अनेकानेक बिम्बों के माध्यम से इस सक्षमता से साकार कर देती है कि यह कविता एक तरफ सपाट बयानी से बच निकलती है और दूसरी तरफ मानवीय मानसिकता को व्यापक गहराई के साथ ग्रहणीय बना देती है। इसलिए यह कविता अत्यधिक लोकप्रिय हुई। मगर आज के तथाकथित बौद्धिक युवाकवि ऐसी मानवीय मानसिकता को निरूपित करने वाली सत्य-भेदी बौद्धिकता के पास तक नहीं फटकते। नतीजा यह होता है कि ये कवि जो कुछ लिखते हैं, वह कंकाली कृतित्व मात्र होता है, जो न तो मार्मिक सत्य को सम्पूर्ण मार्मिकता के साथ व्यक्त करता है, न बिम्ब-विधान से सजीव होकर सम्प्रेषणीय बनता है और न ही लोकप्रियता प्राप्त करता है। इनकी अधिकांश रचनाएँ यों ही जेब से जैसे निकालकर बाहर फेंक दी गयी होती हैं; जो एक-दूसरे से भिन्न होते हुए भी समूह में पहुँचकर अपनी-अपनी अस्मिता खो देती हैं और वह मानवीय मानसिकता बनाने का काम तो कतई नहीं कर पाती हैं। आये दिन के जैसे नेताओं के भाषण पढ़-पढ़कर भी जनता की मानसिकता जहाँ-की-तहाँ बनी रह जाती है, वैसे ही इन कविताओं को पढ़ने के बाद आम पाठक की मानसिकता जहाँ-की-तहाँ बनी रह जाती है। बात जैसे आयी गयी हो जाती है। प्रभाव कुछ भी शेष नहीं रह जाता।

मुक्तिबोध का उदाहरण लीजिए। वह भी बौद्धिक विशिष्टता के कवि हैं। वह मार्क्सवादी दार्शनिक दृष्टि से गहनतम रूप से जुड़े हुए हैं। उन्होंने युग और यथार्थ को भीतर और बाहर जिया है। उन्होंने जो कुछ भी काव्य के रूप में प्राप्त किया है, उसे अन्तर्द्वन्द्वीय संघर्ष करके प्राप्त किया है। इसलिए वह अन्य अपने युगीन कवियों से नितान्त भिन्न हो गये हैं और इसीलिए उनकी उपलब्ध मानवीय मानसिकता अब अन्य कवियों से अलग हो गयी है और साथ-साथ-ही हिन्दी की सहज मानवीय लोक-मानसिकता से भी दूर की हो गयी है। उनकी यह विशिष्टता ही उनके काव्य को जनसाधारण के लिए बोधगम्य नहीं बना सकी। उनके काव्य की बोधगम्यता शिक्षित-दीक्षित व्यक्ति की बोधगम्यता का रूप ले सकी है। उनका काव्य बौद्धिक लोगों से इतर के लोगों के लिए कठिन हो गया है। यह एक अजीब बात है कि मार्क्सवादी होते हुए भी वह मन-मन्थन को ही अधिक व्यक्त करने में संलग्न रहे। वह सहज साधारण सत्य को उसके सहज साधारण रूप में आमतौर से ग्रहण नहीं करते। उसे भी ग्रहण करने में उन्हें जैसे आँधी, तूफान और अन्धकार से क्षण-प्रति-क्षण लड़ना पड़ता है। बिना इस लड़ाई के भी उस सत्य को ग्रहण किया जा सकता है, मगर यह उनकी रीति नहीं है। यह कहना होगा कि उनके काव्य की बौद्धिक यन्त्रणा की सम्प्रेषणीयता इसलिए गूढ़ हो गयी है क्योंकि वह उनकी वैयक्तिकता से बाहर निकलकर आम आदमी की वैयक्तिकता से जुड़ नहीं सकी। ऐसा लगता है कि

जैसे कि वह कविता को पकड़ने में खुद टूटते हैं और टूटते-टूटते जब कविता को पकड़ पाते हैं, तब भी मानसिक तनाव से मुक्ति नहीं पाते हैं, उनकी अधिकांश कविताओं की इकाइयाँ चीखती-चिल्लाती इकाइयाँ हैं। उनकी कला कोलाहल करती रहती है। उनकी कविताओं का कलेवर अभंग मुद्राओं का कलेवर नहीं होता। मार्क्सवादी दर्शन से द्वन्द्व की स्थिति में भी शान्ति की अवतारणा सम्भव की जाती है। लेकिन मुक्तिबोत द्वन्द्व की स्थिति से शान्ति की श्रीसम्पन्न मूर्तियाँ प्रस्तुत नहीं करते।

निराला ने कविता को जहाँ तक पहुँचाया था, वहाँ से कविता को आगे बढ़ाने का काम मुक्तिबोध ने किया जरूर, मगर यह अग्रगमन यथार्थ की विभिन्न परिस्थितियों को पकड़ने से अधिक सम्बद्ध रहा, और इस पकड़ की प्रक्रिया में वह आम मानवीय मानसिकता से हटाता हुआ गूढ़ और जटिल होते-होते फैंटेसी में रूपायित होकर वहीं-का-वहीं समर्पित हो गया। निराला के 'नये पत्ते' में आयी और व्यक्त हुई आम आदमी की मानसिकता सहज साधारण यथार्थ से बनी मानसिकता थी और सहज साधारण बोलचाल के तर्ज और तेवर में प्रकट हुई थी, इसीलिए 'नये पत्ते' की कविताओं का विशेष महत्त्व और योगदान रहा है और अब भी है। निराला की अपनी गूढ़ सांस्कृतिक चेतना 'नये पत्ते' तक पहुँचते-पहुँचते जनतान्त्रिक चेतना का स्वरूप ले चुकी थी। 'नये पत्ते' की कविताएँ प्रगतिशील जनतान्त्रिक कविताएँ हैं। विशेष ध्यान देने की बात यह है कि जनतान्त्रिक कविताएँ होते हुए भी ये कविताएँ कलात्मक बनी रहीं। मुक्तिबोध ने कविता की वस्तु और उसकी कथनी को द्वन्द्वात्मक संघर्षयुक्त जीवन से प्राप्त तो किया, लेकिन उन्हें शिल्पायित स्वरूप देने में वे जनतान्त्रिक तर्ज और तेवर को न अपनाए रह सके। इस वजह से उनकी कविताएँ बुद्धिवादी हो गयीं। निश्चय ही उनकी चेतना ने जनतान्त्रिक काव्य-चेतना का पथ प्रशस्त नहीं किया। परिणाम यह हुआ कि प्रगतिशील कविता की वह भूमिका न हो सकी, जो निराला की जनतान्त्रिक चेतना के पथ-प्रदर्शन के बाद होनी चाहिए थी। मुक्तिबोध के बाद अधिकांश युवा-कवि उसी बौद्धिकता की प्राप्ति को अपना लक्ष्य बना बैठे जिस बौद्धिकता की अभिव्यक्ति द्वन्द्वात्मक चेतना की जटिल और तनावपूर्ण अभिव्यक्ति थी। मुक्तिबोध की कलात्मकता वास्तव में जनतान्त्रिक कलात्मकता नहीं है। जनतान्त्रिक कलात्मकता गूढ़ और गँठीली बौद्धिकता के क्षेत्र के बाहर ही पनपती और प्रसारित होती है। इस बात को समझना होगा और तभी प्रगतिशील कविता को समझ-बूझ के साथ, जनतान्त्रिक चेतना की ओर ले जाना होगा। केवल यह कह देना कि मुक्तिबोध की बौद्धिकता प्रगतिशील आदमी की बौद्धिकता थी, जिसे मुक्तिबोध ने उभारा, काफी न होगा। नयी बौद्धिकता की

स्वीकृति का परिणाम यह हुआ कि हिन्दी-कविता के क्षेत्र में नयी प्रगतिशीलता का आन्दोलन होने लगा। दरअसल में प्रगतिशीलता इस 'नयी प्रगतिशीलता' की वजह से अपना जनतान्त्रिक सही काव्यात्मक स्वरूप न पा सकी। इससे कविता के जनतन्त्रीकरण में बाधा पहुँची। इस बाधा का परिणाम यह हुआ कि प्रगतिशील मानवीय चेतना, कवियों की अपनी-अपनी निजी, विशिष्ट बोध की, वैयक्तिक चेतना-मात्र बनती चली गयी और प्रगतिशील लेखक संघ सभी का एकजुट संघ न बना रह सका और उसमें बिखराव आ गया। ऐसी परिणति से अब सबक लेना होगा। 'नयी प्रगतिशीलता' के समर्थन में और भी कई युवा-कवि आगे आये जो काव्य के जनतन्त्रीकरण के लक्ष्य में लगकर लिख रहे हैं।

संज्ञान[1] की कलात्मक अभिव्यक्ति : कविता

कविता आदमी रचता है। इसलिए कविता के रचने में वह अपने को भी रचता चलता है। इसलिए अपनी रची हुई कविता में वह, बारबार प्रच्छन्न या अप्रच्छन्न रूप में विद्यमान जरूर रहता है। उसके अलावा भी उसकी रची हुई कविता में जो कुछ और विद्यमान रहता है, वह उसके बाहर के संसार का प्रतिबिम्बन होता है। इस प्रतिबिम्बन में बाहर का संसार उसी के माध्यम से, उसी की भाषा में व्यक्त होता है। यह व्यक्त हुआ संसार अपने आंशिक रूप में हर रचना में आता है। यह आंशिक रूप में आया संसार या तो प्रकृति की अभिव्यक्ति होता है या समाज के किसी पक्ष की अभिव्यक्ति होता है अथवा किसी सामाजिक या राजनीतिक घटना-क्रम से सम्बद्ध होता है। अलावा इसके भी, और भी कई प्रकार की वस्तुवत्ता इसमें आयी हुई होती है। अतएव कविता केवल व्यक्ति की मानसिकता या चेतना की इकाई मात्र नहीं होती। वह वस्तुवत्ता से निरूपित हुई एक नितान्त नयी संश्लिष्ट इकाई होती है। यह संश्लिष्ट इकाई मानवीय बोध की इकाई होकर दूसरों के मानवीय बोध की इकाई बन जाती है। ऐसा ही क्रम बराबर चलता रहा है और आदमी ऐसे क्रम के द्वारा ही अपने को, अपने समाज को, अपने परिवेश को और देश-काल के घटना-क्रम को और उसके विभिन्न आयामों को और तदनुरूप कविता को रचता रहा है। इसलिए आदमी को और उसकी कविता को एक साथ उनके ऐतिहासिक सन्दर्भ में जाना और पहचाना जा सकता है।

अपनी प्रारम्भिक अवस्था में आदमी प्रकृति से संघर्ष करता रहा और उसे अपने अनुकूल बनाने का श्रमशील प्रयास करता रहा। समूह में रहना उसने सीखा,

1. लेनिन ने संज्ञान (Cognition) को यों व्यक्त किया है: Cognition is the enternal, endless approximation of thought to the object, the reflection of nature in man's thought must be understood not lifelessly not 'abstractly', not devoid of movement, not without contradictions, but in the enternal process of movement the arising of contradiction and their solution.

सामूहिक श्रम करना उसने सीखा; एक साथ मिलकर जंगल काटना उसने सीखा; आग जलाकर, मिलकर यज्ञ करना उसने सीखा; जानवर पालना उसने सीखा; जानवरों से भूमि जोतना उसने प्रारम्भ किया और बीज बोकर अन्न उपजाना और फसल काटकर घर लाना उसने शुरू किया। इसी अवस्था में वह जमीन, जानवर और अपनी सुरक्षा के लिए एक स्थान से दूसरे स्थान को जाने लगा और धीरे-धीरे पर्ण-कुटी और आवास बनाने लगा। अपने इस संघर्षशील जीवन के युग में उसने जो कविता लिखी वह प्रकृति के उदार और अनुदार, सुखद और दुःखद रूपों को अभिव्यंजित करते हुए लिखी। वह तब तक यह नहीं जान सका था कि बादल क्या होता है; बिजली क्या होती है; पानी क्यों और कैसे बरसता है। इसलिए उसने प्रकृति को शक्तिरूपा माना और तभी उसने इन्द्र, वरुण, सूर्य, चन्द्र, जल, थल, पेड़ और पहाड़ के, अँधेरे-उजाले के, और ऋतुओं के देवी-देवताओं की कल्पना की और उन्हीं का स्तवन वह करने लगा कि वे उस पर प्रसन्न हों और उसका भौतिक जीवन सहज और सरल हो और वह समाज की स्थापना करते हुए सम्पत्ति अर्जित करे और ऐसा करने में यदि उसे दूसरे आदमियों के समूहों से युद्ध करना पड़े तो वह युद्ध भी करे और हारे हुए लोगों की जमीन-जायजाद पर अपना प्रभुत्व स्थापित करे। इसी क्रम में आगे चल कर उसने गण बनाए; गणों में पंचायतें बनाईं; राज्य बनाए; जातियाँ और वर्ग बनाए और निरन्तर अनेक प्रकार के विचारों से संघर्ष करता हुआ आज की इस राष्ट्रीय परिस्थिति में पहुँचा, जहाँ वह वैज्ञानिक विचार-बोध से विभिन्न जीवन-दर्शनों से तरह-तरह की राजनीतिक विचारधाराओं से कई तरह की शासकीय व्यवस्थाओं से गुजरता हुआ अपने मानवीय जीवन का लक्ष्य खोज रहा है।

विभिन्न युगों में चिन्तक हुए हैं। उन्होंने अपने चिन्तन से अपने युगों को प्रभावित किया है और अब भी प्रभावित कर रहे हैं। मुख्यतः रूसी क्रान्ति के पहले विश्व के अधिकांश देशों में भाववादी विचार-दर्शन का ही बोलबोला रहा है और आदमी का जीवन उसी विचार-दर्शन से तदनुरूप सत्य की पकड़ करता रहा है। उस दर्शन से आदमी स्वयं तो त्यागी और तपस्वी हो जाता था, किन्तु दूसरों को केवल परिकल्पनात्मक अमूर्त आदर्श देकर अपनी दैहिक मुक्ति पा लेता था। वह अपने ऐसे निजी प्रयास से मूलभूत भौतिक और सामाजिक परिवर्तन करने की कल्पना तक नहीं कर सकता था। परिणाम यही होता था कि वह सांसारिक बन्धन से अपनी मुक्ति का परमपद या निर्वाण तो पा लेता था, पर समाज के दूसरे सभी लोग यथावत् प्रपंच का जीवन जीते रहने के लिए बाध्य बने रहते थे। इस मानवीय जीवन का वैज्ञानिक और चेतन लक्ष्य मरते दम तक वे नहीं खोज पाते थे। तब के महापुरुषों की यह विवशता थी। तब गरीबी दूर करने का और सबको समान अवसर देने का कोई व्यापक आर्थिक या राजनीतिक कार्यक्रम नहीं होता

था। आदमी भाग्य और विधाता देवी-देवताओं की शरण में समर्पित होकर अपनी जीवन-यात्रा तय करता था। आत्म-सन्तोष कर लेना बड़ा भारी मानवीय गुण समझा जाता था। इसी वजह से आज तक आते-आते उन्हीं आदर्शों और उन्हीं गुणों को लिये-लिये आदमी नेता भले बन गया हो, व्यापारी और पूँजीपति भले ही बन गया हो, अधिकारी और सरकारी भले ही बन गया हो, मन्त्री, मुख्यमन्त्री, प्रधानमन्त्री भले ही बन गया हो; लेकिन देश के तमाम-तमाम लोग एक घटिया जीवन जी रहे हैं, जो मानवीय नहीं, बल्कि अमानवीय कहा जा सकता है। इसीलिए अपने देश के बहुसंख्यक आदमी वैज्ञानिक और समाजवादी विचारों को आज तक अपना नहीं सके। रूसी क्रान्ति के प्रभाव अपने देश में पड़े। यह प्रभाव-क्षेत्र केवल ट्रेड यूनियन के कार्यकर्ताओं तक और कुछ एक मध्यमवर्गीय पढ़े-लिखे व्यक्तियों तक ही बना। वे भी अपने देश की व्यापक भाववादी विचार-प्रणालियों से इतने अधिक निरन्तर घिरे हुए हैं कि उनका समाजवादी दृष्टिकोण, परिवर्तनकामी होते हुए भी, सक्रिय रूप से सफलता पाने में अक्षम हो जाता है।

ऐसी स्थिति के राष्ट्रीय जीवन-क्रम में मूलभूत भौतिक और मानवीय मूल्यों के समतावादी सिद्धान्त के द्वारा परिवर्तन लाने के लिए अब एक ही रास्ता बच रहा है कि देश की चेतना 'संज्ञान' के सिद्धान्त से लैस होकर, समाजवादी यथार्थवाद की अवतारणा करने के लिए कटिबद्ध हो और समस्याओं के समाधान तदनुरूप खोजे।

बात तो समाजवादी यथार्थवाद की सभी करते हैं। ऊपर से लेकर नीचे तक, शासक और व्यवस्थापक और इनके कार्याधिकारी इस बात के पक्षपाती नजर आते हैं। पढ़ी-लिखी जनता के नुमाइन्दे भी और बौद्धिक भी, इसके समर्थन में, अपनी लम्बी-लम्बी जबानें लपलपाते हैं और उत्सुकता और व्यग्रता दिखाते हैं। पर प्रयास करने में पिछड़ जाते हैं और पुराने पचड़े की राजनीतिक समझ से ही काम करने में लगे रह जाते हैं। मूलभूत परिवर्तन करने की जो मानसिकता उन्हें बनानी चाहिए और जो समझ उसके लिए उन्हें जनता में पैदा करनी चाहिए, वह उसे नहीं करते-कराते। कारण चाहे उनकी अपनी निजी विवशता हो, चाहे दूसरों की कठिनाइयाँ हों। फिर देशव्यापी रूढ़यों से और उसके बनाए इस ऊपरी ढाँचे से लोहा लेना और उन्हें भरभरा कर चूर कर देना कोई आसान काम नहीं है। ऐसा करने में चारों ओर त्राहि-त्राहि मच जाया करती है और देश भर में विरोधी स्वर तीव्र-से-तीव्रतर मुखर हो जाता है। तभी सब कुछ उसी पुराने ढर्रे से चलाने का कार्यक्रम लागू कर दिया जाता है। भले ही ऐसे कार्यक्रम से राहत के कुछ रास्ते निकाल लिए जाएँ, पर व्यवस्था रहती यथास्थिति के चक्कर में ही है। यह सब इसलिए होता रहता है, क्योंकि हम सबकी अपनी-अपनी सीमाएँ हैं—संकीर्णताएँ

हैं—मान्यताएँ हैं—घिसे-पिटे असमर्थ और अमूर्त भाववादी आदर्श हैं और स्वार्थ की टकराहट और कशमकश आड़े आकर अवरोध पैदा कर देती है। उसको स्पष्ट रूप से देखा जा सकता है। शासन ऐसे ही राहत कार्यों के लिए पुराने कानूनों में कुछ नये-नये अधिकार देने वाली धाराएँ जोड़ देता है या कि आर्डिनेंस जारी कर देता है और जनता के सामने अपनी जनप्रियता का साक्ष्य उपस्थित कर देता है। जनता है कि ऐसे में फँसकर फिर नयी भूल-भुलैया में पड़ जाती है और कुछ समय के उपरान्त ऐसी मिली हुई राहत से बचने के लिए ललकने लगती हैं। पिछले कई दशकों का इतिहास इसी तरह का रहा है।

सामाजिक, आर्थिक और राजनीतिक विषमताएँ कम होती दिखाई नहीं देतीं, वरन् दिनों-दिन उग्र और तीव्र होती जाती हैं। अखबारों में जो समाचार आये दिन पढ़ने को मिलते हैं उनसे इस बात की पुष्टि होती है कि देश के लोग, देश में अव्यवस्था और असुरक्षा के चंगुल में फँसते जाते हैं। अपराध-वृति और व्यापक उच्छृंखलता क्यों प्रकट होती है? और क्यों उसके निराकरण के प्रयास भी विफल हो जाते हैं? यह एक ऐसी समस्या है, जिसे गहरे जाकर समझना होगा। आदमी जब कोई अपराध करता है तब भी वह, आदमी रहता है और जिसके खिलाफ अपराध करता है, वह भी आदमी ही होता है। आदमी ही आदमी को अपना शिकार बनाता है। इसके पीछे साम्पत्तिक सम्बन्धों की विषमता काम करती है। साम्पत्तिक सम्बन्ध शाश्वत नहीं हैं फिर भी शाश्वत समझ लिये जाते हैं और उसी को बनाए रखने के लिएं, उन्हीं के भीतर, जीत रहने की योजना चलाई जाती है। इसलिए समाज में कोई बहुत छोटा होता है, तो कोई बहुत बड़ा। किसी के पास जमीन नहीं है तो, किसी के पास बहुत जमीन-जायदाद है। कोई दिन-भर हाड़-तोड़ परिश्रम करके दो जून की रोटी कमा पाता है तो कोई, न कुछ करके भी, आराम से दूसरों का श्रम चुराकर अत्यधिक आर्थिक लाभ उठाता है। यही हालत व्यापार के कार्य-क्षेत्र में दिखाई पड़ती है। सच तो सभी बोलते हैं लेकिन, हर एक का सच उनके स्वार्थ का और हित का सच होता है और दूसरे की क्षति और अहित का कारण बनता है। औरतों को आदमियों के समकक्ष अधिकार देने की घोषणा खूब होती है। लेकिन, अब भी औरतें उन अधिकारों से वंचित रह जाती हैं और जैसा जीवन जीने के लिए वे बाध्य बनी हुई हैं, वैसा कदापि मानवीय जीवन नहीं कहा जा सकता है। पिता अपनी पुत्रियों को जायदाद से, वसीयत लिखकर, वंचित कर देता है। अपने पुत्रों को ही उसे दे जाता है। हर घर में पुत्र की स्थिति, पुत्री से अधिक सुरक्षित रहती है। आदमी ने औरतों को देवी और लक्ष्मी बनाया है और उसे चाँदी-सोने के अलंकारों के मोह से मोह रखा है। वह बेचारी शोषित और अपमानित रहती हुई, अपदस्थ सामाजिक जीवन का दुःख भोगती रहती है। कभी किसी युग में मर्यादा पुरुषोतम राम ने पैर के स्पर्श से शिला हो गयी, अहिल्या को

फिर से नारी होने का गौरव प्रदान किया था। ऐसा सम्भव नहीं था, फिर भी पुरुष-प्रधान समाज में अपनी मान-मर्यादा के लिए यह कल्पना-प्रसंग गढ़कर प्रस्तुत किया गया और अब तक की मानसिकता इसे सत्य ही समझती है। यह विडम्बना की स्थिति है। नारी को कोई शाप क्यों दे और वह पत्थर क्यों हो जाए और फिर उसका उद्धार क्यों किया जाए? यह अत्यन्त सोच-विचार का विषय है। आज के वैज्ञानिक युग में नारी के उद्धार के लिए, उसके अधिकारों की माँग प्रबल हुई है, जिन्हें पाकर ही वह पुरुष के साथ सहकर्मी होकर, अपनी खोई हुई मान्यता प्राप्त कर सकती है। लेकिन इस पर भी तो पुरुष-प्रधान समाज इस माँग की बराबर अवहेलना करता जा रहा है। वह इस सत्य को समझने से बराबर इनकार कर रहा है कि नारी पुरुष की दासी नहीं है और वह भी पुरुष के समान जीने की अधिकारिणी है। लिंग भेद के कारण वह नर से नीची नहीं है। इसी प्रकार शिक्षा के क्षेत्र में भी अनेक प्रकार की विडम्बनाएँ देशभर में व्याप्त दिखती हैं। शिक्षा की सही दिशा यही है कि वह मानव-जीवन को वैज्ञानिक और समाजवादी विवेक से ऐसे संस्कार दे कि अन्धकार से निकलकर प्रकाश पाए। वर्ग-विभक्त समाज वर्ग-हीन समाज हो और विषम साम्पत्तिक सम्बन्धों की बनी-बनाई अवधारणाएँ नष्ट हों और लोक-चेतना, समग्र मानवीय चेतना की निरन्तरता में समाहित हो और नयी कथनी-करनी का नया मानव-समाज बने।

जैसी सामाजिक मानसिकता है, वैसी ही मानसिकता कवियों की भी है। कवि विशिष्ट संवेदनशील व्यक्ति होता है। उसके पास भाषा होती है, वह दूसरों के सामान ही साम्पत्तिक सम्बन्धों से बँधा हुआ तदनुरूप जीवन जीने का अभिलाषी होता है। अपने ऐसे ही समाज के लिए वह लिखता है और लिखकर अपनी तुष्टि करता है और दूसरों को वैसी ही मानसिक तुष्टि प्रदान करता है। वह भी पुरुष-प्रधान समाज के आदर्शों से लगा-लिपटा होता है और वह भी शासन और व्यवस्था की तरह अपने भाव-बोध और विचारों में यदा-कदा परिवर्तन करने का प्रयास करता है। फिर भी, उसके किये हुए परिवर्तन के प्रयास, मूलभूत परिवर्तन के प्रयास नहीं होते। इसीलिए कवियों को भी वैज्ञानिक और समाजवादी यथार्थवाद के जीवन-दर्शन से ही अपनी कविताओं की रचना करना परम आवश्यक है। अन्यथा उनकी कविताएँ भी नये आदमी को नयी मानसिकता नहीं दे सकेंगी।

हिन्दी-कविता के अब तक के इतिहास से यही पता चलता है कि वह उसी ऐतिहासिक जीवन के नाना रूपों को जीती चली आयी है, जिस ऐतिहासिक जीवन के रूपों को आदमी का समुदाय जीता चला आया है। पहले जब आदमी ने प्रकृति की विराट शक्तियों से साक्षात्कार किया तो जैसे आदमी ने प्रकृति में देवी-देविताओं की अवतारणा की और वह उनके प्रति समर्पित हुआ, वैसे ही उसी के साथ-साथ उसकी कविता ने भी अपने-आपको देवी-देवताओं को समर्पित किया और उनके

अस्तित्व को सर्वमान्य ठहराकर उनके विविध रूपों को अंकित करती रही। हिन्दी की तब की सरस्वती इसीलिए देवी के पद पर आसीन कर दी गयीं और वह कमल पर बैठी, वीणा बजाने लगीं। बाद को, जब राजे-महाराजे आये और प्रभुता-सम्पन्न हुए तो हिन्दी की वही देवी सरस्वती राज-दरबारों की मानसिकता की सम्पोषक, रणरागी और अनुराग-रागी वरदायिनी शारदा हो गयीं। मीरा ने राज-दरबारी मानसिकता त्यागी तो लेकिन वह राज-दरबार से अलग होकर कृष्ण के बड़े राज-दरबार में प्रविष्ट हो गयीं और तब उनकी मानसिकता मानवीय से दैवी हो गयी, और जो कुछ वह गाने लगीं वह नितान्त अलौकिक हो गया। कृष्ण उपास्य देव बन गये। और मीरा उनकी उपासिका बन गयीं। साम्पत्तिक सम्बन्धों को तोड़कर भी, मीरा सामाजिक जीवन में प्रवेश नहीं कर सकीं और धर्म की शरण में पहुँचकर नारी के कर्तव्यों को नकार गयीं। उनकी मानसिकता उदात्त होकर भौतिक धरातल से ऊपर उठ गयी और उनकी कविता जन-जीवन तक न पहुँच सकी। कबीर ने अपने युग के जन-जीवन को एक आलोचक की दृष्टि से देखा और तब के युग की विषमताओं से उनकी आँखें लड़ीं और उन्होंने वर्गहीन मानसिकता से आमजीवन को जाँचा और परखा। तभी उनकी कविता में निर्भीक आदमी की मानसिकता, धर्मान्धता और पाखंड को तोड़कर जीवन्त शब्दों में व्यक्त हुई। यह उनका बड़ा साहसिक काव्य-कर्म था। लेकिन इस काव्य-कर्म की धारा आगे उसी रूप में प्रवाहित न हो सकी और हिन्दी-कविता यथावत् अपने पुराने पथ पर ही अग्रसर होती रही। सूर और तुलसी ने भी कृष्ण और राम के चरित्रों का गुणगान किया। सूर के पदों में कृष्ण की बाल-लीलाओं का, उनके खेल-कुद का, उनके ग्वाल बालों का बड़ा मनमोहक चित्रण मिलता है। यही नहीं, सूर की मानसिकता ने कृष्ण का संघर्षशील व्यक्तित्व भी प्रस्तुत किया। कृष्ण कालियानाग नाथते हैं और उनके फन पर सवार होकर अपने असाधारण वीरत्व का परिचय देते हैं ताकि उस नाग से संत्रस्त समाज सुख और शान्ति से जीवनयापन कर सके। इसी तरह वह पर्वत छिंगुली पर उठाकर मूसलाधार वर्षा से उस क्षेत्र की जनता को उबार लेते हैं। पूतना को भी कृष्ण मारते हैं और कई दैत्यों का भी संहार करते हैं। इसी तरह वह कंस का भी सर्वनाश करते हैं और ग्वाल-बाल और गोपियों के जीवन के संरक्षक सखा बन जाते हैं। वही कृष्ण कौरवों-पांडवों के युद्ध के समय पांडवों का पक्ष लेते हैं। इन सब बातों की जो अभिव्यक्ति सूरदास ने की है, वह ब्रजभाषा में उस मंडल की भाषा में की है। इसी कृष्ण-काव्य का प्रभाव व्यापक जन-मानस पर पड़ा और कृष्ण आराध्य देव बन गये। इसी कृष्ण-काव्य को पढ़कर और गाकर सहज साधारण लोग आनन्द प्राप्त करते रहे और भव-बाधा से मानसिक मुक्ति प्राप्त करते रहे।

तुलसी ने राम-काव्य की रचना की। उन्होंने 'रामचरितमानस' लिखा। उनकी भाषा अवधी थी। उनकी कविता इसी भाषा में साकार हुई। उन्होनें राम को भगवान्

माना, लेकिन उनके चरित्र की वजह से उन्हें मर्यादा पुरुषोत्तम राम के रूप में उजागर किया। आज भी 'रामचरितमानस' देश के बहुसंख्यक लोगों का प्रिय और पूज्य काव्य बना है।

सूर और तुलसी के कृष्ण और राम के गुणगान में ही जनता अपने जीवन की सार्थकता और सिद्धि समझती है। उन्हीं के गुणगान में डूबकर वह सांसारिकता से मुक्ति पाती है। इस बात से यही सिद्ध होता है कि देश की आम जनता का अपने भौतिक जीवन से वह लगाव नहीं है, जो लगाव पारलौकिक जीवन से है। इस लगाव से जनता की मानसिकता का रूप प्रकट होता है। यह अवश्य है कि ऐसी मानसिकता से भी मनुष्य ने जीवन जीकर उसी के अनुरूप अपना समाज बनाया और भक्ति भाव से परमात्मा में लीन हो गया। यह सब तत्कालीन ऐतिहासिक परिप्रेक्ष्य में ही सम्भव था। तब छन्द के समाहार का केन्द्र-बिन्दु अलौकिक सत्ता थी। फिर भी इस अलौकिक केन्द्र-बिन्दु तक पहुँचने के लिए, सभी को, उस अलौकिक सत्ता को, आदमी की तरह देखना, सुनना और समझना पड़ा। मतलब यह है कि वह अलौकिक सत्ता मनुष्य के बीच मनुष्य के रूप में ही चरित्र को चित्रित करने के लिए विवश और बाध्य हुई। इसी विवशता और बाध्यता की वजह से आदमी ने भगवान् को स्वीकार किया और इसी मनोवृति से संलग्न अपना जीवन-यापन करता रहा कि जब भगवान् को ही दुःख-द्वन्द्व और कष्ट भोगना पड़ता है तो उसकी बिसात ही क्या है, कि वह उस दुःख-द्वन्द्व और कष्ट को न भोगे। अतएव आदमी की यह आत्मपरकता ही उसे जिलाती रही और वह सक्रिय रूप से दुःख-द्वन्द्व से उबरने के लिए कोई मौलिक और भौतिक समाधान नहीं खोज सका। उसकी तत्कालीन वस्तुवत्ता पूर्ववत् कायम रही। उसमें मूलभूत मौलिक परिवर्तन नहीं हो सके। तबकी मानसिकता और सत्य को पकड़ने का संज्ञान दुर्बल था। वह न तो वैज्ञानिक हुआ था न ही लोकवादी हुआ था।

ऐसी मानसिकता का यही क्रम बराबर चलता रहा। आदमी ने भगवान् को अपनी आत्मा समर्पित कर लोक-जीवन से अपने को अलग कर लिया। उसकी आस्था न अपने लोक-जीवन के पक्ष में रही, न आदमी-आदमी में रही। आदमी मात्र यान्त्रिक होकर दैनिक जीवन जीने में लगा रहा। इसीलिए समाज और देश में कोई आमूल परिवर्तन न हो सका। देश जैसे धर्मबद्ध हो कर भवसागर से पार उतर गया। हरएक आदमी जैसे सम्पुटित कमल की इकाई बन गया और जिस पंक में वह जन्मा, व पंक, पंक ही रह गया। भारतेन्दु के समय में जातीय चेतना जगी और उनके प्रयास से हिन्दी-कविता को मानवीय स्वर और संवाद मिले। कविता जीवनमुखी हुई और आदमियों के पारस्परिक आचार-व्यवहार में पैठने और पल्लवित होने लगी। आदमी को आदमी होने की और आदमी की तरह जीने की लालसा और ललक हुई। कविता शास्त्रीय काव्य-लोक से निकलकर लोक-जीवन के

हर्ष-विषाद से आलोड़ित होने लगी। आदमी ने अपने अस्तित्व को मूल्यवान् समाज की संगठित इकाई होने की, मानसिक प्रक्रिया पैदा की। उसे समाज की महत्ता समझ में आयी। राष्ट्रीयता का भाव भी जागा। कविता तब से इसी ओर आगे बढ़ती चली गयी। उसका प्रसार लौकिक हो गया। यह तो नहीं कहा जा सकता कि कविता पूर्णतः अलौकिकता से मुक्त हो गयी, लेकिन उसकी पहले की अलौकिकता मन्द और क्षीण अवश्य हो गयी। जब बाद को राष्ट्र की स्वाधीनता के लिए विदेशी सरकार से लड़ाई होने लगी और स्वतन्त्रता की प्राप्ति का आन्दोलन कई-कई कठिनाइयों को पार करता हुआ, जन-जीवन को प्रभावित करता हुआ और आम आदमी को समेटता हुआ, बल और वेग पाकर, उभरता चला गया तो हिन्दी कविता भी उसी के अनुरूप, वैसी ही मानसिकता से रची जाने लगी। स्वदेशी का आन्दोलन छिड़ा। कविता का स्वर स्वदेशी हुआ। विदेशी वस्तुओं का बहिष्कार हुआ। कविता विदेशीपन के प्रति अनुदार हुई। देश की चेतना जातीय संस्कारों से सम्पुष्ट हुई। देश का एक बड़ा परिवार बन गया। सभी के दुःख-दर्द, एक-दूसरे के दुःख-दर्द हो गये। पारस्परिक प्रेम एवं सद्भाव बढ़ा। प्रान्त-प्रान्त के लोग एक बड़ी माला में गुँथ गये। प्रथम महायुद्ध के बाद जन-जागृति जोरदार हुई। हिन्दी-कविता ने इस जागरण की अभिव्यक्ति पाई। कवियों के मन पंख खोलकर मुक्त आकाश में उड़ने लगे। प्रकृति के सौन्दर्य से वह अभिभूत हुई। उसकी कल्पना सूक्ष्म और स्पन्दनशील हुई। जो प्रकृति पहले उद्दीपन के लिए ही प्रयुक्त होती थी, वह प्रकृति अब स्वयं कविता का विषय बन गयी। आदमी को अब अपने देश की प्रकृति से प्यार हो गया। आदमी उसके अनूठे रूप-सौन्दर्य को अपने जीवन जीने के लिए आवश्यक समझने लगा। इस प्रकार प्रकृति भी हिन्दी-कविता की काव्य-भारती बन गयी। यन्त्रवत् जीवन-यापन करने वाला आदमी, दैनिक समस्याओं के घेरे से निकलकर कल्पनाशील हुआ और उसकी चेतना में रंग-रूप भर गये। प्रकृति को वह अपने ही समान जीवन्त समझने लगा। कविता की जकड़-बन्दी टूटी। छन्दों के अवरोध हटे। देश के व्यापक जन-जीवन की लय उसे प्राप्त हुई और वह आदमी की समग्रता की कविता हुई। पन्त, प्रसाद, निराला और महादेवी इसी युग के प्रमुख कवि हैं। इन लोगों ने हिन्दी-कविता को अपना योगदान देकर कई प्रकार से समृद्ध किया।

इतिवृत्तात्मक काव्य की परिधि टूटी और मानवीय मनोवेगों को स्वच्छन्द होने का अवसर मिला। खड़ी बोली मानवीय मनोवेगों की समर्थ बोली हुई, लेकिन छायावादी मानसिकता आम आदमी की मानसिकता तक न पहुँच सकी। निराला ने इस दिशा में पर्याप्त सन्तोषजनक काव्य-सृजन किया। उन्होंने अपनी कविताओं के संकलन 'नये पत्ते' को देकर आम आदमी की मानसिकता को प्रभावित किया। इस संकलन की कविताओं में शोषित और श्रमजीवियों के मनोवेग बड़े आवेगपूर्ण

ढंग से, उन्हीं की आम भाषा में, व्यक्त हुए हैं। अपने पूर्वकालीन रूप का छायावाद, उत्तरकालीन छायावाद तक आते-आते लोक-जीवन से जुड़ गया था। तभी सन् '36 में प्रगतिशील लेखक संघ की स्थापना हुई। फिर तो कविता साहित्यिक घेरा-बन्दी तोड़कर मजदूर, किसान और आम आदमी तक पहुँच गयी और प्रगतिशील कवि, इन लोगों की मानसिकता बदलने लगे। इन कवियों के पास ऐतिहासिक द्वन्द्वात्मक भौतिकवाद का जीवन-दर्शन था और ये रूसी क्रान्ति की सफलता से प्रेरित हुए थे तथा अपने यहाँ भी शोषणहीन समाज की स्थापना करना अपना कर्तव्य समझते थे। जन-जीवन के लिए समर्पित हुई इस कविता ने पूर्वकालीन और पारम्परिक साहित्यिकता से कविता को बाहर निकाला, ताकि आम आदमी भी कविता को कविता की तरह प्यार करने लगे और समाजवादी यथार्थवाद की मानसिकता से वह सम्बद्ध होने लगे। उद्देश्य यही था कि आदमी को उसके अधिकार मिलें, वह धर्मनिरपेक्ष हो जाए। समता के आधार पर वह न्यायप्रिय जीवन जिए और सबको, जीने के समान अवसर मिलते रहें। यह प्रमुख रूप से जीवनमूलक प्रतिबद्ध मानसिकता का काव्य-आन्दोलन था। इसीलिए इस आन्दोलन के कवि वैयक्तिकता के उद्घोषक कवि नहीं थे। वे कवि की मानसिकता को जनता की मानसिकता से अलग नहीं रखते थे। न ही वह व्यक्ति की निजी अभिव्यक्ति करते थे, न ही वे आत्मभिव्यक्ति की मौलिक प्रवंचना से अपने अहं का काव्य लिखते थे। वह विशिष्ट संवेदनशील हो कर भी अपनी रचना को दूसरे की या समूह की रचना बना देने के लिए अपने इसी दायित्व का निर्वाह करने में लगे रहते थे, लेकिन देश के राष्ट्रीय कर्णधारों ने जब शासन का कार्यभार सँभाला, तब वह इस आन्दोलन से सहम गये। पूँजीवादी प्रेस ने उनका साथ दिया। देश के बुर्जुआ मनोवृत्तिवाले पढ़े-लिखे लोगों ने दल बनाकर इस आन्दोलन को कुचल डालने का, जानकर या अनजानकर षड्यन्त्र रचा। प्रगतिशील कविता को आरोपित कविता घोषित किया गया।

उसे रूसी होने का नारा दिया गया। विरोध में प्रयोगवाद का नया आन्दोलन चलाया गया। कवि की वैयक्तिकता को काव्य में सबकुछ लिखने की छूट दी गयी। कवि की इकाई अहं की इकाई बन गयी और जनता से भाग कर, वह अपने को ही सर्वोपरि मान बैठा। उसका सम्बन्ध न किसी दूसरे से रहा और न किसी दूसरे का सम्बन्ध उससे रहा। वह अपनी अस्मिता को खोजते-खोजते अपने निजत्व में जा पहुँचा। न उसके जीवन का कोई महान् मानवीय उद्देश्य रहा और न वह लोक-जीवन की दिशा बदलने के लिए उत्सुक हुआ। उसका जीवन-दर्शन उसी का गढ़ा हुआ जीवन-दर्शन था। देश और काल में रहकर भी वह उनसे अछूता बना रहने की साधना सिद्ध करता रहा। कुछ दिन तक प्रयोगवाद का झंडा लहराता रहा, लेकिन अन्ततोगत्वा जो होना था, वही हुआ और उसका झंडा ओझल हो

गया। हिन्दी-कविता को इस प्रयोवाद ने सामाजिक और राजनीतिक मूल्यों से शून्य कर दिया। अब आयी 'नयी कविता'। व्यक्ति-स्वातन्त्र्य और आत्माभिव्यक्ति के समर्थक ये कवि, प्रयोगधर्मी न होकर, केवल अपने ही मनोवेगों और वैयक्तिक निजता को कविता में लिखने लगे। इन्होंने भी अपनी मानसिकता को सार्वजनिक मानसिकता के आयाम नहीं दिये। युगीन जीवन से विचलित होने पर भी ये व्यापक जीवन-दर्शन की खोज पर नहीं चले बल्कि व्यक्ति की परिक्रमा ही करते रहे और अपनी निजता में ही और अपनी अनुभूतियों में ही अपनी मौलिकता रचते रहे। यह प्रयोगवाद से आगे तो गये, लेकिन ये भी बिना किसी ठोस जीवन-दर्शन के खोखले मानववाद के वृत्त में भ्रमण करते रहे और इस बात में खुश होते रहे कि वे व्यक्ति के मौलिक अधिकारों के लिए जी रहे हैं। इसलिए नयी कविता का कथ्य और शिल्प लोक-जीवन का कथ्य और शिल्प नहीं हो सका। इसलिए नयी कविता भी लोक-जीवन के सत्य को पकड़ने वाले 'संज्ञान' से वंचित रह गयी और उसकी दी हुई मानसिकता कवि के घर में ही, उसी की ढिबरी की तरह, टिमटिमाती और धुआँती रही।

अब देश की राजनीति में फिर परिवर्तन हो रहा है। पता नहीं यह परिवर्तन दक्षिण पथगामी होगा अथवा पहले की तरह का ही कुछ फेर-बदल के साथ होगा। वाम विचारधारावाले लोग अब तक विभाजित रहे हैं, अब वे एक होने की ओर उन्मुख हुए हैं। यदि ऐसा हो गया तो समाजवादी मानसिकता के पनपने और प्रभावित करने का अवसर मिलेगा। लेकिन दिन दूर है अवरोध बड़े-बड़े हैं। टक्कर तगड़ी है। सरकार और जनता छोटे-मोटे हितों को दे-लेकर चल रही है। ऐसी स्थिति में प्रत्येक समझदार कवि का सबसे पहला दायित्व यह है कि वह अपनी मानसिकता ऐतिहासिक द्वन्द्वात्मक भौतिकवाद के जीवन-दर्शन से बनाए और देश के राजनीतिक कार्य-कलाप को सूझ-बूझ के साथ समझे और फिर 'संज्ञान' से अनवरत संघर्ष करते हुए वर्तमान वस्तुवत्ता के यथार्थ का आकलन करे और तब उन ठोस सत्यों को पकड़े, जो पूरे देश को सही रास्ते पर ले जाने में समर्थ हों। केवल ऊपरी हेर-फेर से थोड़ी-बहुत राहत से, छोटी-मोटी समस्याओं के समाधान से, कुछ होने-हवाने का नहीं है। कवि कह सकते हैं कि कविता और राजनीति एक-दूसरे से भिन्न हैं और उनका मेल-मिलाप कतई सम्भव नहीं है। यह दलील देखने में तो बड़ी अच्छी मालूम होती है, लेकिन इसमें कोई जान नहीं है। अब इस दौर में तो और भी उभरकर, यह बात सबके सामने आ गयी है कि जो राजनीति आजकल शासन चला रही है, वह राजनीति न समाजवादी है, न लोकतन्त्रवादी है, न आदर्शवादी है, न यथार्थवादी है। वह है, तो बस यथास्थितिवादी है। इसका दायित्व सब पर है कि वह इस राजनीति की बुनावट बदले और समाजवादी यथार्थवाद की राजनीति के लिए यथाशक्ति संघर्ष और प्रयत्न करे। सब कवि

एक-से नहीं होते। सबकी क्षमताएँ और परिस्थितियाँ एक-सी नहीं होतीं। कोई इस ओर अपना पूरा योगदान दे सकता है तो कोई केवल कविता लिखकर अपनी जनता की मानसिकता बदलने में रत रह सकता है। इसलिए इन सभी से प्रगतिशील कविता का आन्दोलन फिर से चल सकता है। अन्य कोई उपाय किसी कवि या कवि-समूह के पास नहीं है, जो जनता की मानसिकता को बदल सके और उसे फिलहाल लोकवादी बना सके।

अपने इस अभियान में और भी कई बातों की ओर घ्यान देना पड़ेगा। सबसे पहली बात तो यह है कि 'संज्ञान' से प्राप्त हुए सत्य की अभिव्यक्ति करनेवाली कविता तभी कविता होगी, जब वह कलात्मक होगी। कलात्मक होने की पहली शर्त यह है कि वह सत्य जिसकी अभिव्यक्ति कविता करती है, स्पष्ट और लोक-जीवन को बिम्बित करने वाला हो, यानी कि वस्तुगत सत्य को उसकी समग्र वस्तुवत्ता के साथ एवं अन्तर्विरोधों के साथ व्यक्त करने वाला हो। अस्पष्टता और दुरूहता कविता की कलात्मकता को नष्ट करने वाले तत्व होते हैं।

दूसरी बात यह है कि जिस तथ्य की या सत्य की अभिव्यक्ति की जाए, वह सशक्त बिम्ब-विधान से उद्दीप्त हो, अर्थात् वह केवल सत्य की नंगी पकड़ न हो, वरन् वह आवश्यक वस्तुवत्ता की बुनावट के रूप में उभरकर अभिव्यक्त हुआ हो। अन्यथा पाया हुआ सत्य यदि केवल प्रतीकात्मक शैली में ही व्यक्त हुआ तो वह दुर्बल और क्षीण हो जाता है, और अपने समग्र परिवेश के बिना, धुँधला लालटेन की तरह या मैले दर्पण की तरह, मानसिकता लिये हुए होता है।

तीसरी बात यह है कि 'संज्ञान' से पाया हुआ सामाजिक या राजनीतिक सत्य अखबारी भाषा में या मोहल्ले की चलताऊ भाषा में व्यक्त किया गया तो वह वैसे स्थायित्व की संरचना के रूप में नहीं होगी, जो समय के प्रहार से ढहने से बच सके।

चौथी बात यह है कि जनता की बनी-बनाई मानसिकता तभी टूट सकती है, जब नयी मानसिकता मानवीय जीवन के अन्तर्विरोधों की समस्या का कोई समाधान दे सके। इसके लिए कविता को वे वस्तुवत्तीय तत्व व्यक्त करने होंगे, जो आदमी को विरूपित करते रहते हैं।

पाँचवीं बात यह है कि कवि की अनुभूतियाँ दूसरे की अनुभूतियाँ बनें। इसके लिए कविता को परिवेशीय तत्वों से निर्मित करना पड़ेगा न कि कल्पना से उसकी रचना करनी होगी।

छठीं बात यह है कि कोई भी कला शाश्वत नहीं है। कविता भी शाश्वत नहीं है। कला भी बदलती है और कविता भी बदलती है। इसलिए इस मोह में नहीं पड़ना चाहिए कि कविता स्वयं में कोई सिद्धि है और वह देश और काल का अतिक्रमण कर सकती है।

सातवीं बात यह है कि कवि को किसी शिल्प विशेष से कोई मोह न हो। सत्य का और शिल्प का द्वन्द्व जब चलता है तभी कथ्य का अपना शिल्प तैयार हो जाता है और वही अर्थ-बोध देने लगता है।

आठवीं बात यह है कि कला भी और कविता की कला भी आदमी की चेतना का बिम्बन करती है, ऐसा न हो कि कवि की आत्मपरकता ही कविता में व्यक्त हो और वस्तुवत्ता के वे तत्व उसमें न आये जो उस आत्मपरकता के कारण खो चुके हैं।

नवीं बात यह है कि न कला, कला के लिए है, और न कविता, कविता के लिए है। इसलिए शुद्ध कविता मानवीय मूल्यों से वंचित कविता होती है। शुद्ध कविता आदमी के संज्ञान की कविता नहीं होती।

अन्त में कविता को संश्लिष्ट कविता बनाए जाने की अवधारणा औचित्यपूर्ण लगती है। तभी कविता बोलती है और कवि नहीं बोलता।

इसलिये संज्ञान की कलात्मक अभिव्यक्ति कविता हो, तभी वह समाजवादी यथार्थवाद की, परिवर्तनकामी मानसिकता की कविता होगी अन्यथा नहीं—

शुद्ध कला के पारखी
कहते हैं उस पार की
हाथी, घोड़ा, पालकी
जय कन्हैयालाल की।

—रा.वि.शर्मा

सही बयानी और सम्बद्धता

बड़े दम-खम के साथ यह बीसियों साल से प्रचारित होता चला आया है कि सम्बद्ध साहित्यकार अपनी मानवीय मौलिक प्रतिभा का साहित्यकार नहीं होता। उसका कृतित्व बाह्योरोपित कृतित्व होता है। इसलिए उसका कृतित्व मानवतावाद की महान् परम्पराओं का कृतित्व नहीं हो सकता। इसलिए ऐसे किसी कृतित्व को उसकी वैयक्तिक स्वतन्त्रता का कृतित्व नहीं कहा जा सकता। इसलिए ऐसे किसी कृतित्व से दूसरों की मौलिक प्रतिभा के विकास की सम्भावना नहीं रहती और दूसरों की प्रतिभा भी आरोपित प्रतिभा हो जाती है।

यह प्रचार वही साधन-सम्पन्न देश और लोग करते हैं, जो या तो देश-देश में यथास्थिति बनाए रखकर अपना सर्वतोमुखी स्वार्थ सिद्ध करने में संलग्न रहते हैं या कि थोड़े-बहुत हेर-फेर के साथ शोषण की चक्की चालू रखना चाहते हैं। वही यह भी कहते हैं कि साहित्य वैयक्तिक होता है—अहं की इकाई की उपज होता है—आम आदमी के लिए नहीं लिखा जाता—न उसका उद्देश्य होता है—न उसकी तात्कालिक उपादेयता होती है—न वह अस्त्र है, न वस्तुवत्तीय यथार्थ से मतलब रखता है।

यह प्रचार कभी प्रच्छन्न रूप से, कभी अप्रच्छन्न रूप से किया जाता है। दोनों ही प्रकार का यह प्रचार मानव-संस्कृति के संरक्षण के लिए—विशुद्ध मानवतावाद के नाम पर—किया जाता है और भाववादी दार्शनिक पुट से प्रतिष्ठित और परिपुष्ट किया जाता है।

आम आदमी ऐसे प्रचार-बाहुल्य से पूर्णतया प्रभावित होता है और साहित्यकार भी प्रभावित हुए बिना नहीं रह पाता। इसीलिए संसार के कई देशों में अब भी, इस समाजवादी युग में भी, सम्बद्धता के सिद्धान्त को बुरा समझा जाता हैं और सम्बद्ध साहित्यकार को सच्चा साहित्यकार नहीं माना जाता।

ऐसे ही प्रचारक्षेत्र के भाववादी विचारधारा के व्यवस्थावादी लोग 'सही बयानी' का सिद्धान्त प्रतिपादित करते हैं और अनेकानेक बौद्धिक साहित्यकारों को गुमराह करते हैं और उन्हें—हरेक को—इतनी वैयक्तिक छूट देते हैं कि वह निजी कृतित्व

की तलाश में अपने ही बनाए अहं में घुस जाते हैं और वहाँ रहकर वैयक्तिक सृजन की प्रक्रिया चालू रखते हैं और फिर जो देते हैं कृतित्व के रूप में, वह, उन्हीं की अपनी सम्पत्ति होता है और किसी दूसरे की नहीं।

इन बौद्धिक साहित्यकारों के कई-कई तौर-तरीके होते हैं। इनके साहित्यिक आन्दोलन भी कई-कई रंग-रूप के होते हैं। इनकी प्रवाहित धाराएँ कभी किसी नाम से व्याख्यायित होती हैं कभी किसी नाम से।

देखना यह है कि 'सही बयानी' है क्या बला?

यह वह बला है, जो साहित्यकार को दायित्वहीन बनाकर उसके अहं को, उसके व्यक्तित्व को इतिहास और युग-बोध से विमुक्त कर देती है और उसे इस बात का सुअवसर देती है कि वह अपनी वैयक्तिक स्वतन्त्रता को जैसे चाहे काम में लाए। इस स्वतन्त्रता की चरम परिणति यह होती है कि अहंवादी साहित्यकार अपने क्षेत्र का सबसे बड़ा अराजक कृतिकार हो जाता है और उसकी कृति का कथ्य और शिल्प खंडित-विखंडित, असम्बद्ध और अमूर्त होकर रह जाता है। ऐसा कृतिकार ही तो अस्तित्ववाद, दादावाद, अवाँगार्दवाद और अनेक ऐसे वादों का प्रवर्तक और प्रतिस्थापक हो जाता है। ऐसे कृतिकार देश-देश में विराजमान हैं। गिनाने की जरूरत नहीं है। अनुभूतिवादियों का भी एक ऐसा ही दल बन गया है। वह केवल अनुभूतियों से प्रेरित होकर उन्हीं को रूपायित करते हैं, कतई कोई सम्बन्ध वस्तुपरकता से नहीं रखते।

मतलब यह हुआ कि वह बला (कई-कई रूपों की) आत्मपरकता को ही प्रतिभासम्पन्न, मौलिक देन की जननी समझती है।

मतलब यह हुआ कि आत्मपरकता को ही तथाकथित 'सही बयानी' कहा जा सकता है, इतिहासहीनता को ही 'सही बयानी' कहा जा सकता है; जग और जीवन से और उसके यथार्थ से कटने को ही 'सही बयानी' कहा जा सकता है; अमूर्तन को ही 'सही बयानी' कहा जा सकता है; कथ्य और शिल्प के विखंडन को ही 'सही बयानी' कहा जा सकता है; आत्म-निर्वासन को ही 'सही बयानी' कहा जा सकता है; और होते-होते भाव-विचार-शून्य हो जाने को ही 'सही बयानी' कहा जा सकता है। भाषा के परित्याग को ही 'सही बयानी' कहा जा सकता है। पता नहीं प्रतिभा की यह मौलिक देन 'सही बयानी' क्या-क्या न कर गुजरे? इसका सब से विकसित आत्मपरक रूप 'सही बयानी' होता है। साहित्यकार बेचारा चला सही बयान की पकड़ में, पर न पकड़ सका उसे। गलत बयानी करते-करते वह इसी छलाव और भ्रम में बराबर बना रहा कि गलत बयानी ही सही बयानी है। और नतीजा यह हुआ है कि गलत बयानी की स्थिति भी समाप्त हो गयी और वह 'बयानहीन' हो गया। निःशब्द हो गया। गूँगा हो गया। धुरी-हीन हो गया। ध्रुव-हीन हो गया।

मतलब यह हुआ कि सम्बद्धता के विरोध में साहित्यकार को जग और जीवन खो देना पड़ा और वह इस हद तक निरीह हो गया—असमर्थ हो गया कि उसे अपनी भाषा भी छोड़ देनी पड़ी। उसके पास शेष रह गयी उसकी तथाकथित दैव-प्रदत्त मौलिक प्रतिभा। वह न कर्म-योगी था—न हुआ—न होना चाह सकता था। यदि कहा जाए तो यह कहा जा सकता है कि वह न आदमी रह गया, न पशु, न बौद्धिक, न सृजक, न चेतन, न अँधेरा, न उजाला। अस्त्र तो वह हो ही नहीं सकता था। उसके लिए अस्त्र होना प्रतिबद्ध होना—सम्बद्ध होना है।

परिणाम यह निकला कि आत्मपरकता—केवल आत्मपरकता—सही बयानी का ढोंग रच सकती है, सही बयानी कतई नहीं कर सकती।

यही नहीं, यह भी होता है कि 'सही बयानी' के चक्कर में पड़े साहित्यकार उस सब प्रतिक्रियावादी तारतम्य के अंग बन जाते हैं, जो वस्तुवत्तीय यथार्थ की मूल समस्याओं के समाधान से सम्बद्ध नहीं होता, अपितु अवैज्ञानिक समाधानों से संवृत्त होता है और आक्रोश और आवेश मात्र से उद्भूत होता है—न जिसकी दृष्टि जीवनव्यापी होती है—न जिसकी क्षमता प्रबल और असीम होती है। इनके आलावा कुछ ऐसे भी 'सही बयानी' वाले साहित्यकार होते हैं, जो निर्वीर्य तटस्थता के छद्म में पड़े-पड़े निर्वीर्य लेखन करते रहे हैं।

वास्तव में 'सही बयानी' इतिहास-सापेक्ष है। निरपेक्ष वह किसी प्रकार से नहीं है। वह भी युग-युग में बदली है, फिर-फिर बदलेगी, और नये-नये आयाम पाती रहेगी। वह निस्संग, निर्लिप्त, निर्विकार, अमूर्त अवधारणा नहीं है जो साहित्यकार के दिमाग में पहले से अपना पूर्णत्व प्राप्त किये बनी रहती है कि जिसे वह दिमाग से ही पाता है और दिमाग को ही सौंप देता है।

इस 'सही बयानी' की कसौटी क्या है? एक व्यक्ति की 'सही बयानी' दूसरे व्यक्ति की 'सही बयानी' हो ही, ऐसा आवश्यक नहीं है। व्यक्ति की 'सही बयानी' समूह की 'सही बयानी' नहीं हो सकती। समूह की 'सही बयानी' व्यक्ति की 'सही बयानी' से टकरा कर टूट सकती है, छिन्न-भिन्न हो सकती है। व्यक्ति की 'सही बयानी' तभी समूह के सामने टिक सकती है, जब वह समूह की सही दृढ़ आस्था से आपूरित हो और समूह की सच्ची मानवता से सम्पृक्त हो। ऐसी दशा में वह कौन-से मानव-मूल्य हैं, जो, 'सही बयानी' को परख सकें। आत्मपरकता से बनी यह 'सही बयानी' वस्तुजगत् के मानव-मूल्यों से कदापि आँकी नहीं जा सकती। उसकी परख के लिए केवल वह कसौटी चाहिए जो मात्र आत्मपरकता से बने। लेकिन तब भी तो कोई आम आत्मपरक कसौटी नहीं बनाई जा सकती, क्योंकि प्रत्येक आत्मपरक साहित्यकार की अपनी अलग आत्मपरक कसौटी होती है। एक की ऐसी कसौटी से दूसरे की 'सही बयानी' को कसना-परखना विवेक-सम्मत नहीं हो सकता।

यह है 'सही बयानी' की अहम्मन्यता और आत्मरति जिसपे अपने साहित्यकार को व्यक्ति-स्वातन्त्र्य की छूट तो पूरी दे दी, मगर जमीन से उखाड़ फेंका, और न उसे दीन का रक्खा, न दुनिया का रक्खा। उसने उसे उसी के निर्विकार आदिम अहं में बन्दी बना दिया। ऐसी 'सही बयानी' का कोई सार्थक मानव महत्त्व और मूल्य नहीं है। ऐसी, 'सही बयानी' की स्थिति मानव-मन की घोर असामाजिक भयावह स्थिति होती है।

अब, 'सम्बद्धता' को लीजिए। सम्बद्ध साहित्यकार सम्बद्धता की स्थिति में वस्तुवत्तीय यथार्थ से जुड़ा होता है, उसी से प्रभावित होता है, उसी को ऐतिहासिक द्वन्द्वात्मक भौतिकवादी दार्शनिक दृष्टि से जाँचता-परखता है, उसी से अपनी वैज्ञानिक समाजवादी आलोचनात्मक चेतना को विकसित करता है, उसी से प्रगतिशील और प्रतिगामी तत्वों का विवेकसम्मत आकलन करता है, उसी से अपने व्यक्तित्व को निर्मित करता है, उसी से अपनी आत्मपरकता बनाता है और फिर अपनी उस बनी आत्मपरकता की संहति वस्तुवत्तीय यथार्थ से करता है और तब अपने व्यक्तित्व को जन-जन की आत्मपरकता का रूप प्रदान करता है। ऐसी संहति व्यक्तित्व का विघटन या विखंडन नहीं, वरन् उसका व्यापक प्रसारण और चेतना संवर्धन है। इसी संहति में साहित्यकार की चेतना इतिहासबिद्ध होकर साहित्य और संस्कृति के विकासशील तत्वों को सँजोए हुए समूह की चेतना को निर्मित करती है। आम आदमी भी साहित्यकार की कृति-बद्ध चेतना के स्तर पर पहुँचता है। और साहित्यकार की तरह ही सम्वेदनशील, भावुक और विचारवान् बनता है और मानव-मूल्यों का संस्थापक और संरक्षक बनता है, सम्बद्ध साहित्यकार ही जीर्ण-शीर्ण परम्परा को तोड़ता है, प्रगति के नये चेतन क्षितिज खोलता है, रूढ़ियों को नकारता है, अन्धविश्वासों की बखिया उधेड़ता है, धर्मान्धता का बेड़ा गर्क करता है। तटस्थता से वह कोसों दूर रहता है। विशाल जन-समूह के लिए सच्ची मानवीय सहानुभूति देता है। भाषा की सम्पूर्ण उपलब्धियों से लाभ उठाता है। भाषा को नये तेवर और अर्थ देता है। उसे अधिक मार्मिक, गम्भीर और सम्प्रेषणीय बनाता है। वह अपने व्यक्तित्व में भी जीता है, दूसरों के व्यक्तित्व में भी जीता है और मानव की महान् क्षमताओं से चालित और परिचालित होता है। वह इतना स्वतन्त्र और मुक्त होता है कि वह एकमात्र इकाई नहीं रह जाता, वरन् दूसरों की जीवन्त इकाई में व्यापकर सर्वप्रिय हो जाता है। उसके साहित्य का कथ्य और शिल्प बन जाता है। उसका साहित्य उसकी सम्पत्ति होकर भी दूसरों की सम्पत्ति बन जाता है। वह मरकर भी मरता नहीं, दूसरों में जीता है। वह भविष्य को भी, गढ़ता और माँजता है, सबके लिए सुन्दर, कलात्मक और सम्पन्न बनाता है।

लेकिन सम्बद्धता भी साहित्यकार को दाएँ-बाएँ, जरूरत से ज्यादा ढकेल देती है। दाएँ पहुँचकर साहित्यकार जीवन की अभिव्यक्ति सपाट बयानी से अत्यधिक

करने लगता है। वह साहित्य को दार्शनिक सिद्धान्तों का ज्योतिपत्र समझने लगता है। वह तात्कालिक समस्याओं से घनघोर रूप में जुड़े होने की वजह से, उन्हीं से उद्भूत आत्मपरकता का बिम्बन करने लगता है। ऐसा बिम्बन सतही अधिक, गहरा कम होता है। वह साहित्यिक कर्म को, रचना-धर्मिता को—उसके कलात्मक पक्ष को—उसकी बहुआयामी कृतियों को एक बने-बनाए साँचे में ढालने का प्रयास करने लगता है। इससे साहित्य का सृजन भावातिरेक से वंचित रह जाता है—मानवीय ऊष्मा की भावनाओं से दूर हो जाता है—और कथ्य के और शिल्प के संश्लिष्ट बिम्ब-विधान से खोखला रह जाता है। साहित्य-सृजन इसलिए केवल कथन मात्र अथवा वक्तव्य मात्र हो जाता है। उसकी संवेदनशीलता और उसकी सम्प्रेषणीयता में कमी आ जाती है। यह स्थिति वैसी ही भयावह होती है, जैसी प्रति व्यक्तिवादी—प्रति अहंवादी रचना—भयावह होती है। और बाएँ पहुँच गया साहित्यकार भी अपने कृतित्व को जीवन की व्यापकता से अलग कर लेता है। जीवन की वह मांसलता वह विविधता जो उसे मानवीय गरिमा प्रदान करती है और जिसके पाने और विकास करने के लिए आदमी ललकता रहता है, ऐसे बाएँ बाजू के साहित्य-सृजन से ओझल हो जाती है और रचनाएँ केवल प्रतीक बनकर रह जाती हैं। कथ्य और शिल्प, सविशेष रूप से विशिष्ट बनकर, जीवन की समग्रता प्राप्त नहीं कर पाते। जीवन का घनत्व-जीवन का ताना-बाना विरल हो जाता है। भाषा अपनी सूक्ष्म संवेदनशीलता से रहित हो जाती है। इन खतरों से, सम्बद्ध लेखकों को अवगत होना चाहिए और इनसे बचना चाहिए।

जहाँ, 'सही बयानी' वाले लेखक मात्र आत्मस्थ होकर रह जाते हैं और वस्तुपरकता से पूर्णतया कट जाते हैं, वहाँ दूसरी ओर सम्बद्ध लेखक वस्तुपरकता को त्यागते तो नहीं, पर उसे इस ढंग से अपनाए रहते हैं कि उसकी अपनी मुद्राएँ व्यक्त ही नहीं हो पातीं। उनका कृतित्व वस्तुपरक हो कर भी नाममात्र को वस्तुपरक होता है। ऐसी कृतियों में कृतिकार की जो आत्मपरकता व्यक्त होती है, वह 'सही बयानी' में आयी हुई आत्मपरकता से भिन्न होते हुए भी ऐसी होती है कि उसमें व्यक्त वस्तुवत्ता केवल विशिष्ट वैयक्तिक इकाई रह जाती है। सम्बद्धता से कृतिकार की मौलिकता का कोई झगड़ा नहीं है। सम्बद्धता कृतिकार को पूरी छूट देती है कि वह अपनी मौलिकता को बनाए रक्खे, उसे विशिष्ट बनाए। लेकिन सम्बद्धता का आग्रह यह जरूर रहता है कि वैयक्तिक मौलिकता जीवन की समग्रता में विशिष्ट बने—विकसित हो और मानवीय चेतना का स्वस्थ, सुन्दर स्वरूप हो। ऐसा इसलिए होना चाहिए, क्योंकि सम्बद्धता समाजवादी दर्शन से उद्भूत होती है और वह दर्शन इस बात के लिए दिशा-दृष्टि देता है कि संसार से शोषण समाप्त हो—युद्ध समाप्त हो—उसमें शान्ति रहे, प्रत्येक आदमी अपनी क्षमताओं का विकास करे कि वह और उस जैसे सभी आदमी सुखी जीवन जी

सकें। कृतिकार ही अपनी मौलिकता प्रर्दशन नहीं करे, बल्कि सभी की मौलिकता प्रदर्शित हो सके।

एक और बात है। 'सही बयानी' वाले साहित्यकार कलात्मकता के अलमबरदार बनकर भी उसकी सत्ता उसको नहीं देते। उसकी सत्ता को केवल अपनी आत्मपरकता का प्रतिरूप बना देते हैं। कलात्मकता वैयक्तिकता का पर्याय बन जाती है। सम्बद्ध साहित्यकार वस्तुवत्ता के संस्थापक और प्रतिपादक बनकर कलात्मकता को उसकी सत्ता नहीं देते। उसकी सत्ता को केवल वस्तुवत्ता का प्रतिरूप और पर्याय समझने की भूल करते हैं। दोनों प्रकार के साहित्यकार दो छोरों पर रहकर अपनी-अपनी तरह से गलतियाँ करते हैं। केवल वही साहित्यकार अपनी रचनाधर्मिता को सच्चे रूप में समाजवादी और मानववादी बना पाते हैं, जो संज्ञान का सिद्धान्त समझते हैं। साहित्यकार की मूल समस्या संज्ञान को समझने की है और फिर आगे बढ़ने की है।

लेनिन ने बड़ी सारगर्भित बात कही है–

Cognition is the eternal endless approximation of thought to the object, the reflection of nature in man's thought must be understood not 'lifelessly', not 'abstractly' not devoid of movement, not without Contraditions, but in the eternal process of movement the arising of contradictions and their solution.

संज्ञान के द्वारा ही आदमी अपने विचार को वस्तु का नैकट्य प्रदान करता है। यह काम वह शताब्दियों से करता चला आ रहा है। इस काम का कोई अन्त नहीं है। इसीलिए आदमी के विचार को, जीवनहीनता से नहीं, अमूर्तन से नहीं, न गतिहीनता से, न अन्तर्विरोधहीनता से, बल्कि गति की शाश्वत प्रक्रिया में, अन्तर्विरोधों के प्रकटीकरण और उनके समाधान में, समझना चाहिए।

लेनिन का यह कथन इतिहास-सम्मत है, विज्ञान-सम्मत है, दर्शन सम्मत है; मानव-जीवन की समग्रता को समाए हुए है; आर्थिक, सामाजिक, राजनैतिक क्रिया-कलापों से घनिष्ठ रूप से सम्बद्ध है; वस्तुपरकता और आत्मपरकता की द्वन्द्वात्मकता से निरूपित है; और सभ्यता और संस्कृति की सूक्ष्म और जटिल भंगिमाओं से आपूरित है।

लेनिन के ये वाक्य मानव-जीवन को सही वैज्ञानिक और समाजवादी दृष्टि और दिशा देते हैं।

साहित्यकार ऐसे ही संज्ञान से लैस होकर अपनी सृजन-चेतना को बनाए और फिर रचना-प्रक्रिया से गुजरकर भाषा की कृति दे, तो वह कृति निस्सन्देह जीवन के रंग-रूप और उसके क्रिया-कलाप के अनुरूप होगी और कलात्मक भी

होगी। वह कृति ही वास्तव में असली 'सही बयानी' की कृति होगी। वह कृति ही सच्चे अर्थों में सम्बद्ध कृति होगी।

सम्बद्ध कृतिकार ही वास्तव में 'सही बयानी' का सच्चा रूप प्रस्तुत कर सकता है। सम्बद्ध कृतिकार ही, साहित्य-सृजन में गहरी जीवन-दृष्टि से लग सकता है और व्यक्तिवादी समाधानों से—गलत बयानी से—बच सकता है। वही मानवीय मूल्यों की दृष्टि से चमकते जीवन की समग्रता का साहित्य रच सकता है। वही साहित्य को जीवन की अर्थवता दे सकता है। वही जीवन की प्रतिगामी शक्तियों का पर्दाफाश कर सकता है। वही प्रगति के पथ का पथिक बनकर जीवन और साहित्य को एक-दूसरे का पूरक बना सकता है।

लेकिन साहित्य के रचने में एक ही सीधी लकीर में चलते नहीं बनता। लगभग सभी साहित्यकार चाहे वे 'सही बयानी' के पक्षधर हों, चाहे 'सम्बद्धता' के पक्षधर हों, अपने व्यक्तिगत अन्तर्विरोधों से भी परिचालित हो कर साहित्य की सृष्टि करते हैं। वह बने-बनाए साँचों में ढाल-ढाल कर रचनायें नहीं प्रस्तुत करते। साहित्यिक कृतियों का निर्माण चाक पर बरतन बनाने की तरह एक जैसा अभ्यस्त काम नहीं है। साहित्यकार की हर कृति उसकी नयी उपलब्धि होती है। इसीलिए सजग साहित्यकार को उस वैयक्तिक स्वतन्त्रता की जरूरत होती है, जो उसकी रचनाधर्मिता को समाजवादी दृष्टिकोण से अग्रसर किये रहे। समाजवादी दृष्टिकोण से वैयक्तिक स्वतन्त्रता का अपहरण नहीं होता। उससे ऐसी स्वतन्त्रता का गुणात्मक परिवर्तन होता है। इस प्रकार परिवर्तित होने से ऐसी स्वतन्त्रता का सीमित-संकुचित क्षेत्र, वस्तुपरकता के व्यापक विस्तार को पाकर, व्यापक और विस्तृत हो जाता है।

इसलिए अपेक्षा की जाती है कि जीवन जीने के लिए, दुनिया को समझने के लिए, उसके विकास के लिए, साहित्यकार सही दार्शनिक दृष्टिकोण से अपना विवेक बनाए और उस विवेक से रचना-कर्म में संलग्न हों।

'सम्बद्धता' वैयक्तिक आदिम विवेक को निश्चय ही समाजवादी विवेक बनाती है। विवेक को भी ऐतिहासिक विकास-क्रम में बदलना चाहिए और वह बदलता है और बदलकर ही नये कथ्य और शिल्प को नये मानवीय गुणों से सम्बद्ध और सम्पृक्त करता है। विवेक एक बार बन गयी ठोस चेतनग्रन्थि नहीं है कि वह ज्यों-की-त्यों उतनी ही क्षमता की ग्रन्थि बनी रहे। इसलिए साहित्यकार को केवल अपने ग्रन्थिल अपरिर्वतनीय विवेक से रचना रचने में संलग्न नहीं होना चाहिए। विवेक न अतीत आबद्ध होता है, न परम्परा पीड़ित होता है, न केवल वैयक्तिक होता है, न केवल दार्शनिक होता है, न आत्मपरकता का उत्प्रेरक होता है,. न केवल वस्तुपरकता के प्रतिबिम्बन का आग्रही होता है। 'सम्बद्धता' ही आदमी को आदमी बनाती है और उसके साहित्य को महान मानवीय गुणों का साहित्य बनाती है।

साहित्यकार का सामाजिक दायित्व

दायित्व के होने न होने की परवाह उन्हें ही नहीं होती, जिन्हें अपने होने न होने की परवाह नहीं होती। वे जो ऐसे हैं दूसरों जैसे नहीं हैं। न वे अपने हैं न दूसरों के हैं। आदमी हैं तो क्या हुआ, आदमी नहीं हैं तो क्या हुआ इसलिए वे आदमी के होने न होने का जीवन औरों के साथ नहीं जीते। इसलिए वे आदमी के होने न होने के जीवन के दायित्व से अनवगत बने रहते हैं और इसी अपनी अनवगतता में आदमियत को नकारते रहते हैं। उनका यह नकारना नंगे आदमी का नकारना होता है। इसलिए दायित्व की समस्या आदमी के नंगे होने न होने की आदिम समस्या से मौलिक रूप से जुड़ी हुई है।

आदमी तब नंगा होता है, जब या तो वह पागल होकर कपड़े उतार फेंकता है या बिना पागल हुए, वस्तुवत्तीय यथार्थ के द्वन्द्वमय संसार को असार और कृत्रिम समझकर आदमी के आदिम वनमानुषी स्वरूप को शाश्वत और सत्य समझने लगता है।

पागल होकर नंगा होना अच्छा नहीं है।

आदिम वनमानुष होकर नंगा होना अच्छा नहीं है।

पागल होकर नंगा होने में आदमी आदमी की चेतना से काम नहीं लेता।

आदिम वनमानुष होकर नंगा होने में आदमी आदमी की चेतना से जानबूझ कर काम नहीं लेता। पागल आदमी आदमी की चेतना से वंचित रहता है। आदिम वनमानुषी प्रवृत्ति का आदमी आदमी की चेतना से वंचित नहीं—विरक्त रहता है इसलिए वह बिना पागल हुए पागल के समान जीना चाहता है, दूसरों के लिए प्रश्न या पहेली बना और अपने लिए केवल आदिम प्रवृत्तियों का पुतला बना।

प्रश्न उठता है कि आदमी आदिम प्रवृत्तियों का पुतला बनकर जीना क्यों चाहता है और अगर उसके जीने को जीना न कहें तो क्या कहें, क्या वह इसलिए जिए, क्योंकि उसे भूख लगती है—क्योंकि उसे काम सताता है—क्योंकि उसे सहजाति की युवती से सम्भोग करना है—क्योंकि उसे किसी पशु(मादा) से रति की तृप्ति करनी है?

निश्चय ही इन प्रश्नों का उत्तर कोई 'हाँ' में नहीं दे सकता।

इनका 'हाँ' में उत्तर देना आदमी की सभ्यता और संस्कृति के विकास-क्रम से इनकार है, ज्ञान, विज्ञान और साहित्य की समस्त सम्पदा से इनकार करना है। आदमी के अब तक के तमाम ऐतिहासिक क्रिया-कलाप पर अन्धकार का परदा डालना है। आदमी को पशु के जैविक जीवन के धरातल पर ले जाकर पशु बनाकर छोड़ देने के समान है।

इसलिए आज की दुनिया की समस्याओं के समाधान के लिए यह कोई समाधान नहीं है कि आदमी नंगा हो जाए—आदिम हो जाए—पशु हो जाए और अपने अब तक के सम्पूर्ण विकास को जलाकर राख कर दे और फिर न तनाव अनुभव करे—न संकट में पड़े—न शान्ति के लिए संघर्ष करे—न एक-दूसरे से जुड़े-न एक-दूसरे के लिए जिए-न राजनीति रचे—करे—न चन्द्रयात्रा करे।

इसलिए आज की दुनिया निश्चय ही गहन-गम्भीर दायित्वों की दुनिया है। इसी दायित्वों की दुनिया में आदमी को आदमी की तरह सोच-विचार कर, एक-दूसरे के दायित्वों के प्रति सचेत रहते हुए, दिन-प्रतिदिन का और बरसों और दशकों का जीवन जीना है। ऐसे जीवन जीने से किसी को छुटकारा नहीं मिल सकता। जो छुटकारा चाहेगा, और से छिटककर स्वयं में समा जाएगा, वह अपनी एकमात्र जैविक इकाई को ही जिएगा। ऐसे जीने वाले का कोई अधिकार न होगा कि वह दूसरे का उपजाया अन्न खाए—दूसरे के बनाए घर में रहे—बीमार पड़े तो दूसरे से सेवा या दवा चाहे—मरे तो कोई उसे नदी में फेंके या आग में जला दे।

दायित्व में आदमी के आदमी होने की—सभ्य और संस्कृत होने की—ज्ञान और विज्ञान के क्षेत्र में प्रकृति और मनुष्य के रहस्यों को उद्घाटित करके अग्रसर होने की—क्षमता निहित है। इसी क्षमता से आदमी ने अपना इतिहास गढ़ा है और इसी से वह अपना वर्तमान गढ़ता है और इसी से वह अपना भविष्य गढ़ेगा। लेकिन जैसे-जैसे आदमी-आदमी का दायित्व दुगुना, तिगुना, चौगुना और पचगुना होता जाता है, वैसे-वैसे, उसी के साथ-साथ उसका अधिकार-क्षेत्र भी दुगुना, तिगुना, चौगुना और पचगुना होता जाता है।

दायित्व और अधिकार साथ-साथ चलते और पलते हैं।

जब दायित्व अधिकार की उपेक्षा करता है, तब अधिकार भी दायित्व की उपेक्षा करने लगता है। व्यक्ति-व्यक्ति में इस द्वन्द्व की सम्भावना सदैव बनी रहती है। व्यक्ति और समाज के बीच भी यही द्वन्द्व होता रहता है। व्यक्ति, समाज और देश के बीच भी इसीलिए राजनीतिक द्वन्द्व प्रकट होता रहता है। ऐसे ही द्वन्द्वों की स्थितियों में पड़कर हरेक संघर्ष करता है—संघर्ष से जीवन को दृष्टि और दिशा देता है—जर्जर रूढ़ियों को तोड़ता है—भाववादी विचारों के मुखौटे उतारता है—आदमी-आदमी के लिए पथ प्रशस्त करता है—युद्धों को अवरुद्ध करता है—शान्ति की अवतारण

करता है। आदमी जो कुछ कहता, सुनता और गुनता-करता है वह एक व्यक्ति के लिए नहीं हरेक आदमी की समानता के लिए, हरेक के न्याय पाने के लिए, हरेक के अधिकारों की रक्षा के लिए कहता, सुनता और गुनता- करता है।

कोई भी दायित्व, कोई भी अधिकार प्रकृति-प्रदत नहीं है—न मौलिक है—न शाश्वत है—न अक्षुण्ण है—न दैविक या पारलौकिक है। आदमी के दायित्व—आदमी के अधिकर—सभी आदमी की अपनी उपलब्धियाँ हैं, जो उसने प्रकृति और परिवेश में कर्म कर-कर के उनको अपनी सेवा में लगा-लगाकर ही अबतक पाई है। उसने उन्हें उसी रूप में जब-जब सहज रखने का प्रयास किया है, तब-तब उसने आदमी को अपमानित किया है और उससे किसी व्यक्ति या दल विशेष के हित की रक्षा की है।

शोषित और अपमानित जनता के जागरण को, रूस की अक्टूबर-क्रान्ति के पूर्व, तरह-तरह से विरूपित और लांछित किया गया है। धर्म ने भी तमाम प्रतिगामी करनी की है। राजा और रईस तो करते ही चले आये हैं। भूस्वामी या सामन्त तो अपने आतंक के लिए जग-जाहिर हैं ही। दार्शनिकों ने भी आसमानी समाधानों से जन-जन की विचारधारा को उलटे बहाया है। मेहनत करनेवालों ने जब-जब सिर उठाया है, उन्हें कुचला गया है। हालाँकि उनकी संख्या दूसरों से कई गुना अधिक है और वह भी साफ-सुथरे जीवन के वैसे ही अधिकारी हैं जैसे उनको कुचलने वाले। लेकिन इस सब के बावजूद भी संसार की हालत नहीं सुधरी। दो महायुद्ध हुए। वियतनाम पर अमरीका की बम-वर्षा हुई—वह ध्वस्त-पर-ध्वस्त होता गया। लेकिन अजेय जनता ने जय हासिल की और अमेरिका का मुँह काला हुआ।

मार्क्स ने आकर आर्थिक शोषण की बुनियादी समस्याओं को ऐतिहासिक दृष्टि से देखा और उनको विचार की दार्शनिक पृष्ठभूमि देकर बल और विवेक से उद्घाटित किया। लेनिन ने मजूरों को प्रतिबद्धता का सिद्धान्त दिया और उनके द्वारा ही संचालित किये जाने से राजशक्ति की समस्याओं के समाधान की सम्भावना प्रस्तुत हुई। उन्होंने नकली मानवतावाद की बखिया उधेड़ी। भाववादी आदर्शों को अवैज्ञानिक प्रभाषित किया। कथनी और करनी में उन्होंने ही ताल-मेल बैठाया। श्रम के शासन में ही निर्माण की उत्तरोत्तर वृद्धि हो सकती है, इस बात को भी उन्होंने बार-बार-बल-विशेष के साथ कहा। उनका चिन्तन जीवन से उद्भूत, उससे जुड़ा और उसी के विकास से सम्बद्ध था। लेनिन क्रान्ति के प्रबल समर्थक थे—कोरी अराजकता के नहीं। वह क्रान्ति इसलिए चाहते थे कि क्रान्ति के बाद विश्व में शान्ति की स्थापना के लिए—शोषण से मुक्ति के लिए नव-निर्माण के लिए—देश-देश में भाई चारे की भावना के लिए—ज्ञान-विज्ञान, कला और संस्कृति के लिए—समाजवाद के माध्यम से साम्यवाद के लिए—युद्ध के निष्कासन

के लिए—संसार की सरकारें और वहाँ की जनता एकजुट हों और करनी को कथनी के साथ जनहिताय में लगाया जाए।

साहित्यकार भी सामाजिक प्राणी है। लेकिन कृतिकार है, इसलिए सविशेष है। उसका कर्म-क्षेत्र साहित्य के सृजन का क्षेत्र है। उस सृजन में निस्सन्देह वह अपनी समस्त शक्तियों से क्रियाशील होता है। इसलिए वह वैसा काम नहीं कर सकता, जोकि एक बढ़ई करता है या कचहरी का एक क्लर्क करता है या एक तकनीकी आदमी करता है। वह यह भी नहीं कर सकता कि बन्दर पाले और नचाए। निश्चय ही यदि वह सृजन को मनोयोग से करता है तो वह अन्य कामों के लिए समय नहीं दे सकता। इसलिए देश की साधारण स्थिति में वह वही करे जो उसे करना है। किन्तु देश पर आपत्ति आने पर वह भी उस आपत्ति से नहीं बच सकता, इसलिए उसे भी उन सब लोगों के साथ, उस आयी हुई आपत्ति से जूझना होगा। तब वह सबसे कट कर साहित्य के सृजन में पूरा समय नहीं खपा सकता। उसे सिपाही की तरह लड़ना होगा। जल्दी में उसे अपनी रचनाएँ लिखनी पड़ेंगी और एक साथ दो काम करने पड़ेंगे। भले ही वह जल्दी की रची हुई रचना उत्तम न हो। वह उसे बाद को कभी ठीक कर सकता है। साधारण स्थिति में भी उसे समाजवादी दायित्व की कृति देते रहना होगा।

इसके अलावा यदि देश की आन्तरिक स्थिति बिगड़े और सरकार उसे अपने राजतन्त्र से सुधार न पाए तो उस बिगड़ी के बनाने में भी साहित्यकार को अपना सहयोग देना चाहिए। यदि उसके सृजन मात्र से दूसरे लोग प्रभावित हो सकें और उसको आन्दोलनों में सम्मिलित होने से मुक्त किये रह सकें, तब तो बात और है अन्यथा उसे उन आन्दोलनों में भी लोगों का साथ देना चाहिए।

किन्तु साहित्यकार को तमाम तरह के आन्दोलनों से मतलब न रखना होगा। उसे तो समाजवादी जीवन-दर्शन के बल-बूते पर समाजवादी शक्तियों को ही सक्रिय सहयोग देना होगा। वह यह नहीं कर सकता कि जनसंघी कार्यक्रमों के लिए जिए और मेरे। उसे मार्क्सवादी दृष्टिकोण से प्रत्येक आन्दोलन को जाँचना-परखना पड़ेगा कि वह प्रतिगामी शक्तियों को मजबूत तो नहीं करता। इसलिए साहित्यकार को सरकार के समाजवादी कार्यक्रम में शामिल होने का पूरा हक है। मगर सरकार समाजवादी हो तभी, अन्यथा नहीं। साहित्यकार को यथास्थिति को तोड़ना हैं वह इस काम को कलम से तो करेगा ही। जूलूस में—सभा में—शामिल होकर भी—मत व्यक्त करके भी सही को प्रस्तुत करना उसका कर्तव्य हो जाता है। वह किराए पर लिया गया या खरीदा हुआ आदमी नहीं है कि अपने और गलत तत्वों के स्वार्थ के लिए गलत जनमत तैयार करे और सक्रिय कार्यकर्ता के रूप में काम करे। वैसा करना गलत होगा।

अब वह जमाना नहीं रहा कि शुद्ध साहित्य के सृजन में रत होने के लिए

कोई साहित्यकार जनता से और देश से अजनबी बन जाए और विचित्र और अद्भुत कृति की तलाश में कुआँ और खदान खोदता रहे।

शुद्ध साहित्य की परिभाषा भी वही नहीं रह सकती जो किसी जमाने में थी। अब कवि और साहित्यकार के दायित्व और अधिकार दोनों बढ़ गये हैं। वह स्वयं में बन्द अहं की इकाई बनकर नहीं रह सकता। उसे समाजवादी चेतना के लिए पहले उत्कंठित होना पड़ेगा। फिर उस चेतना से चारों ओर के जीवन को समझना पड़ेगा। फिर समस्त समस्याओं के मूल में जाकर उनका समाजवादी समाधान खोजना पड़ेगा। फिर समाधान के कार्यक्रम के प्रति संवेदनशील होना पड़ेगा। तब उसे अपनी समग्र चेतना और अवचेतन शक्तियों में उस सम्वेदन को भाषा-बद्ध करना पड़ेगा। इसके अलावा और कोई दूसरा रास्ता अब इस युग के इस दौर में, साहित्यकार के लिए है नहीं। वैज्ञानिक भी वही है। और इसी प्रकार से अब का साहित्य भी साहित्य होगा। ऐसे साहित्य को साहित्य न कहना—आरोपित या आदेशित साहित्य कहना गलत तो होगा ही, भ्रामक भी होगा। समाजवाद के प्रति प्रतिबद्ध होना पड़ेगा और प्रतिबद्ध होकर लिखना पड़ेगा और ऐसे लिखे को साहित्य में स्थान देना पड़ेगा। और वह इसलिए कि समाजवादी राजनीति के कार्यक्रम के क्रियान्वयन को सरकार अभी तक जी-जान से सब क्षेत्रों में प्राथमिकता नहीं दे पा रही है और वह उपेक्षित पड़ा रह जाता है। यह न्यायसंगत न होगा कि साहित्यकार समाजवादी चेतना से विमुख हो जाए और विसंगतियों को देख कर जनता और जीवन से कटकर अपने भीतर सिकुड़कर बैठ जाए। साहित्यकार का यह दायित्व है कि वह जीवन जिए तो जनता के साथ दायित्व निबाहते हुए जिए और साहित्य का सृजन करे तो जनता की चेतना को संवेदनशील बनाए रखने के लिए सम्प्रेषणीय कथ्य और शिल्प से सँवार कर उसे प्रस्तुत करे। जो साहित्यकार इसके विपरीत साहित्य-सृजन का अन्य अर्थ लगाते हैं, वह साहित्य को गूढ़ता की गाँठ बनाते हैं। वह गाँठ चेतना का फूल कभी नहीं बन सकती। वह किसी दूसरे के लिए नहीं हो सकती।

यह कहना कि साहित्यकार अपने सृजन के लिए पूर्णतया स्वतन्त्र है—वह चाहे जिस दिशा में भटके—चाहे जैसा लिखे—असत्य है। सृजन के समय भले ही वह अकेला रहकर रचना रचने में लीन रहे, भले ही वह अपनी समग्र शक्तियों को अपनी रचनधर्मिता में केन्द्रीभूत किये रहे, लेकिन तब भी उसे सामाज से कटा हुआ नहीं कहा जा सकता, क्योंकि तब भी वह उस समय वस्तुवत्तीय अवगतता को अपनी आत्मपरकता में व्याप्त किये हुए दोनों की संश्लिष्ट इकाई बनाने में खोया रहता है। इस उसके खोयेपन से उसकी स्वतन्त्रता को प्रमाणित नहीं किया जा सकता, न वह बुझा कोयला होता है जैसा किसी ने कहा है। न वह स्थगित उन्मेष की स्थिति में रहता है। सृजन के समय साहित्यकार वस्तुवत्ता और आत्मपरकता

का मिला-जुला चेतन और अवचेतन प्राणी होता है, जो दोनों के मेल-जोल की सामग्री देख-देखकर पहले तो ठिठका और ठगा रहता है, लेकिन तदुपरान्त अपनी अनुभूत शक्तियों से संचालित होकर अपनी सृजन-क्षमता पा लेता है और उस क्षमता से दोनों की एक भाषाई इकाई बना देता है। यदि वह जीवन की भाषा लिखने का अभ्यासी रहा है तो वह उसी भाषा को और अधिक संवेदनशीलता दे देता है और अर्जित किये हुए शिल्प को नये सँवार से सज्जित कर देता है। इसलिए समाजवादी चेतना के समर्थक साहित्यकार से यह कहकर कि वह साहित्यकार नहीं है, उसकी रचनाओं को कूड़े में नहीं फेंका जा सकता। वह मानव-चेतना का सजग चितेरा होता है। उसकी कृतियों की उपेक्षा नहीं होनी चाहिए। वह मानवीय चेतना की संश्लिष्ट और सम्पुष्ट संवेदनशील रचनाएँ देता रहता है। वह अपने दायित्वबोध को दूसरों के दायित्वों और अधिकारों से जोड़े हुए सम्बद्धता से कृतित्व करता रहता है। उसके कृतित्व का निश्चय ही वह स्वरूप न होगा जो एक असम्बद्ध हुए साहित्यकार की कृति का स्वरूप होगा।

साहित्य की वृद्धि में भी दायित्वों और अधिकारों की चेतन और अवचेतन बुनावट होती है। यह तो उन शोषकों की दार्शनिकता का प्रतिपादन होगा कि साहित्य में केवल साहित्य रहे, मानवीय दायित्वों और अधिकारों की बुनावट न रहे। ऐसा प्रतिपादन किसी भी प्रकार से न्यायोचित नहीं हो सकता।

साहित्य उतना ही साहित्यकार के लिए है, जितना दूसरों के लिए।

साहित्य मानवीय चेतना के विकास को बिम्बित-प्रतिबिम्बित करता है। विकास के इस क्रम को अवरुद्ध नहीं किया जा सकता किसी आधार पर, न किसी सिद्धान्त के बल पर, न शुद्ध साहित्य के नाम पर। न साहित्य शाश्वत है—कि उसकी वही-वही दिशा रहे और उसका वही-वही निरूपण हो।

साहित्य व्यक्ति के कृतिकार की इकाई की देन होता है। वह इकाई भी निरन्तर एकरूप शाश्वत इकाई नहीं होती। वह इकाई भी परिवेश से—युगबोध से—आदमी के क्रिया-कलाप से—सम्बद्ध और संश्लिष्ट होती है और नये-नये चेतन और अवचेतन सूक्ष्म और ठोस संवेदनों से बनती-सँवरती रहती है।

समाजवादी चेतना से प्रतिबद्ध होकर भी श्रेष्ठ साहित्य का सृजन हुआ है और अब भी हो रहा है और आगे भी होता रहेगा। समाजवाद मानवीय चेतना को अपने दर्शन से दृष्टि देता है—दिशा देता है। वह उस चेतना की शक्तियों का हरण अथवा अपहरण नहीं करता। न ही वह उसका शोषण-दोहन करता है। इसलिए समाजवाद से साहित्यकार को खतरा नहीं हो सकता। समाजवादी देशों में जो अंकुश कभी-कभी साहित्यकारों पर लगाया जाता है, वह वहाँ की परिवेशगत आवश्यकता अथवा वहाँ की राजनीति के कार्यक्रमों से लगाया जाता है। वह अंकुश लगाने का काम गलत भी हो सकता है, सही भी हो सकता है। ऐसी

सम्भावना तो सदैव बनी रहेगी। इस सम्भावना के आधार पर समाजवादी चेतना से ही इनकार कर जाना श्रेयस्कर नहीं हो सकता। व्यक्ति और राजनीति का द्वन्द्व तो कभी समाप्त होने का नहीं। द्वन्द्व से कतराकर अहं की कन्दरा में घुस जाने से काम नहीं चल सकता। द्वन्द्व में संघर्ष करने से साहित्यकार और उसका सृजन नये आयाम पाते हैं। उनकी क्षमता व्यापक होती है। उनकी आत्मपरकता अधिक सम्प्रेषणीय होती है—अधिक संवेदनशील होती है—अधिक सम्प्रेषणीय भाषा का आविष्कार करती है। उस साहित्यकार की कृति देश-काल की वस्तुवत्ता का सही मानवीय आख्यान प्रस्तुत करती है।

एक बात और, साहित्य-जीवी और साहित्य-भोगी होना साहित्यकार के लिये जनता का सदस्य न होने का साक्ष्य नहीं है कि वह जनता से अलग किसी और देश-काल में जिए और अपने लिए भी और औरों के लिए भी गैर बना रहे। साहित्य सम्बद्धता स्थापित करता है। यथास्थिति को जनहिताय में बदले परिप्रेक्ष्य से प्रस्तुत करता है। वह चल है, अचल नहीं।

शासन, जनता और लेखक

शासन और जनता में अत्यन्त घनिष्ठ सम्बन्ध है। दोनों एक-दूसरे के पूरक हैं। जनता अराजक अवस्था में नहीं रह सकती। वह शासन की अपेक्षा रखती है। इसलिए वह शासन को स्वीकार करती है। शासन भी अपने आप में अपनी कोई सत्ता और महत्ता नहीं रखता। उसकी अपनी कोई सिद्धि नहीं है, जिसे वह प्राप्त करना चाहे।

यह एक भ्रामक विचार है कि शासन एक बाह्य नियन्त्रण है, जिसकी जनता को अपेक्षा है। जनता ऐसा कोई बाह्य नियन्त्रण नहीं चाहती है। जनता अपना ही नियन्त्रण अपने शासन में चाहती है। जनता और बाह्य शक्ति में कभी भी एका नहीं हो सकता। जनता से बाहर की शक्ति जनता की अपनी शक्ति नहीं होती। इसलिए जनता को किसी बाह्य शक्ति का दबाव कदापि अंगीकार नहीं होता। जनता की शक्ति जनता के अन्दर से उत्पन्न होती है। जनता जीवन में संघर्ष करती है, नये-पुराने के द्वन्द्व से आगे बढ़ने का बल प्राप्त करती है; समस्त प्रतिक्रियावादी प्रवृत्तियों को परास्त करती है; और जनवादी रचनात्मक कार्य में अग्रसर होकर वर्गहीन समाज की व्यवस्था करती है।

देश में शान्ति और सुरक्षा के नाम पर भी बहुधा बाह्य नियन्त्रण न्यायसंगत माना जाता है। पूँजीवादी शासन तथा साम्राज्यवादी शासन, शान्ति और सुरक्षा का ढोल पीटकर देश की जनता की प्रगतिशील शक्तियों पर आक्रमण करते हैं। ऐसे शासन जन-जीवन के सभी नेताओं को जेल में बन्द कर देते हैं; जन अभिरुचि की सभी पुस्तकों को अवैध घोषित कर देते हैं; जनता के महाशक्तिशाली समाचार-पत्रों को छपने नहीं देते; और कटु कानूनी अस्त्रों से जन-सभाओं की हत्या करते हैं। अपनी सरकार ने भी देश के सभी जनवादी अखबारों पर रोक लगा दी थी। बम्बई से निकलने वाले 'जनयुग', 'करंट अफेयर्स' और कई पत्रों पर प्रतिबन्ध लागू कर दिया गया था और उनका प्रकाशन रोक दिया गया था। यही नहीं 'भारतीय जन-नाट्य संघ' के प्रदर्शनों को होने नहीं दिया गया था। नागर जी, मूढ़ जी, साहबसिंह मेहरा तथा अली सरदार जाफरी जैसे जन-प्रिय कवियों को जेल में ठूँस

दिया गया था। नागार्जुन और पहाड़ी जैसे साहित्यकारों पर "क्रिमिनल लॉ अमेंडमेंट" के अन्तर्गत इलाहाबाद में मुकदमें चालू कर दिये गये थे। 'हंस' जैसे प्रगतिशील पत्र पर सयुंक्त प्रान्तीय सरकार ने न छपने का रोकनामा चिपका दिया था। इसी प्रकार बंगाल, बिहार, मध्य प्रदेश और अन्य प्रान्तों के शासनों ने भी दंड और दमन का अस्त्र चलया था।

सच बात तो यह है कि जनता कभी अशान्ति नहीं चाहती। वह अशान्ति के लिए अशान्ति नहीं करती। यह भी उतना ही सच है कि वह विद्रोह के लिए विद्रोह नहीं चाहती। वह विद्रोह के लिए विद्रोह नहीं करती। यह भी सच उतना ही सच है कि जनता एक पागल हिंसक पशु नहीं है, जिसको लोहे के पिंजड़े में जंजीरों से जकड़ कर भूखा-प्यासा रखा जाए।

जनता अशान्ति करती है शान्ति पाने के लिए; विद्रोह करती है सुव्यवस्था लाने के लिए; और आक्रमण करती है अत्याचार को परास्त करने के लिए। आजतक किसी देश की जनता का उद्‌देश्य अशान्ति के लिए अशान्ति लाना, विद्रोह के लिए विद्रोह करना, और आक्रमण करने के लिए आक्रमण करना नहीं रहा।

अतएव यदि शासन और जनता में तादात्म्य रहे, शासन जनता की रुचि का रहे और जनता के हित का ध्यान रक्खे, तो कोई कारण नहीं है कि तब दोनों में कोई पारस्परिक विरोध पैदा हो अथवा द्वन्द्व उत्पन्न हो। इतिहास इसका साक्षी है कि जनता की परवाह न करने पर, जनता को पदाक्रान्त करने पर, उसका रक्त पीने पर, उसको पेरकर उसके तेल से सिरफिरों की मस्तक पीड़ा का इलाज करने पर, राजभवनों में खूनी दिये जलाकर दिवाली का उत्सव मनाने पर और कंचन-कामनी की पूजा करने पर शासन और जनता में द्वन्द्व हुआ है। पेरिस कम्यून इसी का नतीजा था। रूस की जन-क्रान्ति इसी का परिणाम थी।

जनता का यह आक्रमण पहले लघु प्रयास के रूप में प्रकट होता है। यह लघु प्रयास पहले असम्बद्ध, अव्यवस्थित, छिन्न-भिन्न और क्षणिक भावावेश के रूप में होता है। इस लघु प्रयास का कोई आधारभूत सिद्धान्त नहीं होता। बाद में यही लघु प्रयास जब सम्बद्ध, व्यवस्थित और सर्वव्यापी होकर एक दृढ़ सूत्र से संचालित होता है, तब महान् जन-क्रान्ति का आकार ग्रहण कर लेता है। ऐसी जन-क्रान्तियों से ही देशव्यापी आर्थिक, सामाजिक और राजनैतिक परिवर्तन सम्भव होते हैं और संकुचित जन-विरोधी शासन का सर्वनाश होता है। जब तक लघु प्रयास जन-क्रान्ति का रूप नहीं पा लेता, तबतक वह शासन से अपनी रक्षा करने में असमर्थ रहता है। शासन के काले कानून उसको कुचल देते हैं। शासन की फौजें उसको भुनगे-सा मसल देती हैं। शासन की पुलिस उसकी जान निकाल लेती है। जारशाही शासन के खिलाफ पहले ऐसे ही अनेकानेक लघु प्रयास हुए थे और

असफल रहे थे। परन्तु अन्त में, लेनिन जैसे कर्मठ नेता की अगुवाई पाकर, रूस की जनता ने जारशाही शासन के विरुद्ध एक सफल जन-क्रान्ति की । अब वहाँ श्रमजीवी जनता का शासन पर अटल आधिपत्य है।

शासन और जनता में द्वन्द्व होने का मूल कारण समाज का वर्ग-भेद है। शासनाधिकारियों का चुनाव वर्ग-भेद के आधार पर होता है। सम्पत्तिवाले, पूँजी वाले और विशेष शिक्षा वाले लोग ही अपने विशेषधिकारों के फलस्वरूप जनता का मत प्राप्त करते हैं, धारा सभाओं में पहुँचकर अपने विशेषाधिकरों को जीवित रखने के प्रयास में जन-विरोधी नियम-कानून की सृष्टि में सहयोग देते हुए कृतकृत्य होते हैं। इसलिए विशेषाधिकारों वाले व्यक्तियों द्वारा वर्ग-भेद के मिटाने की कल्पना करना निरर्थक है। इनका स्वार्थ और हित इसी में रहता है कि एक लम्बे अर्से तक यह वर्ग-भेद बना रहे और वर्तमान समाज में आमूल परिवर्तन कदापि न हो। अपनी सरकार ने जमींदारी का उन्मूलन किया है, लेकिन वर्ग-भेद के आधार पर जमींदारों को मुआवजा देकर। अपनी सरकार ने बड़े-बड़े कारखानों का राष्ट्रीयकरण नहीं किया, केवल वर्ग-भेद बनाए रखने के लिए, ताकि अभी आगे भी खून चूसने वाले शोषक श्रमजीवी को और कमजोर करते रहें और स्वयं अपनी तिजोरियों में अपार धनराशि संगृहीत करते रहें। चोरबाजारी करने वालों को वर्ग-भेद के आधार पर ही कठोर सजा नहीं दी जाती। अपनी सरकार कहती है कि चोर-बाजार के थैलीशाह सरकार को अपनी आय का हिसाब दिखाकर टैक्स का भुगतान कर दें और कानून के पंजे में फँसने से बच जाएँ।

जब जनता मुआवजा न देने की आवाज लगाती है, जब जनता राष्ट्रीयकरण करने का नारा देती है और चोरबाजारी वाले धन्नासेठों को जेलों में बन्द करने की माँग पेश करती है, तो अपनी सरकार कहती है—जमींदारों, पूँजीवादियों, और धन्नासेठों को इस देश में जीने का और रोटी कमाने का उतना ही अधिकार प्राप्त है जितना मजदूरों को और अन्य पेशेवालों को। यह वर्ग-भेद नहीं तो और क्या है, जिसे अपनी सरकार कायम रखना चाहती है।

बात यहीं नहीं समाप्त होती। अपनी सरकार तो यहाँ तक कहती है कि उसे अभी पूँजीपतियों के धन की आवश्यकता है, ताकि वह देश में अत्यधिक उत्पादन कर सके। पूँजीपतियों को मेटकर यह काम सम्भव नहीं हो सकता। फिर थैलीशाहों ने भी तो देश की स्वतन्त्रता की लड़ाई में एक बहुत बड़ा भाग लिया है। अपनी सरकार उत्पादन के सिद्धान्त को ही नहीं समझती। उसका यह विचार ही गलत है कि पैसे से उत्पादन होता है। उत्पादन करने वाला तो मजदूर है। पूँजीपति तो उत्पादन से मुनाफा की रकम कमाने वाला है। सरकार वास्तव में भ्रम में है। वह भ्रम में पड़े रहना ही अच्छा समझती है। अतएव वह वर्ग-भेद के सिद्धान्त को एक मिनट के लिए भी नहीं बूझना चाहती।

इस पर भी यदि सरकार को सताया जाता है, तो वह कहती है कि वह मानवतावाद के आधार पर सबको अपने-अपने स्थान पर जिन्दा रखेगी, समता के महान सिद्धान्त का अक्षरशः पालन करेगी; और उस रामराज्य को अवश्य स्थापित करेगी, जिसमें मजदूर भी सुखी होंगे और पूँजीपति भी सुखी होंगे।

दूसरे शब्दों में, अपनी सरकार स्वीकार करती है कि उसके स्थापित किये हुए रामराज्य में वर्ग-भेद रहेगा।

इससे निष्कर्ष यह निकलता है कि अपने रामराज्य का शासन वर्ग-भेद पर आधारित होकर वर्ग-भेद का ही शासन होगा। इसका यह भी परिणाम निकलता है कि अपने रामराज्य में शोषण रहेगा, चाहे वह जिस रूप में रहे। इसका यह भी नतीजा निकलता है कि अपने रामराज्य में सब समान नहीं रहेंगे, जिसके फलस्वरूप जनता को समान उन्नति के अधिकार प्राप्त नहीं होंगे।

ऐसी दशा में अपने शासन का रामराज्य केवल विशेषाधिकारियों का रामराज्य है। जनता का रामराज्य वह नहीं है। ऐसे रामराज्य से जनता के शत्रुओं को सब प्रकार से लाभ है। और जनता को स्वयं सब प्रकार से खतरा है। रामराज्य के सिरमौर भी इसी हेतु जनता के सिरमौर नहीं हैं। इन सिरमौरों से भी इसी हेतु जनता को खतरा है। अपनी आन्तरिक शासन-नीति और अपनी वैदेशिक शासन-नीति दोनों ही इसी खतरे को स्पष्ट करती हैं। गृहनीति के मसले में अपना शासन हर तरह से कमजोर है। वह जनविरोधी मोरचे की अगुआई करता है। राष्ट्रीय स्वयंसेवक संघ को उन्मुक्त विचरने का निस्सीम अधिकार है। उसे कांग्रेस की सदस्यता पा लेने का स्वत्व भी मिल गया है। उसको संस्कृति के नाम पर हिन्दूवाद की साम्प्रदायिकता भरी प्रवृत्तियों को सुसंगठित करने का सरकारी आदेश-सा ही मिल गया है। उस संस्कृति से कोई हित होने की एक पाई भी आशा नहीं हो सकती, क्योंकि वह शुद्ध हिन्दूवाद का प्रचार करेगी और उसका कोई सम्बन्ध देश के आर्थिक, सामाजिक तथा राजनैतिक जीवन से नहीं होगा। दूसरे शब्दों में, हमारी जनता वेदों, पुराणों और उपनिषदों के बताए हुए रास्ते पर ले जाई जाएगी और जनता की आध्यात्मिक उन्नति पर ही जोर दिया जाएगा। इसका सीधा-सीधा अर्थ यह हुआ कि जनता अपने वर्तमान जीवन के अभावों को स्वीकार किये रहे और केवल मात्र आदर्शों का पयपान करती जीती रहे। यह भुलावा है और जनता को काबू में किये रहने का तरीका मात्र है। इस नीति से अपने शासन-कार्य की बहुत बड़ी समस्याओं का अन्त हो जाता है। इसीलिए अपने शासन की गृहनीति इस ओर अग्रसर है। ठीक यही दशा अपनी वैदेशिक नीति की है। वह भी विश्व की जनता की समस्याओं से मुँह मोड़कर किसी पक्ष में न रहने की घोषणा करती है। ऐसी घोषणा बकवास के अतिरिक्त कुछ नहीं है। इस घोषणा का अर्थ हुआ कि अपना देश विश्व के संघर्ष से दूर रहना चाहता है, विश्व की दुर्गम समस्याओं को

हल नहीं करना चाहता, विश्व के वर्तमान ढाँचे को ज्यों-का-त्यों कायम किये रहना चाहता है; अन्य प्रतिक्रियावादी सरकारों को अपने मेल से अत्याचार और शोषण करने की स्वीकृति देता है; और शान्ति और सुरक्षा के बहाने दमन को प्रोत्साहन देता है। यही नहीं, अपना देश, इसी नीति के कारण, ऐंग्लो अमरीकी गुट का पिछलगुआ बन गया है, जिसका प्रमाण हमारे रुपये के मूल्य के घटने से मिलता है। एशियाई कांफरेंस जो इंडोनेशिया के हित में भारत में बुलाई गयी थी, इसी नीति के कारण केवल एक विरोध-प्रदर्शन कांफरेंस बनकर रह गयी थी। कश्मीर की समस्या भी इसी नीति के फलस्वरूप खटाई में पड़ गयी है। यह भी इसी नीति का परिणाम है कि अपने परराष्ट्र-सचिव जी अमेरिका से आज अन्न, मशीन और विशेषज्ञ पाने को लालायित हैं। उन्हें अपने राष्ट्र की शक्ति पर भरोसा नहीं है।

अतएव विवश होकर हमें कहना पड़ता है कि अपना रामराज्य दुर्बलों का राज्य है, भिखमंगों का राज्य है, प्रतिक्रियावादियों का राज्य है, मुरदा संस्कृति का राज्य है और बुरका पहनने वालों का राज्य है। अपना यह रामराज्य बलीनों का राज्य नहीं है, जीवित संस्कृति का राज्य नहीं है, परदाफाश करने वालों का राज्य नहीं है, और सच्ची शान्ति और सुरक्षा कायम करनेवालों का जनवादी राज्य कदापि नहीं है।

अतएव विवश होकर हमें यह भी कहना पड़ता है कि अब प्रत्येक देश में दो तम्बू तने हैं। एक को प्रतिक्रियावादी संस्कारों ने ताना है; दूसरे को जनवादी ताकतों ने ताना है। शासन और जनता में द्वन्द्व छिड़ गया है। शासन अपनी राह चलता है। जनता अपनी राह चलाती है। शासन की राह में खतरा-ही-खतरा है। जनता की राह में मंगल-ही-मंगल है। शासन की राह में तीसरे महायुद्ध की पूर्ण सम्भावना है, विध्वंस की सम्भावना है, संस्कृति के विनाश की सम्भावना है और ज्ञान-विज्ञान सबके दुरुपयोग की सम्भावना है। जनता की राह में किसी तीसरे महायुद्ध की कोई सम्भावना नहीं है, विध्वंस की कोई सम्भावना नहीं है, संस्कृति के पतन की कोई सम्भावना नहीं है और ज्ञान-विज्ञान के दुरुपयोग की कोई सम्भावना नहीं है। जनता की राह में शान्ति और रक्षा की पूर्ण सम्भावना है, निर्माण की पूर्ण सम्भावना है। संस्कृति के विकास की पूर्ण सम्भावना है, और ज्ञान-विज्ञान के सदुपयोग की पूर्ण सम्भावना है।

अमरीका प्रतिक्रियावादी सरकारों का अगुआ है और संसार को अपनी राह पर ले चलना चाहता है। वह ऋण देकर, अन्न, मशीन देकर और विशेषज्ञ देकर व्यापारी के बहाने शोषित देशों को अपना क्रीतदास बनाने पर उतारू है। उसे रूस की जनवादी सरकार से भय है। इसलिए वह रूस-विरोधी अड्डे बनाकर सुरक्षित रहते हुए कंटकविहीन राज्य करना चाहता है। इसीलिए वह 'अटलांटिक पैक्ट' की रचना रचे है, जर्मनी के टुकड़-टुकड़े किये हैं, जापान में फासिस्टी सरकार को

बढ़ावा दिये है, अपने घर में फौजी अफसरों के हाथ में कल-कारखानों को सौंपे हैं और एटमबम के मसले पर रूस से सहमत नहीं है और दक्षिणी वियतनाम की प्रतिक्रियावादी सरकार को समर्थन देकर उत्तरी वियतनाम पर जुल्म ढाए हैं।

रूस जनवादी सरकारों का अगुआ है और संसार को जनता की राह पर ले जाना चाहता है। वह वर्ग-भेद मिटाने की नीति का प्रचार करता है, पूर्णतया स्वाधीन रहने की नीति का समर्थन करता है, शान्ति और सुरक्षा का दम भरता है और मजलूमों और मजदूरों को अपने-अपने देश में मजदूरों की क्रान्तिकारी सरकारें स्थापित करने का प्रोत्साहन देता है। इसीलिए वह अमरीका-विरोधी मोर्चा बनाता है, चीन की प्रजातन्त्री नयी सरकार की सत्ता स्वीकार करता है, 'एटलांटिक पैक्ट' का पर्दाफाश करता है, जर्मनी के विभाजन की कड़ी आलोचना करता है, जापान की सरकार की भर्त्सना करता है, अपने घर में निर्माण-कुशल जनता के परीक्षित जनवादी नेताओं के हाथ में कल-कारखानों को सौंपता है, एटम बम के विनाश किये जाने पर सुझाव पेश करता है और वियतनाम की लड़ाई से अमरीका के हट जाने की बात करता है।

ऐसी विषम परिस्थिति में जनता का कल्याण अपने पथ पर चलने में है और रूस के दिखाए मार्ग को स्वीकार करने में है। रूस की नीति का अनुसरण करने से तात्पर्य है प्रतिक्रियावादी सरकारों के हाथ कमजोर करना और जनवादी शक्तियों के हाथ मजबूत करना, युद्ध की सम्भावना मिटाना और शान्ति सुरक्षा की सम्भावना लाना, वर्ग-भेद के शासन को तहस-नहस करना, वर्गहीन शासन का निर्माण करना, एटम बम की विध्वंसक योजना विफल करना, उसकी रचनात्मक शक्ति को सफल करना और शासन और जनता के बीच के द्वन्द्व को मिटाना।

उपरोक्त विवेचन से स्पष्ट है कि आज शासन और शोषित जनता में तनातनी है—परस्पर मेल नहीं है—शासन जनता पर आरूढ़ होना चाहता है और प्रतिक्रियावादी का पोषण करना चाहता है—जनता शासन पर आरूढ़ होना चाहती है—वर्गहीन समाज की स्थापना करना चाहती है।

ऐसे में हर आदमी का कर्तव्य है कि वह जनता का साथ दे।

कवि, कलाकार, लेखक और साहित्यकार का भी यह कर्तव्य हो जाता है कि जनता का साथ दे। वह प्रतिभासम्पन्न होता है। उसकी लेखनी, तूलिका और छेनी में सामाजिक पारवर्तन करने की विशेष क्षमता होती है। इसीलिए तो उसपर जनता का विशेष अधिकार होता है। इसी विशेष अधिकार के बल पर जनता उसकी शक्तियों का उपयोग, अपने तईं चाहती है, जिसे देने में उसे तनिक भी संकोच नहीं करना चाहिए। शासन का साथ देकर वह अपना पेट भले ही पाल ले, किन्तु उसकी प्रतिभा का कोई सदुपयोग नहीं होगा।

लेकिन सब लोग इस कथन की मान्यता स्वीकार नहीं करते। स्वयं लेखक भी

इस कथन का विरोध करते हैं। अमान्यता और विरोध का आधार यह है कि इस कथन को स्वीकार लेने से लेखक की सम्पूर्ण स्वतन्त्रता का अपहरण हो जाता है और वह जनता के आदेशों का अनुचर और दास हो जाता है। किन्तु बात ऐसी नहीं है। वह जनता के आदेशानुसार चलने पर भी पूर्णतया स्वतन्त्र रहता है और जनता पर अपना प्रभुत्व स्थापित करके शासन करता है।

सच पूछा जाय, तो जनता की स्वतन्त्रता और लेखक की स्वतन्त्रता एक हैं। उनमें कोई भेद नहीं है। लेखक जनता का आदमी है, जनता में रहता है और जनता के लिए लिखता है। अतएव जिस बात में जनता का हित है, उसमें लेखक का हित है; जिस बात में जनता की प्रगति है, उसमें लेखक की प्रगति है; और जिस बात में जनता का विकास है, उसमें लेखक का विकास है। न जनता लेखक से परे है, न लेखक जनता से परे है। दोनों एक ही समाज के प्राणी हैं। दोनों की एक ही समस्याएँ हैं। दोनों का एक ही लक्ष्य है। दोनों का एक ही मार्ग है। दोनों की एक ही दिशा है और दोनों का एक ही भविष्य है।

भूल यह की जाती है कि जनता और लेखक एक-दूसरे से अलग कर दिये जाते हैं। जनता से लेखक का कोई सम्बन्ध नहीं रखा जाता। लेखक को जनता से दूर कर दिया जाता है। जनता अपना संघर्ष करने को छोड़ दी जाती है। लेखक को अपनी साहित्य-साधना करने को छोड़ दिया जाता है। जनता पुकारती है। लेखक नहीं सुनता। लेखक लिखता है। जनता नहीं देखती। तात्पर्य यह कि लेखक को जनता की सारी जिम्मेदारियों से मुक्त कर दिया जाता है और उसे आवारा घूमने-लिखने की असीम स्वतन्त्रता दे दी जाती है, जिसका परिणाम यह होता है कि वह गैर जिम्मदारी का साहित्य सृजन करता है, सामाजिक जीवन के विकास में कोई योग नहीं देता, राष्ट्रीय जीवन का अंग नहीं बनता, और सत्य से और यथार्थ से पराङ्मुख हो जाता है। सारांश यह है कि वह असामाजिक जीवन बिताने लगता है और राजनीति से कोसों दूर हट जाता है।

अमान्यता और विरोध दोनों ही लेखक की ऐसी स्वतन्त्रता का दम भरते हैं। वास्तब में यह लेखक की स्वतन्त्रता नहीं, उसका हनन है। ऐसी स्वतन्त्रता का मूल्य ही क्या जो लेखक को आदमी न रखे, लेखक को समाज से बहिष्कृत करे और उसकी आँख में पट्टी बाँधे और उसे सत्य देखने से नितान्त अन्धा बनाए रहे।

प्रत्येक देश के साहित्य के इतिहास में लेखक की इस व्यक्तिवादी स्वतन्त्रता के बहुत-बहुत दुष्परिणाम देखने को मिलते हैं। उनसे भी थोड़ा परिचय प्राप्त करना आवश्यक है।

फ्रांस में जूलियन बेंदा, जे. सार्त्र, एंड्री गाइड, पी. वैलरी, सिमोनी डी बीन व्यायर, फोस्का, एफ. काफ्का, और एम. मान्थरलैंड का साहित्य मुर्दाघर का

साहित्य है, बुझे हुए सूरज का साहित्य है, अपंग इंसान का साहित्य है और मूर्छा और मरण का साहित्य है। बेंदा महोदय अपनी पुस्तक 'शुद्ध साहित्य की विजय' में लिखते हैं कि साहित्य का सार आम तौर से अकर्मण्यता और असत्य है। जे. सार्त्र साहब बड़े गर्व के साथ सन् 1947 ई. में 'Temps mordernes' में लिखते हैं कि "हम सारी दुनिया के खिलाफ हैं...हमारे पाँव-तले कोई जमीन नहीं ....हमारी सदूइच्छा न हमारे काम आती है, न और के...हम धारा के प्रतिकूल तैर रहे हैं...इतिहास ने हमें भुला दिया है...हमारी आवाज निर्जन की आवाज है।" एंड्री गाइड बतलाते हैं कि मनोवाद (Subjectivism) में सत्य निहित है और केवल वही यथार्थ है। पी. वैलरी के कथनानुसार "यथार्थ कुछ नहीं है, क्योंकि वह आकारहीन है।" उनसे पूछने पर कि लेखक किसके लिए लिखता है, उनका उत्तर था कि "मेरी कविताएँ क्रिया के बदले अभ्यास हैं।...वे मेरे निजी कपट प्रयोग अधिक हैं, जो स्वयं मेरे आदेश की देंन हैं, जिन्हें मैंने जनता के लिए नहीं लिखा ...नृत्य में, शरीर के अवयवों के आन्दोलन का कोई दृष्टिगोचर उद्देश्य नहीं होता और न कभी कोई सोचता है कि नृत्य जन-हिताय के नियमों के वशवर्ती हैं, बल्कि इसका उलटा है कि वह कविता सम्बन्धी समझा जाता है। ...न सरलता, न स्पष्टता कविता के सारपूर्ण तत्व हैं, चाहे हमें इस कारण जितने भी पाठकों का परित्याग करना पड़े।..." सीमोनी डी बीनव्यायर अपने नायक को जीवन का ऐसा आयु-वर्द्धक रसायन पिलाते हैं कि वह वृद्ध नहीं होता और हमारे युग तक जीता है। फोस्का महाशय यूरोप और अमरीका के साथ शताब्दियों के जीवन-तत्व को देते हुए मन्त्रोच्चार करते हैं कि "साधारणतया मानवता के समस्त कार्य और विशेषकर व्यक्ति के प्रत्येक कार्य अनुर्वर होते हैं; भाग्य ने विश्व के पिंजड़े में जनों को कैद कर रखा है, जिन्हें स्वाधीनता मरने पर ही मिलती है।" एफ. काफ्का और एम. मांथरलैंड अभिव्यक्तिवादी हैं, जिनकी रचनाएँ भी ह्रासोन्मुख साहित्य की प्रतीक हैं।

अमरीका में जॉन स्टीनबेक, यूजेनी ओ' नील, रिचार्ड राइट, जॉन डोस पेलोस, थार्नटन विल्डर, विलियम सरोयान और जरट्रड स्टीन ह्रासोन्मुख साहित्य के विख्यात लेखक हैं। जॉन स्टीनबेक की पुस्तक "Bombs Away" है। इसमें उसने अपने देश अमरीका का यह चित्रण नहीं किया, जो उसके देश ने द्वितीय महायुद्ध में फ़ासिस्टों के विरुद्ध मोर्चा लेने में दिखाया था। इसके बजाय उसने अपनी इस पुस्तक में उन अमरीकी उड़ाकों की सराहना की है, जो जन-सेवा को अपना पेशा नहीं समझते थे, वरन् लाभ उठाने को ही अपना पेशा समझते थे और वह यह तक नहीं जानते थे कि वह किसके विरुद्ध लड़ते थे, अथवा वह किस पर गोलेबारी करते थे। इस लेखक की दूसरी पुस्तक 'Cannery Row' है। इसमें उसने कैलीफोर्निया के इडेन बागीचे के ऐश्वर्य में रहने वालों का वर्णन किया है, जिससे

ज्ञात होता है कि उसने यथार्थ के स्थान पर मूर्खों के स्वर्ग का ही चित्रण किया है। उसने मनुष्य के इस अधिकार की घोषणा की है कि वह जीवन की आँधी और आफत से बचने के लिए अपनी ईजाद की हुई उस एक छोटी-सी दुनिया में बसे, जो निस्सार और घृणित सुखों की दुनिया है। यह उपन्यास तब लिखा गया था, जब फासिस्टी हिंस्र पशु प्राणघातक आक्रमण कर रहे थे। अपनी तीसरी पुस्तक 'The Way-ward Bus' में उसने पाठक को यही सीख दी है कि जीवन चाहे जैसा कुरूप हो, उसे वैसा ही ग्रहण करो। वह सामाजिक परिवर्तन करने का पक्षपाती नहीं है। वह तो अमरीका के सब लोगों को जानवरों के धरातल पर लाने का हिमायती है। यूजेनी ओ' नील में फ्रायडवाद का झुकाव है। वह जीवन का अन्धकारमय चित्रण करता है। वह भी मनुष्य की पशु-प्रवृत्ति पर जोर देने वाला लेखक है। वह अपने पात्र लैरी के मुख से कहता है कि 'मेरे लिए सब वस्तुएँ अर्थहीन उपहास हैं, क्योंकि वे मुझ पर मौत की एक खोपड़ी से दाँत पीसती हैं।' वह यह भी कहता है कि 'मृत्यु एक सुन्दर लम्बी निद्रा है...और यह मृत्यु मुझ तक जल्दी नहीं आ सकती।' वह लैरी के शब्दों द्वारा मनुष्यों का अपमान तक करने में नहीं चूका। वह लैरी कहता है कि 'तुम पूछते हो कि मैंने आन्दोलन क्यों छोड़ दिया। मेरे पास इसके बहुत से अच्छे कारण थे। एक तो मैं स्वयं था, दूसरे मेरे साथी थे, और अन्त में सुअरों की सन्तान जनता थी।' यही लैरी यह भी कहता है कि "जहाँ तक मेरे साथियों का सम्बन्ध है, जोकि एक महान् कार्य में लगे हुए हैं, मैं उनके विषय में उसी प्रकार अनुभव करता था, जैसा कि होरैंस वालपोल इग्लैंड के बारे में अनुभव करता था कि वह उसे प्यार कर सकता था यदि उसकी जनता न होती। आदर्शमुक्त समाज के निर्माण का मसाला स्वयं मनुष्य ही तो हैं, क्योंकि तुम संगमरमर का मंदिर कीचड़-काँदों से नहीं बना सकते।" नीग्रो लेखक रिचर्ड राइट ने अपनी पुस्तक 'The man who lived underground' में नीग्रो लोगों को लकवा लगे भयभीत व्यक्तियों की तरह चित्रित किया है, जो इस योग्य ही नहीं रहे कि अपने जालिमों से मोर्चा लें। यही नहीं, उसने अधिकारियों को एक ऐसी दुस्तर शक्ति के रूप में व्यक्त किया है, जिसके विरुद्ध संघर्ष करना व्यर्थ और निरर्थक है। जॉन डोस पेसोस तो लगातार यही प्रचार करता रहा है कि सब प्रगतिशील विचारों के खिलाफ लड़ाई लड़ना चाहिए। वह अपने साहित्य द्वारा अमरीकी साम्राज्यवाद की रुचि की ही तुष्टि करता है। इसलिए वह क्रान्तिकारियों को आध्यात्मिक शक्ति से रहित समझता है। थार्नटन विल्डर, युद्ध के पहले से ही, आज के अमरीकी पूँजीपतियों का वंदन करता था। उसने अपने नाटक 'Our Town' में मुर्दा-से अमरीकी ग्रामगृहों के समूह की प्रशंसा कराई है। नाटक की नायिका मरणोपरान्त दूसरी दुनिया के लिए प्रयाण करती है। स्टेज के मैनेजर के रूप में ईश्वर प्रकट होता है। नायिका को थोड़ी देर के लिए जी रहे लोगों के बीच

भेजता है। एक तरह से उसने अमरीका के एक खराब नगर को मुर्दों की आँखों से देखकर इन्द्रधनुष के रंगों से रँगा दिखाया है। इसी लेखक ने अपने दूसरे नाटक 'The skin of our teeth' में जीवन को एक लट्टू की तरह घूमने वाला, जीवन को नित्य रहने वाला, और पूँजीवादी प्रथा को विनाश न होने वाली बतलाया है। विलियम सरोयान अपना प्रेम और अपनी करुणा समान रूप से गरीब-अमीर दोनों को देता है, गोकि अमीरों के आदेश पर ही पुलिस गरीबों के सिर तोड़ती है। जरट्रड स्टीन का विचार है कि 'जब जनता शान्ति से अघा जाती है, तब युद्ध चाहती है और जब युद्ध से अघा जाती है, तब शान्ति चाहती है। इसके अतिरिक्त वह कर ही क्या सकती है?' वह पेताँ के प्रति सहानुभूति प्रकट करती है।

रूस में भी ह्रासोन्मुखी साहित्यकारों की कमी नहीं रही। सालोगब ने व्यक्ति की सत्ता को ज्ञानहीनता कहा है। वैसिली रोजेनाँव ने कामुकता के गीत गाये हैं। लियोनिड एंड्रियाई ने घृणा और भय की कहानियाँ और उन्हीं के नाटक लिखे हैं। आर्ट्सीबासेव ने अपना नायक दो टाँगों वाले पैजामा पहने एक विषयी बकरे को चुना है। एंड्रियाई बेली सदा नये रूपों की खोज में घूमने वाला, किन्तु उन्हें न पाने वाला साहित्यकार है। मेरेझखोवेस्की, व्याचेसलाव, इवानोव, मिखाइल कुज़्मिन, एंड्रियाई बेलीयाई, ज़िनैडा हिपियस और ज़िनोवियवा अन्नीबाल भी सुधार-विरोधी प्रतिक्रियावादी साहित्यकार थे। रॉपशिन और विनोचेंको भी रूसी साहित्य के उच्चादर्श से च्युत होकर प्रतिक्रिया के तम्बू में चले गये थे। रूसी साहित्य में कई ऐसे 'वाद' भी चल निकले, जो समाज-विरोधी प्रवृत्तियों को साहित्य में महत्त्वपूर्ण स्थान देने लगे। गोर्की ने सन् 1907 से लेकर 1917 तक के साहित्य को अत्यन्त निम्नकोटि का तुच्छ साहित्य बताया है। उसी काल में रूस में प्रतीकवादियों, भविष्यवादियों, सिरैपियन-बन्धुओं के हलवादियों और परिपूर्णतावादियों (Acmeists) का उदय हुआ था। ए.ए. ज्दानोव ने इन सिरैपियन बन्धुओं के दलवादियों के साहित्य के विषय में कहा था कि इसमें न सैद्धान्तिक तत्व रहता है, न सामाजिक महत्ता रहती है। ऐसा साहित्य 'कला कला की गलार' हाँकता है, जिसका न कोई उद्‌देश्य होता है, न कोई मतलब होता है। वास्तव में इसमें कूट-कूटकर अशिक्षा और अन्धकार भरा रहता है। परिपूर्णतावादियों के विरुद्ध भी ज्दानोव ने लिखा है। वह अत्यन्त व्यक्तिवादी कलाकार थे। वह भी 'कला कला का गलार' हाँकते थे, 'सुन्दरता सुन्दरता' की बकवास करते थे। यह न तो जनता के बारे में कुछ जानना चाहते थे, न उसकी आवश्यकताओं के बारे में और न उसके सामाजिक जीवन के बारे में। यह 'मध्ययुग चलो' का नारा लगाते थे। मिखाइल जोश्चेंको ने काफी अपमान दूषित साहित्य लिखकर कमाया है। सन् 1943 में जबकि महायुद्ध पूरे जोर पर था, तब उसने 'सूर्योदय से पूर्व' नामक कविता में अपनाए गये जीवन का विस्तृत ब्योरा दिया था, जिसमें उसने कलंकित कामुकतापूर्ण कृत्यों का ही

चित्रण किया। इसके बाद भी उसने 'बन्दर के साहसिक कृत्य' नामक कविता में जनता का मखौल उड़ाया। जोश्चेंको ने स्वयं कहा है कि '...मैं न कम्यूनिस्ट हूँ, न समाजवादी क्रान्तिकारी हूँ, न राजतन्त्रवादी हूँ; मैं तो सिर्फ...राजनीति से च्युत अधर्मी मात्र हूँ।' अन्ना अख्मतोवा कवयित्री भी उसी यश की भागी हुई है, जिस यश के भागी जोश्चेंको महाशय हुए हैं। इनके लिए ज्दानोव ने कहा है कि यह न एक तपस्विनी हैं, न एक वेश्या हैं, वरन् तपस्विनी और वेश्या दोनों हैं, जिसके वेश्यापने में प्रार्थना सम्मिलित है।

सन् 1917 से लेकर सन् 1922 तक रूस में 'सर्वहारा संस्कृति' नाम का एक सांस्कृतिक और शिक्षा-सम्बन्धी संगठन था, जिसका उद्देश्य यह था कि वह जनता के बीच से प्रतिभा सम्पन्न लेखकों को खोजे और उन्हें विशेषज्ञ बनाकर उनसे सर्वहारा संस्कृति का विकास और विस्तार कराए। इस संगठन का नेता ए. बोगडेनाव था, जो इस बात का विश्वासी था कि नव साहित्य और नव कला के निर्माता ऐसे संगठन की प्रयोगशाला में पैदा होते हैं और संस्कृति वहीं, जीवन और संघर्ष से दूर एक विशेष प्रकार से निर्मित होती है। इसलिए संगठन अधिक दिन जीवित न रह सका। इसलिए यह जन-सम्पर्क का साहित्य न दे सका। इसकी जन-विरोधी नीति देखकर ही तो कम्युनिस्ट पार्टी की केन्द्रीय समिति ने 1 दिसम्बर, 1920 को इस संगठन वालों के नाम एक पत्र लिखा, जिसमें उसने इस संगठन के कार्य की घोर निन्दा की, क्योंकि इसके द्वारा मजदूरों में हानिकारक प्रजातन्त्रविरोधी भावनाओं और कला के वैसे ही सिद्धान्त का प्रचार किया जाता था।

समरसेट माम ब्रिटेन का व्यक्तिवादी ह्रासोन्मुखीन उपन्यासकार है। उसका एक उपन्यास "तब और अब" है। इसमें उसने भूतकाल का ही चित्रण किया है, आनेवाले कल का नहीं। उसने यह भी प्रतिपादित किया है कि मानव जाति परिवर्तनशील नहीं रहेगी। जैसी कि वह आदि में थी वैसी ही रहेगी। जनता सदा वही रही है और सदा वही रहेगी। द्वेष, कपट, और अति लोलुपता के प्रमुख लक्षणों से ही मनुष्य की पहचान होती है। मनुष्य एक ऐसा जन्तु है, जिसके अन्तर्जात प्रवृत्तियों के अतिरिक्त एक मस्तिष्क भी है और इसलिए वह जन्तु-जाति के अन्य सदस्यों से अधिक भयंकर और कुत्सित है। मनुष्य के आचरण की प्रेरक शक्तियाँ भूख, भय और अपनी जाति को नित्य किये रहने की भावना हैं। यह लेखक मैकियावेली चरित्र के रूप में आदमी रूपी जानवर का चित्रण करता है। मैकियावेली अपने युग के शासकों को सीख देता है कि धोखा देने के लिए लोमड़ी बनो और पशुबल से पराजित करने के लिए शेर बनो। माम महाशय के मतानुसार संसार में कुछ भी लज्जाजनक अथवा पापपूर्ण नहीं है। यह तो कोई भी पाप करने की

अनुमति देता है। वह अपने पात्रों और पाठकों दोनों को लज्जा न मानने की सलाह देता है। वह कहता है कि कला का धर्म जीवन के सत्य को स्वीकार करना नहीं है। उसका धर्म तो मनुष्य की विस्मृति के विषय सुख को उत्तेजित करना है। जनता के विषय में वह कहता है कि उसे हमेशा लगाम से काबू में किये रहना चाहिए। वह यह भी कहता है कि यह तो एक भ्रम है कि जनता अपने आप शासन कर सकती है। जनता को तो सदैव उससे एक बड़ी शक्ति चाहिए, जिसके आगे वह सिर झुका सके। उसकी प्रवृत्तियाँ अत्यन्त प्रतिक्रियावादी हैं, क्योंकि उसकी धारणा है कि 'हिटलर' सनातन सत्य है और वही मानवता के गुणों को प्रतिबिम्बित करते हैं; उनसे लड़ना व्यर्थ है।

यही हाल इंग्लैंड में देखने को मिलता है। आस्कर वाइल्ड ने कला की असत्यवादिता के ह्रास पर क्षोभ प्रकट किया। आब्रीब्रियर्डस्ली का भी यही दृष्टिकोण था। वाल्टरपेटर और जाफन एडिंगटन का सिद्धान्त था कि सौन्दर्य जीवन की रक्त-गति को द्रुतता प्रदान करता है, इसलिए जीवन को, जो क्षणभंगुर है, उससे प्रभावित करना चाहिए। अर्नेस्ट डाउसन 'पीड़ा का संगीत' का लेखक था। रिमबॉड और मलारमे प्रतीकवादी थे, जिनके प्रभाव में एडिय सिच्वेल और टी.एस. इलियट आये, जिन्होंने अवचेतन मन की कविता लिखी। सिटवेन 'क्यूविस्ट' कहलाए। डी.एच. लारेन्स भी अवचेतन मन का कवि था। वाल्टर डीला मेयर को 'खोए हुए स्वर्ग' का कवि कहा गया है। वह इस बात से अत्यधिक प्रभावित रहता था कि सौन्दर्य कितना क्षणभंगुर और नाशवान है। इसी हेतु वह कहता था कि 'निःसन्देह अदृश्य, काल्पनिक, और अकथित विस्मृति का कृत्रिम जगत् ही मरण के स्पर्श से सुरक्षित है।' उसकी प्रतिभा इसमें थी कि वह परिचित को अपरिचित और सत्य को असत्य कर दे। उसकी आत्मा भौतिक शरीर से मुक्ति पाने के लिए छटपटाती रहती है। वह एकाकीपन का अत्यधिक अनुभव करता है। वह इस बात से दुःख पाता है कि जो गीत उसने एक दिन अकेले बैठकर गाये थे अब उनकी शब्द-शक्ति और उनका संगीत लुप्त हो गया है और अब उसके ऊपर युगों-युगों का भार लदा हुआ है। वही भार वह प्रकृति के ऊपर भी लदा देखता है। वह बोल न सकने, सिर के हिलने और आँखों के शान्त पड़ने और इच्छाओं के मृत होने पर आकाशी धनुर्धारी से अपना धनुष झुकाने के लिए प्रार्थना करता है। वह कहता है कि अब जीवन की लौ मन्द होकर जल रही है, यौवन त्याग गया है; इसलिए अब वह भी चलना चाहेगा। वह मृत्यु का उपासक कवि है। जीवन को वह मरणपर्यन्त तक उलझनों की एक लट समझता है। टी. एस. इलियट की कविताएँ 'वेस्ट लैंड' और 'हॉलो मेन' राखघर के निर्जीव व्यक्तियों की रचनाएँ हैं। डी. एच. लारेंस का कथन है कि 'मेरा महान् धर्म मस्तिष्क का नहीं है, वरन् रक्त-मांस में विश्वास रखनेवाला

ज्ञानी धर्म है।' विलियम बटलर ईट्स की धारणा है कि "...सब लोग यह मत उत्तरोत्तर त्याग देंगे कि कविता 'जीवन की आलोचना' है और सब लोग अत्यधिक समझ लेंगे कि कविता लुप्त जीवन का दैवी प्रकाशन है।" हरबर्ट रीड के मतानुसार "शुद्ध सत्ता के अन्तर्ज्ञान के बगैर सबसे श्रेष्ठ कविता की कल्पना नहीं हो सकती। वह कला शून्य है, जो पूर्णता की झलक नहीं देती।" टी.एस. इलियट का विश्वास है कि कलाकार की प्रगति उसके आत्मत्याग और उसके व्यक्तित्व के सतत मरण में है। ...सेसिलडे लेविस का कहना है कि कविता मन की एक दशा बनाती है।

पूँजीवादी साहित्य से जन-साहित्य की ओर

इस समय हिन्दी-साहित्य में गतिरोध उत्पन्न हो गया है। यह गतिरोध किन्हीं दैविक परिस्थितियों से नहीं जन्मा। वर्तमान भारत की सामाजिक, आर्थिक तथा राजनीतिक परिस्थितियों ने ही इसे पैदा किया है। देश के स्वतन्त्र होते ही यहाँ की शोषित और मर्दित जनता सबल वेग से उठ खड़ी हुई है और जीवनाधिकारों की सही माँग लेकर सामने आयी है। वह केवल सामाजिक समता ही नहीं चाहती केवल पेट भर सकने और कमा सकने के अवसर ही नहीं चाहती, केवल शिक्षा प्रसार ही नहीं चाहती, और न केवल दवाखाने, विश्वविद्यालय और न्यायालय ही चाहती है। इनके अतिरिक्त वह जमींदारी का नाश चाहती है और भूमि को अपनाकर किसानों को ही देना चाहती है। देश के शोषण-केन्द्रों के रूप में चलनेवाले समस्त मिलों-कारखानों को राष्ट्र की सम्पत्ति बनाकर वह उन पर सार्वजनिक हित की रक्षा के लिए पूर्ण अधिकार चाहती है कि उनमें आवश्यक जीवनोपयोगी वस्तुओं का ही उत्पादन किया जाय और अभी तक होने वाले अतिरिक्त मूल्य के अपहरण का सब प्रकार से नाश कर दिया जाय। यही नहीं, जनता चाहती है कि शासन-सत्ता पूँजीवादियों, जमींदारों, धर्माधिकारियों और तुच्छ प्रतिक्रियावादियों के हाथ से तुरन्त ही छीन ली जाय और श्रमिकों और किसानों के सुपुर्द कर दी जाय। जनता यह जान गयी है कि श्रमिक ही, किसान ही उत्पादन करते हैं और उन्हीं के उत्पादन पर समाज तथा राजनीति का निर्माण होता है। और यह भी उसे पूर्णतया व्यक्त हो गया है कि वही नेतृत्व करके वर्गहीन समाज की अवतारणा कर सकती है।

ऐसी प्रसरित जन-चेतना के उभार से देश का समस्त जीवन उथल-पुथल में पड़ गया है। पूर्व प्रचलित मान्यताएँ अस्वीकार होने लगी हैं, समाज-व्यवस्था विध्वंस होने लगी है, वर्ग हितों की रक्षा के ध्येय से द्वन्द्व प्रारम्भ हो गया है और आर्थिक दृष्टिकोण से ही देश का नव-निर्माण हो, ऐसी बात कही जाने लगी है।

इसका परिणाम यह हुआ कि अब जनता का विश्वास उस संस्कृति, समाज

और साहित्य में नहीं रहा, जिसे वह अबतक जीवित रखे रही है। वह पहले की संस्कृति को किन्हीं परिस्थितियों की कृति समझती है, वैसे ही समाज को भी उन्हीं परिस्थितियों की कृति समझते हैं, और साहित्य को भी। वह ऐतिहासिक दृष्टिकोण से संस्कृति, समाज और साहित्य की परख करके इस निष्कर्ष पर पहुँच चुकी है कि उन परिस्थितियों के न रहने पर उस समाज, उस संस्कृति और उस साहित्य का रहना भी अमानुषिक है।

किन्तु वह परम्परा से अर्जित संस्कृति और साहित्य का अनादर नहीं करती। वह उनके प्रति कृतज्ञता प्रकट करती है और उनकी समस्त शक्तियों के विकास को एक प्रगति के रूप में देखती है। वह उनके निर्माताओं के प्रति हृदय से श्रद्धांजलि भी अर्पित करती है।

इसलिए आज की बदली परिस्थितियों में जनता समाज, संस्कृति और साहित्य को भी जीवनानुरूप बदलना चाहती है, क्योंकि वह यह पूर्णतया जानती है कि साहित्य वस्तु-जगत से ही उसकी प्रक्रिया के रूप में प्राप्त होता है और वही समाज को प्रभावित भी करता है और स्वयमेय भी उसी समाज से प्रभावित होता है।

यही बात आज साहित्य में भी स्पष्ट लक्षित होती है। उभरी हुई जनता, जाग्रत-जीवन के नारे लगाती हुई, अपने हाथ-पैर के बन्धन तोड़कर, शोषण की दीवारें ढहाती हुई, अपने जीवन की वास्तविक प्रगति का साहित्य चाहती है, जो उसका साथ उसी तरह दे जैसे उसके अपने हाथ-पैर उसका साथ देते हैं। वह कवियों से, लेखकों से उसके जीवन का यथार्थ-चित्रित सबल साहित्य माँगती है और कहती है कि वे लोग काल्पनिक स्वर्ग-भवनों से निकलकर भौतिक आवश्यकताओं को समझें और समझकर ही नवयुग के साहित्य का श्रीगणेश करें। कुछेक कवि-लेखक तो, उसकी इस माँग में सार्थकता देखकर, उसका समर्थन करते हैं और नव-युग का साहित्य भी तत्परता से रचते हैं। किन्तु लेखकों और कवियों की एक बहुत बड़ी जमात आवश्यकतानुकूल साहित्य रचने का विरोध करती है और अपने को जीवन-सैनिकों की टोली के समकक्ष आसीन किये जाने में महान् आपत्ति और क्षति देखती है। यह जमात कहती है कि मनुष्य का हाथ-पैर बनकर साहित्य अपनी साहित्यिकता खो देता है, वह केवल पेट भरने, जीवकोपार्जन करने तथा रक्षा और आक्रमण करने तक ही रह जाता है। तब उसमें अलौकिक आनन्द की उपलब्धि हो जाती है। न उसमें किसी सत्य के दर्शन होते हैं, न किसी सौन्दर्य की छवि झलकती है और न ही शिव को प्रश्रय मिलता है।

अतएव दो विरोधी प्रवृत्तियाँ एक-दूसरे की प्रतिद्वन्द्वी होकर आज साहित्य-क्षेत्र में कार्यरत दिखाई देती हैं। एक प्रवृत्ति वर्तमान जीवन को सर्वांगीण रूप से साहित्य में व्यक्त होने देने की महत्ता ही स्वीकार करती है और अब वैसी साहित्यता की अवहेलना करने में कोई अशुभ नहीं देखती। दूसरी प्रवृत्ति साहित्य

की ही महत्ता स्वीकार करती है और जीवन को उपेक्षित किये रहने में कोई अशुभ नहीं देखती। एक जीवन को प्रमुखता देती है तो दूसरी साहित्य को। एक साहित्यता को गौण समझती है, तो दूसरी जीवन को।

अब यह विचार करना है कि वास्तव में जीवन और साहित्यता में प्रतिद्वन्द्विता है अथवा नहीं; इतिहास किस पक्ष की सबलता स्वीकार करता है; साहित्य की प्राप्ति ही लेखक की जीवन-सिद्धि है अथवा व्यक्तिगत जीवन को विकसित करके, सार्वजनिक जीवन में समाप्ति करने में ही उसकी सम्पूर्ण सार्थकता है।

यह ध्रुव सत्य है कि पहले जीवन हुआ तब साहित्य। यह भी चिर सत्य है कि जीवन से ही साहित्य जन्मा है। निस्सन्देह इस प्रकार की कई धारणाएँ भी हैं कि साहित्य दैवी-प्रेरणा से प्राप्त हुआ है, स्वयं ईश्वर ने उसे श्रुति के रूप में मानवजाति को दिया है, और वह जीवन से पवित्र ही नहीं, अति पवित्र है, किन्तु यह धारणाएँ असत्य हैं। इनके आधार पर साहित्य की महत्ता और श्रेष्ठता जीवन की तुलना में कदापि नहीं मानी जा सकती।

यह नहीं, मानव-जीवन का समस्त इतिहास इंगित करता है कि जीवन के विकास के साथ-साथ क्रमशः साहित्य भी विकसित हुआ है। प्रत्येक परिवर्तन-काल में साहित्य में परिवर्तन हुआ है, जिसके चिह्न स्पष्टतया लक्षित होते हैं।

आरम्भ में मनुष्य ने प्रकृति पर विजय नहीं पाई थी, वह उसे अपने से विलग एक भिन्न सत्ता के रूप में देखता था, जिसकी नियामक कोई अज्ञात शक्ति थी। अतएव मनुष्य ने ईश्वर की कल्पना की और उसी की उपासना का साहित्य उसने उस समय रचा। कालान्तर में जब उसने प्रकृति पर विजय प्राप्त करना सीख लिया, तब उसने अपने समूह के पराक्रमी वीर को धरती का अधिपति माना। इस प्रकार ईश्वर के प्रतिनिधि मानव के पराक्रमी पुत्र का साहित्य तैयार होने लगा। राजवंशों की स्थापना हुई, उनके उत्तराधिकार के नियम बने। राजा और प्रजा का धर्म-सम्बन्ध निरूपित हुआ। दंड-विधान बना। एक मनुष्य-पुत्र की धरती अनेक मनुष्य-पुत्र जोतने-बोने लगे और उस पर होनेवाले विजातीय आक्रमणों से उसकी रक्षा करने के लिए ही वह युद्ध में प्रविष्ट होने लगे।

उस युग के साहित्य में केवल राज-वंशों का साहित्य प्राप्त होता है। उनका वासना-विलास, उनके भ्रमण और उनके आक्रमण आदि का सजीव वर्णन भारतीय कवियों की वाणी में भरा पड़ा है। और चूँकि राजा की सत्ता जनता की सत्ता से ऊपर थी, इससे राजा-सम्बन्धी साहित्य अभिजात-वर्ग का ही साहित्य रहा। उसमें सार्वजनिकता न आ पाई। वह केवल कुछेक व्यक्तियों का ही साहित्य बन सका। इसलिए उसमें कल्पना अधिक, विलास और वासना अधिक, उक्ति-वैचित्र्य अधिक, सरसता अधिक, अलंकृतता अधिक और संगीतात्मकता अधिक रही।

महाकवि कालिदास का काव्य इसका साक्षी है। इन्हीं का नहीं, अन्य प्रतिष्ठित

गण्यमान्य कवियों तक का साहित्य इसका प्रमाण है। सबमें वही साहित्यिकता मिलती है, जिसे दूसरे शब्दों में रसात्मकता, अलंकृतता और उक्ति-वैचित्र्य आदि नाम दिये जा सकते हैं। कोई माने या न माने, यह स्वीकार करना ही पड़ेगा कि उस युग का समस्त साहित्य तब की समाज-व्यवस्था की आर्थिक परिस्थिति की ही प्रक्रिया का साहित्य है। एक राजा होता था। कवि उसके आश्रित रहते थे। कवि-कर्म इसी में सिद्धि प्राप्त करता था कि अपने आश्रयदाता की रुचि के वर्णन और भाव का काव्य रचे। उस समय कवि यह सोच नहीं सकता था कि जनता का साहित्य लिखे। राजा ही शक्तिशाली था। उसका जन-विरोधी रूप प्रकट ही नहीं हुआ था और न सामने दिखाई ही देता था। फलतः कवि राजदरबार का साहित्य ही बनाते थे।

तब के साहित्य के मापदंड भी यही घोषित करते हैं। महाकाव्य में केवल राजा के ही निरूपण का नियम था। साधारण जन का चित्रण नियम-विरुद्ध था। इसलिए तब के प्रायः सभी कवि, चाहे वह देश के किसी भी भाग के राजा के आश्रित रहे हों, एक ही प्रकार की साहित्यिकता का प्रयोग करते थे। यह बात दूसरी है कि अपनी प्रतिभा से कोई-कोई कवि अधिक अच्छा काव्य देते थे और अन्य सामयिक कवियों से बाजी भी मार ले जाते थे। परन्तु मूल रूप में उन सबके काव्य-प्रयोग एक ही साँचे में ढले होते थे। विभिन्न राजाओं के आश्रित विभिन्न कवियों की वाणी के काव्य में एक ही प्रकार के प्रयोग की समानता के कुछ कारण इस प्रकार हैं:

(1) राजाओं में—चाहे वह छोटा हो अथवा बड़ा—यह भावना सदा ही रही है कि वह किसी दूसरे राजा से किसी तरह कम नहीं है।
(2) हर राजा की आर्थिक नीति वही रही है, जो दूसरों की थी।
(3) हर राजा में उसी ईश्वर का अंश था, जो औरों में था।
(4) हर राजा धरती का मालिक था और उत्पादन का श्रेय—उसके काम न करने पर भी—उसी को था।

फिर उस समय कवि को व्यक्ति-स्वातन्त्र्य राजा से प्राप्त होता था और तब वह अपनी शक्ति पूर्णतया सामन्ती-विकास के चित्रण में ही व्यय करता था। वह मुक्त गगन में उड़ता था; कल्पना-लोक में विचरण करता था; प्रकृति के निर्झरों से संगीत सुनता था और एक ऐसे अनूठे काव्य की सृष्टि करता था, जो असाधारण होता था। यदि कवियों को यह व्यक्ति-स्वातन्त्र्य प्राप्त न होता, तो वह कदापि अलौकिक आनन्द का काव्य न देते।

काव्य का यह अलौकिक आनन्द सामन्ती व्यक्ति स्वातन्त्र्य का ही साहित्यिक रूप था, जिसकी सदा से सराहना होती आयी है। वास्तव में तब कवि, राजा और प्रजा दोनों के सामने; सामन्त के व्यक्ति-स्वातन्त्र्य के परम विकसित रूप का ही

प्रतीक होता था। इसलिए तब जीवन और साहित्यता में प्रतिद्वन्द्विता थी ही नहीं। साहित्यता सामन्ती जीवन के मुक्त रूप की ही प्रतीति थी। और उसी साहित्य की प्रीति ही कवि-जीवन की सर्वोपरि साधना और सिद्धि थी। कवि-जीवन की समाप्ति सार्वजनीन जीवन में न थी, और न हो सकती थी।

यही बात धर्माश्रयी कवियों के बारे में भी पूर्णतया लागू होती है। वहाँ भी, धर्माधिकारी धर्मानुयायियों पर शासन करते रहे और धर्म को, धर्म-स्वातन्त्र्य के आधार पर, विकसित करने का कार्य-भार कवियों पर ही छोड़ते रहे। इसलिए लगभग सब राजाश्रयी और सब धर्माश्रयी कवि एक-सा ही काव्य देते रहे और एक-सी ही साहित्यता का निरूपण करते रहे। लेकिन यह बात याद रखने की है कि यह साहित्यता सामन्ती अथवा धर्म के मानसिक विकास के ही रूप में प्रकट होती थी, कवि के व्यक्तित्व अथवा मानसिक विकास के रूप में नहीं। तब भी कवि के व्यक्तित्व अथवा मानसिक विकास का स्वयमेव कोई मूल्य नहीं होता था। कवि सामन्ती अथवा धार्मिक संस्कृति का एक सफल गायक मात्र होता था। इसी से वह आदृत होता था। कवि का व्यक्तित्व समाज के सामन्ती और धार्मिक व्यक्तित्व का ही अंश था।

मुगल साम्राज्यवाद सामन्ती-प्रथा का ही एक वृहत रूप था। इसलिए उस युग में भी वही साहित्यता बनी रही, जो सामन्ती युग में थी। कोई विशेष परिवर्तन नहीं हुआ। एक ओर उन्हीं साहित्य-सिद्धान्तों के आधार पर सामन्ती विकास का काव्य रचा जाता रहा, तो दूसरी ओर उन्हीं सिद्धान्तों के आधार पर साहित्यता व्यक्त हुई तो भूषण में सामंती राष्ट्रीयता व्यक्त हुई। सूर, तुलसी और भूषण का काव्य उसके निजी व्यक्तित्व का काव्य नहीं था। वास्तव में उन्होंने अपना काव्य निजी चित्रण के लिए रचा ही नहीं था।

आगे चलकर जब धर्म और सामन्ती राष्ट्रीयता से जन-जीवन को बल प्राप्त होना बन्द होने लगा और विषम परिस्थितियों ने मनुष्यों को परेशान कर दिया, तब धार्मिक और सामन्ती साहित्यता की तुष्टि का साधन बने रहने में समर्थ नहीं हो सकी। राष्ट्रीय साहित्यता, जो शिवाजी और छत्रसाल की वीरता बखान करती थी, रीतिकालीन कवियों के हाथ में पड़कर नायक-नायिका भेद के निरूपण में लग गयी। धार्मिक साहित्यता, जो राम और कृष्ण का चरित्र अंकित करती थी, जन-सन्त-कवियों के हाथ में पड़कर भक्तों की भावना का निरूपण करने लगी।

पहले-पहल इस रूप में साधारण जन-साहित्य के दर्शन हमें होते हैं। सन्त-कवियों का शास्त्रीय ज्ञान अल्प था। वे धार्मिक तथा साहित्यिक विद्वता के कायल न थे। वे दिन-प्रतिदिन धर्म में पोलखाता-ही पोलखाता और साहित्यता में जीवन-पक्ष की न्यूनता-ही-न्यूनता देखते थे। इसी से वे साधारण जन-जीवन का वह पक्ष अपनी कविताओं में व्यक्त कर सके, जो न धर्म में स्थान पाता था और न

साहित्यता में। उनका वह पक्ष जीवन का सबल अनुभवी पक्ष होता था। दैनिक जीवन की घटनाओं, परिस्थितियों और साधारणजन के दृष्टिकोण से वे प्रथम बार प्रभावित हुए। अतः सर्वप्रथम साहित्य में, सामूहिक जन-समाज की प्रक्रिया ही सन्त-कवियों की कविताओं में व्यक्त हुई। कबीर का अधिकांश काव्य इसी कोटि का है।

इस प्रकार हम एक ही नतीजे पर पहुँचते हैं कि कवि का निजी व्यक्तित्व अपने-आप में, न धर्म में, न साहित्य में, कोई मूल्य नहीं रखता। उसका मूल्य इसी में पाया जाता है कि वह जन-परिधि में अपने व्यक्तित्व के बिन्दु को सम्मिलित और विसर्जित कर दे।

पदमाकर, मतिराम, बिहारी और देव आदि रीतिकालीन कवियों की रचनाओं में यह स्पष्ट देखने को मिलता है कि अमूर्त भावों का सृजन और उनकी अभिव्यंजना ही उन कवियों का काव्य-धर्म हो गया है। एक ओर वह अपने आश्रयदाताओं का गुणगान करते थे, तो दूसरी ओर बहुलता के साथ स्फुट छन्द ही लिखते थे, जिनमें न राजा का वर्णन होता था, न राम-कृष्ण का वर्णन होता था—यदि होता भी था, तो वह मानव को व्यक्त करने के लिए बहाने के रूप में होता था, और न भौतिक परिस्थितियों का ही चित्रण होता था।

वे अपने स्फुट छन्दों में केवल नौ रसों के नव-नव रूपों का शाब्दिक चित्रण और नायक-नायिका-भेद का निरूपण करते थे। ऐसा इसलिए होता था कि उन्हें साहित्यता में अधिक विश्वास था और उनकी परम्परा से वह पूर्णरूपेण परिचित भी थे। साथ ही, जन-साधारण के जीवन को वे विधिविधान के आधार पर छोड़कर उससे विमुख रहने में ही अपना काव्य-धर्म समझते थे। उनकी यह 'साहित्यता' इसलिए अमूर्त भावों को व्यक्त करने में अपनी सार्थकता समझती थी कि उसे यह भली-भाँति विदित था कि 'बिना प्रभु की मरजी के एक पत्ता भी नहीं हिलता।' अतः रीतिकालीन कवि, भौतिक परिस्थितियों से मुक्ति ग्रहण करके, केवल काव्य-कौशल दिखाने में रत रहते थे। जन-सन्त-कवियों की लीक पर भी वह इसीलिए नहीं चल सके।

सर्वप्रथम आधुनिक युग की कविता रचने का श्रेय भारतेन्दु हरिश्चन्द्र को है। वह अंग्रेजों की अर्थनीति से विचलित हुए, देश के अपहरण से विह्वल हुए और जन-जीवन की चिन्ता से चिन्तित हुए। एक वही ऐसे थे, जिनको, साहित्य में, भौतिक-प्रक्रिया के व्यक्त करने का, सब श्रेय दिया जा सकता है। वह न राम-कृष्ण की ओर भरपूर झुके, न रसवादी नायक-नायिका-भेद के अभिव्यंजना की ओर पूरी तरह अग्रसर हुए और न काल्पनिक काव्य-विलास में ही पूर्णतया लिप्त हुए। जन-जीवन की भौतिक प्रक्रिया ही उनके कवि-जीवन की प्रमुख प्रक्रिया हुई। वह जन-संत-कवियों की भौतिकवादी प्रक्रिया के पूत थे, यद्यपि वह स्वयं सन्त

नहीं थे और सन्तवादी रचना नहीं करते थे। जन-सन्तों ने सूर और तुलसी की परम्परा को भौतिक धरातल पर उतारा था, किन्तु धर्म की गूढ़ धार्मिकता के विरोधी मोर्चे के रूप में ही उन्होंने ऐसा किया था। जन-सन्तों का इतना ही काम था और वह उसे कर रहे थे।

उस विरोधी मोर्चे से गूढ़ धार्मिकता का मूलोच्छेदन करके वह आर्थिक आधार पर आश्रित जगत् की प्रक्रिया के क्षेत्र में पदार्पण कर सकने में असमर्थ थे। भारतेन्दु ने यह काम पूरा किया। द्विवेदी-काल में मैथिलीशरण ने 'भारत-भारती' लिखकर उस काम को और उभारा। इतिवृत्तात्मक रचनाओं की यही सफलता है कि उनमें दैनिक जीवन की परिस्थितियों का चित्रांकन होने लगा। इन रचनाओं ने एक ओर 'साहित्य' की परम्पराओं का त्याग किया और दूसरी ओर उनके स्थान पर भौतिक जीवन की स्थूल समस्याओं की प्रक्रियाओं का सर्वबोध निरूपण किया।

प्रथम महायुद्ध के बाद हिन्दी में छायावाद और रहस्यवाद आया। इसका विकास भारतेन्दु की परम्परा से बिल्कुल भिन्न था। इसका मूलस्रोत 'व्यक्तिवाद' में था। वास्तव में हिन्दी का रसवाद भी 'व्यक्तिवाद' का कीटाणु न था। किन्तु कुछ लोग मोहवश रसवाद और व्यक्तिवाद दोनों को एक कह देते हैं। हिन्दी का यह व्यक्तिवाद पूँजीवाद के विकास के साथ अवश्य आया, किन्तु क्या यह पूँजीवाद की प्रक्रिया कहा जा सकता है?

हिन्दी के विद्वान इस प्रश्न पर एकमत नहीं हैं। कोई कहता है कि यह पूँजीवाद के व्यक्ति-स्वातन्त्र्य की देन है। कोई कहता है कि वह 'विशुद्ध साहित्यता' का साहित्यिक आन्दोलन मात्र है। कोई कहता है यह विदेशी 'वाद' है, जो हिन्दी में आया है, किन्तु यह बात तो सही मालूम होती है कि इन तीनों में आंशिक सत्यता है। कोई अकेला मत स्वीकार योग्य नहीं है। जो भी हो, यह छायावाद-रहस्यवाद 'व्यक्तिवाद' के अतिरिक्त कुछ नहीं है। इसमें कवि के एकान्त की मानसिक प्रक्रिया का ही व्यंजन हुआ है। न इसमें समाज की सीधी प्रक्रिया है, न इस समाज की अर्थनीति की सीधी प्रक्रिया है और न देश-काल की स्थूल दिशाओं की सीधी प्रक्रिया है। न धर्मवाद का निरूपण है और न लोकवाद का निरूपण है। यहाँ-वहाँ प्रकृतिवाद, प्रेमवाद, और आसक्तिवाद का चित्रण जरूर मिलता है। किन्तु वह सब कवि के मस्तिष्क की एकमात्र उपज के रूप में ही है। उपचेतन और अवचेतन के स्तर ही उसमें झंकृत होते हैं। फिर इस कविता की प्रक्रिया भौतिक न होकर केवल मानसिक प्रक्रिया होती है। पढ़ने वाला बाह्यजगत का दर्शन नहीं कर पाता; केवल एक ऐसे लम्बे चित्रपंट के दर्शन करता है, जिसपर व्यक्ति के मस्तिष्क के रंगीन, धुँधले, रागात्मक और संगीतात्मक तन्तुओं की शाब्दिक वर्ण-रेखाएँ मात्र बनी होती हैं।

निस्सन्देह छायावादी कवि काव्य-साधना के क्षेत्र में उतने ही स्वतन्त्र थे,

जितने स्वतन्त्र पूँजीपति होते हैं। पूँजीपति को अपनी धन-सम्पत्ति लगाकर कारखाने कायम करने की स्वतन्त्रता होती है। मनमाने भाव से अतिरिक्त श्रम का अपहरण करने की भी उसे छूट होती है। जो कसर रह जाती है, वह मनमाना मुनाफा कमाने की आजादी से पूरी हो जाती है। वह वही वस्तुएँ बनाता भी है, जो उच्चवर्ग के उपभोग और विलास का साधन बनती हैं। सर्वसाधारण के लिए सामूहिक हित को सामने रखकर, उपयोगी वस्तुएँ वह नहीं बनाता, न ही सर्वसाधारण के हितों को देखते हुए उसकी मुनाफाखोरी पर कोई रोक-थाम होती है—बस, वह होता है और श्रम रूपी उसकी कविताकामिनी होती है—अपनी पूँजी के बल पर आजादी के साथ जिसका वह उपयोग करता है।

इसी प्रकार छायावादी और रहस्यवादी कवि भी अपनी व्यक्तिगत 'प्रतिभा' की पूँजी लगाकर वह रचनाएँ प्रेषित करते हैं, जो अल्पसंख्यक शिक्षित वर्ग का स्वाद बनाती हैं। उनसे जीवन और जन-साधारण की तुष्टि नहीं होती। यही कारण है कि पन्त जी महाराज और श्रीमती महादेवी वर्मा 'लघुलोक' के निवासियों की अभिरुचि का साहित्य दे सकीं, 'बृहत्-लोक' के निवासियों की अभिरुचि का नहीं। यह सत्य ही है चाहे जैसा तिक्त हो । छायावादी रचनाएँ 'लक्ज़री गुड्स' की श्रेणी से आगे बढ़ने में अधिक समर्थ नहीं हो सकीं। 'लक्ज़री गुड्स' का भी हमारे जीवन में एक स्थान है, उनकी उपेक्षा करना भी हम नहीं चाहते हैं, लेकिन साथ ही यह भी हम नहीं चाहते कि 'बाजार' इन्हीं से पटकर रह जाए और जीवनप्रद तथा ठोस सामग्री के लिए स्थान ही न रहे—जैसा कि आजकल हो रहा है, व्यवसाय के क्षेत्र में भी और साहित्य के क्षेत्र में भी।

बात केवल इतनी ही नहीं है। वस्तु-जगत में साम्राज्यवाद और साहित्य-जगत् में छायावाद और रहस्यवाद दोनों एक-दूसरे के सगे भाई मालूम होते हैं। दोनों की नीति अधिकाधिक प्रदेशों पर अधिकार जमाने की है। वस्तु-जगत् का साम्राज्यवाद नये देशों पर आक्रमण करता है और उन्हें जीतकर वहाँ अपना शासन स्थापित करता है। साहित्य-जगत् का साम्राज्यवाद चेतन-उपचेतन और अवचेतन प्रदेशों पर अधिकार जमाकर अपना एकच्छत्र शासन स्थापित करता है और अपने इस शासन को कायम रखने के लिए सभी तरह की मोर्चेबन्दी करता है। साहित्य और वस्तु-जगत् दोनों ही क्षेत्रों में आज इस मोर्चेबन्दी के लक्षण स्पष्टतः प्रकट होने लगे हैं। इन लक्षणों को लाख साहित्यिक (छायावादी) आवरणों में लपेट कर भी आँखों की ओट नहीं किया जा सकता।

छायावाद को बहुधा 'साहित्यता' का पर्यायवाची बनाकर पेश किया जाता है। यह माना जाता है कि छायावाद से आगे बढ़ना 'साहित्यता' की हत्या करना है। यह भी कहा जाता है कि छायावाद में ही साहित्य का विशुद्ध रूप व्यक्त होता है, इसी से सारी 'साहित्यता' छायावाद की परम्परा में ही पनपती है, शेष अन्य स्थानों

में नहीं। अतः 'साहित्यता' और विशुद्ध साहित्य को छोड़कर किसी प्रकार की रचना करना—अर्थात साहित्येतर पथों में भटकना—प्रगति का नहीं, वरन लक्ष्य-भ्रष्ट होने का सूचक घोषित किया जाता है।

वास्तव में 'विशुद्ध साहित्य' और 'साहित्यता' दोनों ही न कभी रहे हैं और न रहेंगे। यह भ्रम है, जो जितनी दूर हो, उतना ही अच्छा है। सब साहित्य परिस्थितियों से पैदा होता है और उन परिस्थितियों के बदलने पर एक दूसरी काया ग्रहण करता है। 'आदर्श' साहित्य भी इसलिए झूठा है। क्योंकि एक युग का आदर्श दूसरे युग का आदर्श नहीं हो सकता।

देश की राष्ट्रीय जागृति ने और जनता के साम्राज्यवाद-विरोधी मोर्चे ने प्रगतिवाद को जन्म दिया। जनता के लिए उपचेतन और अवचेतन मानसिक क्षेत्रों में दौड़ना अपनी शक्ति को नष्ट करना था। उसके सम्मुख रोटी की लड़ाई, कपड़े की लड़ाई, भूमि की लड़ाई और स्वतन्त्रता की लड़ाई थी। तथाकथित 'साहित्यता' और 'विशुद्ध साहित्य' अथवा 'आदर्श साहित्य' का खोखलापन प्रकट होने लगा। छायावाद के कवि पन्त भी छायावाद का साथ छोड़ने लगे। पढ़े-लिखे बाबू वर्ग की रुचि भी बदली। व्यक्तित्व की इकाई समाज और देश की इकाई से मिलने लगी। साम्राज्यवादी कवि जनवादी कवि होने लगे।

अतः यह निश्चित ही कहा जा सकता है कि 'साहित्यता' जैसी कोई चीज नहीं है, वह एक भ्रम है। छायावादी की व्यक्तिवादी कविता को भी 'साहित्यता' नहीं कहा जा सकता, क्योंकि छायावाद परिस्थितियों से जन्मा था। वास्तव में जीवन और उसका साहित्य दो ही चीजें हैं। जीवन के साहित्य में जीवन की प्रक्रिया होती है। उसमें जीवन को बदलने की शक्ति भी होती है। अतः साहित्य को 'साहित्यता' की गुणार्थी संज्ञा नहीं दी जा सकती। लेखक की जीवन-सिद्धि जीवन की प्राप्ति में और उसके निरूपण में है; किसी भी प्रकार की 'साहित्यता' में नहीं।

जीवन ही प्रमुख है और साहित्य उसकी प्रक्रिया और इससे भी आगे बढ़कर उसका एक अस्त्र है। जीवन-निरूपण और उसके मार्ग को प्रशस्त करना ही साहित्य का धर्म है। एकाकी जीवन सामाजिक जीवन नहीं है और न वह कोई मूल्य रखता है। सर्वजनीन जीवन की प्राप्ति और उसकी अभिव्यक्ति ही सच्चे और उत्तम काव्य-साहित्य का गुण है। इसलिए साहित्य तलवार है, ललकार है और जीवन के विकास तथा अभिव्यक्ति का परम उपयोगी अस्त्र है। उसके द्वारा देश, समाज और जीवन का कल्याण होता है। वही वर्तमान गतिरोध को तोड़ने में सक्षम है। व्यक्तिवादी, रसवादी अथवा छायावादी रचनाओं के घुटने टूट चुके हैं और उनका स्थान जीवन का सबल तथा सक्षम साहित्य ले रहा है।

प्रगतिशील कविता : परम्परा और नवीनता

परम्परा क्या है? यह बना-बनाया एक रास्ता है, जिसे पहले के कवियों ने अपनी रचनाओं के द्वारा निर्मित किया। कविता इसी रास्ते पर चलकर बनाई जाय और जो कुछ अभिव्यक्त हो वह जाने-पहचाने काव्य के गुणों को लेकर प्रकट हो। यही नहीं, कविता में जो कथ्य बिम्बित हों वह भी पुराने परम्परित कथ्यों से निकला हुआ, कुछ थोड़े बहुत परिवर्तन के साथ, आम आदमी की मानसिकता में प्रवेश पाने योग्य हो और ऐसा न हो कि वह अपने मूलस्रोत का अतिक्रमण कर जाय और नितान्त 'नवीन' हो। इसी तरह कविता के क्षेत्र के बारे में भी कहा जाता है कि वह पहले की शिल्पगत विशेषताओं से रूपायित हुआ हो और वह भी नितान्त नवीन न हो। इन सबका मतलब यह हुआ कि कविता बराबर परम्परा के मोह से ग्रसित रहे और उसी पहले वाले मार्ग का किसी-न-किसी रूप में, अनुसरण करती रहे। क्या यह काव्य-दृष्टि औचित्यपूर्ण मानी जा सकती है, मेरी समझ में ऐसा दृष्टिकोण कविता के विकास-क्रम के लिए सही नहीं होगा। पहली बात तो यह स्पष्ट रूप से समझ लेना चाहिए कि परम्परा, चाहे जितनी अच्छी हो, ऐतिहासिक बोध को त्याग कर, केवल अतीत के कथ्य और शिल्प से जुड़ी नहीं रह सकती। परम्परा स्वयं इतिहास को ही दोहराती है और व्यापक जीवन को अपनाने में रुचि नहीं रखती है। इसके विपरीत, नवीनता युगीन सन्दर्भ में नये निरूपित हो रहे इतिहास के घटना-क्रम से सम्बद्ध होकर, जीवन की गतिशीलता को समेटती और पकड़ती है और ऐसा करने में नवीनता, परम्परा की परिपाटी छोड़कर वह सबकुछ व्यक्त करने के लिए कृत-संकल्प होती है, जो आदमी को धर्म-निरपेक्ष होने के लिए और समता के सिद्धान्त से न्यायप्रिय जीवन जीने देने की गारंटी देती है। यही वह द्वन्द्व है जो परम्परा और नवीनता के बीच चलता रहा है। अपने-आप में न तो परम्परा कोई मूल्य रखती है और न ही नवीनता। दोनों का महत्त्व केवल मानव-जीवन के सन्दर्भ में ही खोजा जा सकता है। इसी प्रकार न तो पूरी परम्परा ग्राह्य हो सकती है और न ही पूरी नवीनता ग्राह्य हो सकती है। पूरी परम्परा के सभी तत्व न तो एक जैसे महत्त्वपूर्ण कहे जा सकते हैं, न नवीनता के पूरे तत्व

एक जैसे महत्त्वपूर्ण हो सकते हैं। निश्चय ही परम्परा के ऐसे बहुत-से तत्व हैं जो राजनीतिक, सामाजिक और आर्थिक परिस्थितियों के बदलने पर विघटित हो जाते हैं और आदमी के साथ जी नहीं पाते। इसी प्रकार युगीन परिस्थितियों के तेजी से बदलते चले जाने की वजह से जो नवीनता उभरती है वह भी जन-जीवन का महत्त्वपूर्ण अभिव्यंजन नहीं करती। परम्परा अनेक रूढ़ हो गये तत्वों से अपना पिंड नहीं छुड़ा पाती। नवीनता भी नये-नये अमानवीय और मात्र व्यक्ति की इकाई की निजता के तत्वों को उछालती रहती है। और इस तरह से वह मात्र वैयक्तिक नवीनता का रूप ले लेती है और जन-जीवन के भाव-बोध और क्रिया-कलाप से विमुख हो जाती है और कभी-कभी तो अहं का विस्फोट हो जाता है या केवल कवि की कटी हुई मानसिकता का संलाप या मनावैज्ञानिक ग्राफ बन जाती है।

इसी स्थिति में प्रगतिशील कविता को अपने दायित्व की दिशा खोजनी पड़ी है। सन् 1936 से ही यह कविता अपने इसी दायित्व का निर्वाह कर पाने में लगी है। इस कविता ने सबसे पहले छायावादी काव्य-चेतना से अपना मुँह मोड़ा—छायावाद की तत्सम-गर्भित भाषा से सम्बन्ध विच्छेद किया। रोमांटिक होने से अपने को रोका—कविता को इसने काल्पनिक और परिकल्पनात्मक उड़ानों से अलग किया। तबतक के अपने पहले के लगभग सभी सौन्दर्यवादी काव्य के तत्वों से इसने किनारा काटा। आदमी तबतक—आमआदमी—अपनी संज्ञा और अपना आमस्वरूप खो चुका था और वह कवि का बनाया हुआ कलात्मक आदमी बन गया था। प्रगतिशील कविता ने इसके विपरीत, आदमी को उसका खोया हुआ रूप फिर से दिया। इस कविता में आया हुआ किसान गाँव-घर का शोषित किसान प्रस्तुत हुआ। मजदूर भी संघर्ष करता, जीवन जीने के लिए लड़ाई लड़ता हाड़-मांस का इंसान हुआ। मध्यवर्ग के लोग भी, इस कविता में, अपनी पूरी पहचान के साथ और कमजोरियों और कुंठाओं के साथ आये। तात्पर्य यह कि प्रगतिशील कविता ने, ऐसा करने में, काव्य की तमाम परम्पराओं को, उसकी रूढ़ियों को, उसकी संकीर्णताओं और सीमाओं को जन-हित में तोड़ा और इस सम्बन्ध में उसने, वैज्ञानिक, आलोचनात्मक और समाजवादी दार्शनिक सिद्धान्तों से प्रेरित होकर अग्रगामी कदम उठाए। तभी उसमें धर्मान्धता के विरुद्ध तीखे-तीखे शरक्षेप मिलेंगे। शोषकों के विरुद्ध आक्रोश मिलेगा, शोषण के विरुद्ध आन्दोलन मिलेगा, गाँव और शहर के जीवन की विकृतियों के दुःख दर्द भरे चित्रण मिलेंगे, और साथ-ही-साथ देश और समाज के वे पहलू भी मिलेंगे जो सभ्यता और संस्कृति को कलंकित करते हैं।

जब प्रगतिशील कविता आते ही ऐसा करने लगी और कुछ ही समय में बल और वेग पाकर छपने-छपाने लगी और अपने अनुरूप जनता की मानसिकता बनाने लगी, तभी इसके विरुद्ध पूँजीवादी प्रेस में उस समय के परम्परावादी लेखकों

के दल और वैयक्तिकता के समर्थक और संस्थापक तथाकथित बौद्धिक लोग हो—हल्ला करने लगे और इसे आरोपित कविता कह कर रूसी अभिहित करने लगे और इसे भारतीय संस्कृति और सभ्यता को विनष्ट करनेवाली बताने लगे। निश्चय ही अपने संघर्षशील विकास-क्रम में यह कविता उस समय के शासकीय तन्त्र को भी खतरनाक लगने लगी। देश की दक्षिणपन्थी, पूँजीवादी व्यवस्था की पोषक सरकार इस पर कड़ी नजर रखने लगी और काँग्रेसी सरकार के सत्तारुढ़ होने के बाद प्रगतिशील पत्र-पत्रिकाओं पर सरकारी आक्रमण होने लगे और प्रगतिशील लेखक पकड़े जाने लगे। इस दुर्भाग्यपूर्ण स्थिति में पड़कर प्रगतिशील कविता का आन्दोलन रुक-रुक कर साँस लेता रहा और प्रगतिशील रचनाएँ कम-कम छप पाने लगीं। इस दौरान में परम्परावादी खेमे के लोग यही कहते हुए नजर आते थे कि प्रगतिशील कविता तो कविता कतई नहीं है, वह राजनीति है और राजनीति साहित्य के समकक्ष नहीं रखी जा सकती। यह लांछन लगाया तो गया और इसने अपना कमाल भी दिखाया, लेकिन ऐसा नहीं हो सका कि प्रगतिशील कविता की सरस्वती विलुप्त हो गयी हो। वह संघर्ष झेलती हुई, थपेड़े खाती हुई, छोटे-छोटे प्रयासों से डगमगाती, जनता के बीच पहुँचती रही और जन-मानस को छूती और अपना बनाती रही।

यही वह समय था, जब प्रयोगवाद के अलमबरदारों ने सामने आकर अपनी चाल-फेर शुरू कर दी और वैयक्तिक स्वातन्त्र्य के बलपर अपनी-अपनी मौलिकता की इश्तहारबाजी शुरू कर दी। यह लोग राजनीति से सौ कोस दूर रहे। यह लोग देश की समस्याओं और समाधानों से योजनों दूर रहे। यह लोग जन-जीवन से विमुख रहे। न यह जनता के लिए थे और न जनता इनके लिए थी। कविता को इन्होंने अपनी निजता की इकाई बना दी। क्षण में जैसा भी, जो कुछ भी इन्हें महसूस हुआ, उसे ही इन्होंने नवीनता का जामा पहनाते हुए प्रस्तुत किया। यह प्रयोगवादी रचनाएँ उन दिनों खूब छपीं। इनकी पत्रिकाएँ निकलीं। इनके मंच बने। इनकी पुस्तकें छपीं। और कविता समाज और देश की मानसिकता की कविता न रह गयी, बल्कि खंडित विखंडित व्यक्तियों के अहम् की अभिव्यक्ति रह गयी। यह क्रम चला और चलता रहा। कुछ ही दिनों में इसमें अन्तर्विरोध प्रकट हो गये और इसके खिलाफ आवाजें इधर-उधर से उठने लगीं। असन्तुष्टि पैदा हो गयी। जिनके सिर सेहरा बँधना था, बँध चुका और वे ही प्रयोगवाद के प्रवर्तक और पुरोधा बन गये और मान-सम्मान से महिमा-मंडित हुए।

विश्वविद्यालयी बौद्धिकों में इस प्रयोगवाद की प्रतिक्रिया हुई और एक नया वाद चलाया गया। यही वाद 'नयी कविता' के नाम से चालू हुआ और अब नये कवि अपने-अपने भाव-बोध और विचार-बोध व्यक्त करने लगे। उनका लक्ष्य कविता में प्रयोग करना नहीं रह गया। उन्होंने कविता को प्रयोग से निकालकर

अपनी-अपनी इकाइयों के तनावों और कुंठाओं से, वर्जनाओं से और सामाजिक विसंगतियों से, खोज-खीजकर उसको समाजमुखी बनाने का प्रयास किया। वैसे नयी कविता में जो समाजमुखता थी, वह वास्तव में व्यक्तिवादी मुखता थी। वह कतई समाजवादी मुखता नहीं थी। भ्रम में पड़े अनेकानेक बौद्धिक इस नयी कविता को ग्राहय समझते रहे और उसी की ओर खिंचते चले गये और विश्वविद्यालयों के अधिकांश अध्यापक और प्राध्यापक और बुर्जुआ सभ्यता और संस्कृति के समर्थक और सम्पोषक इसकी दावेदारी करने लगे। नयी कविता का क्रम भी चला और चलता रहा और अब तो पाठ्य-पुस्तकों में भी इसे महत्त्वपूर्ण स्थान मिला। यह सब हुआ, लेकिन कविता आदमी की कविता—यानी सामाजिक आदमी की कविता—यानी अपने देश की राजनीति से जुड़ी मानसिकता की कविता नहीं हुई, बल्कि वह निजी वैयक्तिकता की कविता हुई, यानी मात्र अहं की चेरी हुई या रूपवादी हुई, क्षणवादी हुई, कुंठावादी हुई या विसंगतिवादी हुई।

यह सब होता रहा और देश की राजनीति अपने ढंग से इधर से उधर चलती-चलती रही और यथास्थिति की व्यवस्था लगातार, अब तक आम आदमी के सिर पर भूत की तरह सवार रही और वह, एक भ्रम तक, भटकता-भूलता, जैसे-तैसे, दुःख-दर्द लिये-लिये जीता रहा और भीतर-ही-भीतर सरकार और नेताओं के खिलाफ अपनी मानसिकता बनाता रहा। ग्यारह वर्ष तक इन्दिरा सरकार को पीठ पर लादे, पैर लटपटाते चलता रहा। वह दिन भी आया, जब यह सरकार गिराई गयी और देशभर में चुनाव हुए। जनता पार्टी सत्तारूढ़ हुई। जनता के राजनेता आये तो उसी दल से जिस दल में यथास्थिति के प्रति माया और मोह व्याप्त था। इसलिए यह राजनेता केवल इसी पचड़े पर रहे कि इन्दिरा और उसके समर्थकों को नीचा दिखाया और सताया जाय और पंडित नेहरू के बनाए लोकतान्त्रिक सिद्धान्तों को नकारा जाए और उसके स्थान पर ऐसी नीतियों को देश पर थोपा जाए जो युगीन तकनीकी उपलब्धियों के अनुकूल न हों, वरन् देश को देश की सीमाओं के अन्दर ही गाँव-नगर में, कैदकर दिया जाए और अन्तर्राष्ट्रीय राजनीति को भी राष्ट्रीय स्तर पर ले आकर समाजवाद से शून्य कर दिया जाय, ताकि जनता की मानसिकता केवल आदर्शोन्मुखी होकर, भौतिक सुख-सुविधाओं की प्राप्ति के लिए संघर्षोन्मुखी न हो सके। अब जनता पार्टी भी टूटकर बिखर गयी और उसके हाथ से शासन की बागडोर निकलकर पुनः इन्दिरा के पास पहुँच गयी।

यही है वह समय जब इन सब तथ्यों को लेकर सही परिप्रेक्ष्य में विचार करना है कि प्रगतिशील कविता की शुरू से लेकर आज तक की यात्रा कैसी रही और उसकी अगली दिशा क्या होगी? विवेक तो यही कहता है कि जिस सिद्धान्त को लेकर प्रगतिशील कविता का आन्दोलन खड़ा किया गया था वही सिद्धान्त सही था और उसकी तब की दिशा ही सही दिशा थी। इसलिए भविष्य में प्रगतिशील

कविता को उसी दिशा की ओर प्रयाण करना है और इसके सिवा और कोई दूसरा रास्ता नजर नहीं आता। इस सब राजनीति होने-हवाने के बीच में प्रगतिशील कविता, यह तो नहीं कहा जा सकता की चुप रही हो या छिप गयी हो। वह अपने सही पथ पर चलती रही और जन-जीवन से उसके क्रिया-कलापों को उकेरती रही। और धीरे-धीरे पकते-पकाते नये मानव-मूल्यों से अभिषिक्त होती रही और कवि को जन-जीवन का चितेरा बनाए रही। इसकी यह क्षमता वर्तमान सन्दर्भ में और भी सराहने योग्य है और इसी क्षमता को व्यापक-से-व्यापकतर बनाने की आवश्यकता है। अभी अपनी जनता की मानसिकता सही दिशा में नहीं जा रही है। प्रगतिशील कविता को ही सही मानसिकता प्रदान करनी होगी। सही मानसिकता बनाने के लिए ही कई वर्षों से विभिन्न नगरों और कस्बों से साहित्य की लघु पत्रिकाएँ प्रकाशित हो रही हैं और इस काम को नौजवान साहित्यिक कर रहे हैं। यह युवा पीढ़ी खुलकर नियतकालीन और अनियतकालीन पत्रिकाएँ निकालती रहती हैं और यह सभी साहित्यिक अवैतनिक सम्पादन कार्य सम्पन्न कर रहे हैं। उनका यह प्रयास पूरी तरह से सराहनीय है कि वे अपने-अपने क्षेत्र की जनता को नयी मानसिकता देने में जुटे हुए हैं। यह उत्साही उस ओर भी कलम चलाने से नहीं चूकते, जहाँ के तथाकथित पूँजीवादी प्रेस के चाकर लेखक इस मानसिकता के विपरीत आक्रमण करते रहते हैं और राजनीति के प्रभाव से अलग-थलग किये रहते हैं। वे, यही नहीं, यह झूठा प्रचार भी जमकर इस बात का करते रहते हैं कि कवि का व्यक्तित्व ही सब कुछ है और इसके व्यक्तित्व को अन्यान्य प्रभावों से अक्षुण्ण रखने में ही उसकी सार्थकता और सिद्धि है। यह लघु पत्रिकाएँ, हालाँकि एक संगठित देश-व्यापी प्रगतिशील आन्दोलन से सम्बद्ध नहीं हैं, फिर भी उनकी दिशा उसी ओर है। यह प्रयास इस बात का प्रमाण है कि सन् 1936 से चल रहा प्रगतिशील साहित्यिक आन्दोलन कमजोर भले ही हो गया हो, तबसे आज तक बराबर सक्रिय रहा है।

अलावा इसके, बाँदा, आगरा, भरतपुर, गया, साहिबावाद, सतना और कई कस्बों और नगरों में, अखिल भारतीय स्तर पर, और प्रान्तीय स्तर पर भी, प्रगतिशील साहित्यिक सम्मेलनों का आयोजन होता रहा है और अनेकानेक छोट-बड़े प्रगतिशील लेखक व युवापीढ़ी के नौजवान इसमें सम्मिलित होते रहे हैं और वे प्रगतिशील लेखन की समस्याओं पर विचार-विमर्श करते रहे हैं। ऐसे प्रयासों को सही दिशा और दृष्टि देने के लिए ही लेखकों के प्रगतिशील महासंघ की स्थापना भी हुई और अब देश के विभिन्न भागों के प्रगतिशील लेखकों का पारस्परिक सम्पर्क होने लगा है और सबके सहयोग से इस विचार को बल और वेग मिला है कि प्रगतिशील साहित्यिक सृजन न तो किन्हीं विशिष्ट व्यक्तियों की मानसिकता का सृजन है, न प्रयोगधर्मा है, और न वैयक्तिक आत्मभिव्यक्ति है,

बल्कि वह एक ऐसा सृजन है जो संघर्षशील मानव-समुदाय के जीवन की समग्रता को सर्वोपरि समझता है और इसीलिए, कोरे मानववाद के आदर्श को छोड़कर ऐसे मानववाद की अवतारणा के लिए प्रतिबद्ध है, जो जीवन के द्वन्द्व में ही आदमी को लगाये रहता है और आदमियों की मुक्ति उनके बीच में ही खोजता है। इसीलिए प्रगतिशील लेखक और कवि—आदमियों को आदमी बनाने का, आदमी की तरह सोचने-विचारने का, आदमी के क्रिया-कलापों में लगाये रहने का एक क्रान्तिकारी मानववाद है। तभी तो प्रगतिशील कवि आदमी के, समाज के, आदमियों के कार्य-कलाप के, उनके द्वन्द्व और संघर्ष के सहयोगी और समर्थक कवि हैं।

प्रश्न अब यह है कि प्रगतिशील साहित्यिक सृजन आगे किस ओर चले?

इन्दिरा गांधी की हार, जनता पार्टी का शासन में आना और 29-30 महीनों में ही जनता पार्टी की हार, जिस प्रकार के जन-मानस को व्यक्त करती है, उसी को अच्छी तरह से समझना होगा और फिर उसको पहचान कर उसी के भीतर प्रवेश करना होगा और जनता के लिए ही प्रगतिशील साहित्यिक सृजन करना होगा। यह सच है कि जनता अभी राजनीतिक दाँवपेंच के मर्म को नहीं समझती और न ही वह यह जानती है कि कौन सी शासन-व्यवस्था से उसका वास्तविक उद्धार हो सकता है। वह तो छोटे-मोटे लाभों और हितों के लिए ललकती रहती है और इसलिए छोटे-मोटे शासकीय सुधारों से सन्तोष कर लेती है और मूलभूत समता के अधिकारों की लम्बी लड़ाई नहीं लड़ पाती और न ही उस ओर अपना ध्यान करती है। इसीलिए वह रह-रहकर काँग्रेसी छाप के नेताओं की पिछलग्गू बनी रह जाती है और समाजवादी अथवा वामपक्षी पार्टियों से कतराती रहती है, क्योंकि दूसरी पार्टी वाले लोग उसे कोई लाभ नहीं पहुँचा पाते, वरन् उसे यथास्थिति वाले व्यवस्था के विरोध के मोर्चे पर लाकर खड़ाकर देते हैं और वह बजाय अपना हित-साधन करने के, शासकीय दंड और दमन सहती रहती है और अपना दैनिक जीवन कंटकमय कर लेती है।

प्रगतिशील लेखक संघ और उसके सदस्य ऐसी जनता की वर्तमान मानसिकता को कैसे बदलें और ऐसा क्या करें जो अपने मूलभूत समता के अधिकारों की प्राप्ति के लिए मतदान देकर दक्षिणपंथी नेताओं को पराजित करें और समाजवादी या वामपक्षी विचारधारा वाले प्रत्याशियों को मतदान दे कर विजयी करें और तब इस योग्य हों कि वास्तव में उसके हित में जनवादी, शोषणहीन, न्यायप्रिय शासन स्थापित हो सके।

देखना यह है कि अपने देश की वर्तमान मानसिकता को किस तरह प्रगतिशील बनाया जा सकता है। परम्परा का एक रास्ता है और नवीनता का दूसरा रास्ता है। दोनों रास्तों से चलकर जन-मानस को उद्वेलित किया जा सकता है और पहले भी ऐसा किया जाता रहा है, किन्तु अब इस ओर अधिक सक्रिय

होकर काम करने की जरूरत है।

क्या प्रगतिशील कवि परम्परा को एकदम तिलांजलि दे दें, जैसाकि नौजवान पीढ़ी के कवि चाहते रहे हैं और उसके लिए मंचों से भी पूरी परम्परा को नकारते रहे हैं? यह नकारात्मक समझ किसी भी प्रकार से साहित्य के विकास-क्रम के लिए विवेकशील नहीं कही जा सकती। पूरी-की-पूरी साहित्यिक परम्परा कभी भी जड़ नहीं रही है और न ही उस परम्परा में अभिव्यंजित मानव-समाज अमूर्त मानव-समाज हुआ है। परम्परा में ऐसे महाकाव्यों की भी सृष्टि हो चुकी है जो जन-जीवन के समक्ष अनेकानेक प्रकार की रूढ़ियों से उपजे गलत रुझानों को परास्त करते रहे हैं। परम्परा ने आदमी को जीने का नैतिक बल भी प्रदान किया है। उसने लोक-कल्याण के लिए भी आदमियों को रास्ता दिखाया है। उसने आदर्श चरित्रों के माध्यम से आसुरी प्रवृत्तियों के समुदाय से लोहा लेना भी सिखाया है। उसने प्रकृति के प्रति और अपने परिवेश के प्रति आदमी में प्रेम पैदा किया है। ऐसी और भी कई मानवीय क्षमताओं को उसने उभारा है और शताब्दियों से विकसित हो रहे मानव-मूल्यों की ओर उसे अग्रसर किया है। परम्परा की यह विशिष्टताएँ अब भी अपना स्थान रखती हैं। इन्हीं से आदमी निखरा और पौरुषेय हुआ है। परम्परा में लिखी गयी कविताओं में यही तत्व मिलते हैं। अब देखना यह है कि आज के युगीन सन्दर्भ में क्या यह तत्व आज के मानव-बोध को ऐतिहासिक परिप्रेक्ष्य में विकसित कर सकते हैं और उसे भयावह यथास्थिति की व्यवस्था से उबार सकते हैं। निश्चय ही ऐसे तत्वों को प्रगतिशील काव्य-सृजन में प्रविष्ट करना होगा, अन्यथा परम्परा के इन तत्वों को नकार कर काव्य के सृजन में अराजकता की स्थिति उत्पन्न हो जाएगी और यह अराजक स्थिति न आदमी को आदमी बना सकती है और न उसके काव्य को मूल्यवान कर सकती है। जनवादी उभार के दौर में उपजी क्रान्तिकारिता केवल निहंग क्रान्तिकारिता ही हो सकती है, जिसका लक्ष्य एकमात्र यही होता है कि वह अब मनमाने ढंग से, बिना किसी साहित्यिक मानदंड के, नंग-नाच करती रहे। काव्य-सृजन में ऐसे नंग-नाच का कोई रचनात्मक मानव-मूल्य नहीं होता। काव्य-सृजन तो कभी भी एकदम नये सिरे से नहीं किया जा सकता। उसे तो पहले से प्राप्त सधे-सधाए विवेक के चरण से आगे ले जाना होता है। काव्य में नये मानवीय और जनवादी कथ्य को समाविष्ट करने के लिए प्रगतिशील कवि को वैसा ही श्रमसाध्य द्वन्द्व अपने से और अपनी लेखनी से करना होगा, जैसा पूर्ववर्ती बड़े कवि कर चुके हैं। शब्दों को, उनके पहले के नये अर्थ-बोधों से अलग नहीं किया जा सकता, इसलिए उन्हीं अर्थ-बोधों को बने कथ्य के उजागर करने के लिए प्रयुक्त करना होगा। 'क्लासिक युगीन' कवियों की प्रतिभा, आदमी के मनोभावों की ओर होती चली गयी और

परिणाम यह हुआ कि वह अपनी चरम परिणति तक पहुँचते -पहुँचते अमूर्तन के चित्रण में विसर्जित हो गयी। मध्ययुगीन कवियों की प्रतिभा भी पूर्ववर्ती उपलब्धियों से प्रभावित हुई और वह भी या तो भगवत् लोक में पहुँच गयी या राज-दरबारों की विलासिता में लिप्त हो गयी। हिन्दी के नव-जागरण काल में नयी मानसिकता, मानवीय दायित्वों को लेकर आगे आयी, लेकिन वह भी पूरी तरह से प्राचीन प्रभावों से और पौराणिक परम्पराओं से द्वन्द्व करती हुई आम आदमी की मानसिकता बनने का प्रयास करती रही। इसी दौर में लोक-साहित्य के तत्व भी अपनाए गये और काव्य को उसके महिमामंडित सिंहासन से उतार कर जनमुखाभिपेक्षी बनाया गया। यह क्रम हिन्दी के काव्य को विकसित करता हुआ आगे भी चलता रहा और वह दिन भी आया, जब राष्ट्रीय जागरण की कामना व्यक्त हुई और स्वाधीनता पाने के लिए कार्यक्रम चल पड़े। ऐसे दौर में हुआ काव्य-सृजन राष्ट्रीय चेतना का प्रतिनिधित्व करता है और देश के गत-वैभव की ओर भी जनता को ले जाना चाहता है। यही नहीं, उसे भारतीय संस्कृति के मोह-पाश में जकड़ भी लेता है। ऐसा होना स्वाभिक भी था, किन्तु गत-वैभव का मोह-पाश वास्तव में राष्ट्रीय चेतना को दिग्भ्रमित ही कर सका। राष्ट्रीयता अतीतजीवी नहीं है, वह अतीत की देन उन जड़ताओं और रूढ़ियों को तोड़ने का दायित्व वहन करती है, जो देश के आदमियों को मिल कर व्यवस्था बदलने नहीं देतीं।

उपर्युक्त विवेचन से यह अच्छी तरह से उभरकर सामने आ जाता है कि प्रगतिशील काव्य-सृजन, दायित्वबोधी हो और वह समाजवादी यथार्थवाद के हित में हो, ताकि वह आदमी को नयी मानसिकता दे सके, जिसे पाकर आदमी अपने चारों ओर प्राणपीड़क परिवेश और उसमें फल-फूल रही शोषक व्यवस्था को जनहित में बदल सके और धर्म और जातिगत विषमताएँ समूल नष्ट हों और जीवन के हर क्षेत्र में नवाचार की अवतारणा हो।

विषय परम्परा और नवीनता के शीर्षक से प्रस्तुत किया गया है। वास्तव में जहाँ नवीनता है, वहाँ नवाचार होना चाहिए। नवीनता वह अर्थ ध्वनित नहीं करती जो नवाचार करता है। प्रगतिशील काव्य-सृजन नवीनता से कभी भी, किसी दशक में संस्कृत नहीं हुआ, क्योंकि नवीनता स्वयं में हवाई शब्द है और किसी भी प्रकार की नूतनता के लिए प्रयुक्त हो सकता है। इसके विपरीत नवाचार एक ऐसे अर्थ-बोध को पा चुका है, जो आदमी के आचार से, पहले से जुड़ा हुआ है और उसको चरित्रगामी दिशा की ओर निर्देशित करता है। नवीनता तो कवि को इस बात की पूरी छूट देती है कि वह मौलिकता के नाम पर चाहे अहंभोगी हो जाय, चाहे शून्यभोगी हो जाए, चाहे ब्रह्मानन्दी हो जाए और चाहे शुद्ध कलावादी हो

जाए। नवाचार में ऐसे भोगी हो जाने की कोई गुंजाइश नहीं है। नवीनता, अराजकता को भी प्रश्रय देने वाली हो सकती है, लेकिन नवाचार ऐसी किसी अराजकता को प्रश्रय देने वाला नहीं हो सकता।

इसके अतिरिक्त नवाचार के द्वारा ही क्षेत्रीय संकीर्णताओं से, प्रान्तीय अतिवादों से और कुत्सित समाजशास्त्रीयता से आदमी मुक्त होता है। राष्ट्रीय धरातल पर भी यही नवाचार आदमी को खोखले लोकतन्त्र से बाहर निकालता है और समता और न्याय को निष्पत्ति के लिए अवसर देता है और अन्तर्राष्ट्रीय मानसिकता की समुचित सम्भावनाएँ उपस्थित करता है। अतएव प्रगतिशील कविता का क्षेत्र अब बहुत विशाल और व्यापक हो गया है और उसे, उसी में रहकर उपर्युक्त–सभी तत्वों की प्राप्ति के लिए सतत संघर्ष करना है।

प्रगतिशील साहित्यकारों से

मान्य साहित्यकार बन्धुओ!

पिछले 27 वर्षों से देश का शासन काँग्रेस के हाथ में है। काँग्रेस में अधिकतर वही लोग हैं, जो देश के सामाजिक, आर्थिक, सांस्कृतिक और राजनैतिक ढाँचे को थोड़े हेर-फेर के साथ, यानी बिना आमूल परिवर्तन किये, बरकारार रखना चाहते हैं, जिसमें आदमी-आदमी की दूरी ज्यों-की-त्यों बनी रहे, जो जहाँ है वहाँ रहे, छोटे लोग अपनी छुटाई में निर्वाह करें, बड़े और सम्पन्न लोग अपनी बड़ाई और सम्पन्नता बढ़ाते रहें। यह राजकीय व्यवस्था पूँजीवादी लोकतन्त्र की काँग्रेसी व्यवस्था है। वही पुरानी पुलिस है, वही शिक्षा-प्रणाली है, पूरा-का-पूरा शासनतन्त्र वही है, दुनिया बदली है, समस्याएँ नयी-नयी उभरी हैं, उनके समाधान का तरीका वही पुराना तरीका है।

आज के युग में इसीलिए विसंगतियाँ पैदा हो गयी हैं, समस्याओं की भीड़ लग गयी है, वर्ग-भेद बढ़ गया है, उच्छृंखलता उभर आयी है, नैतिक पतन सीमा पार कर गया है। ठोस वस्तु-स्थितियों को ऐतिहासिक और वैज्ञानिक दृष्टि से देखा और समझा नहीं जाता। केवल अनैतिहासिक आदर्शवादी—भाववादी—दार्शनिक सरलीकरण के बल-बूते पर सबकुछ ठीक-ठाक करने का उपक्रम किया जाता है, इसके लिए नये-नये टूट-टूट जानेवाले समझौते किये जाते हैं। यही सबकुछ करते-करते शासन के सत्ताइस वर्ष बीत गये हैं। सन् सैंतालिस से सन् चौहत्तर तक जो कुछ हुआ, उससे देश का उद्धार न हुआ। ऐसी परिस्थितियों में काँग्रेस का भी विघटन हुआ। एक सत्ताधारी काँग्रेस बनी, एक संगठन काँग्रेस बना। पहली शासन पर आरूढ़ हुई, दूसरी निष्कासित व्यक्तियों की विपक्षी काँग्रेस हुई। दोनों अलग-अलग सोचने-विचारने लगीं, लेकिन दोनों ही आज की परिस्थितियों का सही आकलन न कर सकीं। आर्थिक स्थिति बिगड़ती चली गयी। विदेशों से कर्ज लिया जाने लगा। वस्तुओं के दाम पहुँच से बाहर आसमान में चढ़ गये। आदेश और अध्यादेश जारी होने लगे। आन्दोलन-पर-आन्दोलन उठ खड़े हुए, दबाने के

लिए दंड और दमन का सहारा लिया जाने लगा। संसद के भीतर और बाहर असंसदीय आचरणों की भरमार हो चली। केन्द्र और प्रान्त की सरकारें लोकतन्त्र के नाम पर एक-दूसरे से टकराने लगी। उनमें सीमा-विवाद के झगड़े हो चले, वे भी साधारण नागरिक की तरह कानून का सहारा लेने लगीं। आकर्षक खोखले नारे दिये जाने लगे, दिखाऊ वादे किये जाने लगे, दम-दिलासा दे-देकर समस्याओं को टाला जाने लगा। देश की जनता आश्वासन-ही-आश्वासन खाती रही। पंक्तिबद्ध होकर लोग वस्तुओं के लिए दिनोदिन अपना समय और अपनी शक्ति देकर भी तरसते रहे। मर्ज बढ़ता ही गया, ला-इलाज रहा। विद्यार्थी असन्तुष्ट हुए। दफ्तरों में ऊपरी आमदनी की लेवा-देयी चालू हो गयी। दलों की अदला-बदली हुई, समय-समय पर मन्त्री बदले, गर्वनर बदले, प्रान्त सरकारें भी बदलीं, लाठी-चार्ज हुए, मारकाट की महारत हासिल की गयी। स्वतन्त्रता-संग्राम के सेनानियों को ताम्रपत्र दिये गये, पेंशनों का ऐलान किया गया। पुराने काँग्रेसियों को वफादरी के लिए गले लगाया गया कि वे पुराने डुगडुगी बजाते रहें। स्थिति खराब से ज्यादा खराब होती चली गयी, कमाओ चाहे जितना तिस पर भी खर्च पूरा न पड़े। जीने के लिए उचित माँगों की लड़ाइयाँ लड़ी जाने लगीं। कल-कारखाने बने और चालू हुए, विकास हुआ और प्रकाश भी फैला लेकिन उत्पादन और वितरण की प्रणाली दुरुस्त न हुई। प्रकाश भी मन के भीतर का अन्धकार विनष्ट न कर सका। जो गरीब थे वे और गरीब हो गये, जो अमीर थे वे और अमीर हो गये। मध्यवर्ग के लोग तरह-तरह से हर तरफ से चूर-चूर हो गये, अपने से अजनबी और पराए हो गये। रुपए की साख और उसकी कीमत बाजार में घट गयी, मुद्रास्फीति बेकाबू हो गयी। जमाखोर और मुनाफ़ाखोरों की बन आयी। सरकार के लम्बे हाथ छोटों को पकड़ने लगे, बड़ों तक वे नहीं पहुँच सके। इधर अब कुछ नामी स्मगलर्स पकड़ कर जेल में भेजे गये हैं, लेकिन बड़े व्यापारी और कल-कारखाने वाले अब भी मुक्त हैं, उनका वही पुराना काम चालू है। उच्चतम अदालत में भी सरकार और कुछ बड़े लोगों ने लड़ाइयाँ लड़ीं, जीत-हार हुई, पर जनता का उद्धार न हुआ, बैंकों का राष्ट्रीयकरण असरदार न साबित हुआ। इसके अलावा, अन्तर्राष्ट्रीय स्तर पर कुछ अच्छे काम हुए। बाँगला देश की लड़ाई लड़ी गयी, भारत ने उसका साथ दिया, वह मुक्त हुआ और दोनों देशों के बीच मित्रता और सहयोग सम्बन्ध स्थापित हुआ। पाकिस्तान और भारत के बीच शिमला समझौता हुआ। समाजवादी देश रूस ने लगातार भारत को सहयोग दिया और दोनों के बीच आर्थिक, सांस्कृतिक और राजनैतिक समझौते हुए। रूस की अनुकम्पा से ही अमरीकी सातवें बेड़े को पलायन करना पड़ा। भारत ने आणविक विस्फोट किया—सामरिक उपयोग के लिए नहीं, बल्कि शान्तिपूर्ण निर्माण के हित में। इस सबके बावजूद जनता जीवन्त न हो सकी। वह अकाल-पीड़ित हुई, बाढ़ से बे-घरबार हुई, लगातार

वर्षों-वर्षों से शोषण से सन्त्रस्त-की-सन्त्रस्त है। औरतें अब भी अवहेलित और अपमानित हैं, हरिजन आये दिन प्रताड़ित होते हैं। जमीन के हकदार को जमीन नहीं मिलती, रोजगार का भूखा दर-दर भटकता-फिरता है, दवा-दारू और चिकित्सा पहले तो ठीक-ठीक मिल ही नहीं पाती और यदि मिली भी तो अच्छी नहीं मिल पाती। बूढ़े पेन्शन नहीं पाते। मुफ्त न्याय और शिक्षा का स्वप्न साकार नहीं हो सका। कथनी और करनी का विरोध बेहद बढ़ गया है। जो योजनाएँ पहले होनी चाहिए थीं वे पीछे छोड़ दी गयी हैं। योजनाओं को बनाते समय जन-जीवन की समग्रता और सुविधा को ध्यान में नहीं रखा गया। तिकड़म और तरकीब से जनता का वोट घसीटा जाने लगा। सरकार और जनता के बीच की दूरी निरन्तर बढ़ती गयी। नेता अभिनेता बन गये और जनता दर्शक-दीर्घा में बैठी दुःखद-त्रासदी देखती रही। लोग टूटते-टूटते हर तरह से टूटते चले गये। लोग-बाग कामुक सिनेमा देखकर अपना मनोरंजन करने लगे, अश्लील किताबें हाथों-हाथ लुक-छिपकर बिकने-बिकाने लगीं। सभी लोग वैषम्य का जीवन, ताप-परिताप का जीवन, दम्भ-द्वेष का जीवन, दैन्य-दुःख का जीवन, पतन का जीवन, रूढ़ियों और अन्धविश्वासों का जीवन, दुराचार और व्यभिचार का जीवन, अन्याय का जीवन जीने के लिए मजबूर हो गये।

देश के ऐसे दारुण परिवेश को हम साहित्यकार भी भोगते हैं। हमारी आर्थिक स्थिति भी आम जनता की आर्थिक स्थिति की तरह निरीहता की होती है। हम साहित्यकार चूँकि अधिक सम्वेदनशील चेतना के प्राणी होते हैं, इसलिए हम आम जनता का सन्त्रास और अपना सन्त्रास सबसे अधिक महसूस करते हैं। नतीजा यह होता है कि हमें हर एक दुःख-भार निरन्तर दाबे रहता है और हम उबरने का प्रयास करके भी, उबर नहीं पाते। अपने इस संकट से बचने के लिए हममें से कुछ साहित्यकार अन्य संस्थानों और प्रतिष्ठानों से रोटी और रोजी कमाने के लिए जुट जाते हैं और निश्चय ही इनकी चेतना प्रतिष्ठानी व संस्थानी चेतना हो जाती है। ये लोग जनता के दिल और दिमाग की तड़प में असमर्थ हो जाते हैं। यदि यह कहा जाय कि ये लोग जनजीवन के सीधे साक्षात्कार से वंचित हो जाते हैं तो गलत न होगा, तभी तो इनकी लेखनी यथार्थ की अभिव्यक्ति की लेखनी नहीं बन पाती। न इनके विचारों में गर्मी रहती है, न भावों में जीवन्तता। इनका कृतित्व औपचारिक कृतित्व मात्र हो जाता है, न उस कृतित्व में सघनता रहती है, न मर्माकुल सहृदयता। असमर्थ शासन के ये असमर्थ शब्द-शिकारी न यथांर्थ-सत्य को देख पाते हैं, न उसकी चाल और चमक, न अपने साहित्य को गति और प्रकाश दे पाते हैं। इनसे यह आशा नहीं की जा सकती कि ये जन-साहित्य देंगे। यही नहीं ये तो साहित्य में उनसब साहित्यकारों के विरुद्ध भी खड़े हो जाते हैं जो सचमुच जनता से जुड़े हुए साहित्य की रचना करते हैं। नये लोग ही नहीं, कई

पुराने साहित्यकार भी जनता का साथ छोड़कर सरकार और संस्थान से गहरे सम्बद्ध हो गये हैं। यह बड़ी दुःखद बात है, लेकिन है तो सही। इनका साहित्य सरकारी और संस्थानी सहानुभूति पाने वाली पत्र-पत्रिकाओं में सहज ही प्रकाशित हो जाया करता है, इस वजह से इनके साहित्य के माध्यम से जो चेतना देशवासियों की बनती है, वह चेतना सचमुच में जनवादी अथवा समाजवादी अथवा सच्ची मानवतावादी नहीं होतीं। परिणाम यह होता है कि साहित्यकारों की मंडली विभाजित हो जाती है और विभाजन के फलस्वरूप कुछ साहित्यकार दूसरे साहित्यकारों के आमने-सामने खड़े होकर एक-दूसरे को विरोधी समझने लगते हैं। साहित्यकारों में सहयोग के बजाय असहयोग की भावना उत्पन्न हो जाती है। उधर जनवादी स्वतन्त्र साहित्य-सृजन करने वाले साहित्यकार भी कई-कई खेमों में बँट जाते हैं, उनके भी अपने-अपने छोटे-छोटे गुट बन जाते हैं, यदि वे भी किसी राजनीतिक या किसी अन्य दल से सम्बद्ध हुए तो उस दल की प्रवृत्तियों को प्रतिबिम्बित करने लगते हैं और ऐसे साहित्यकारों के अस्तित्व में आ जाने से साहित्य का सृजन भी दलीय दुर्बलताओं से संकीर्ण और संकुचित हो जाता है और गलत समाधानों को व्यक्त करने लगता है। ये सजग चेतना के साहित्यकार तो होते ही हैं, इन साहित्यकारों की भी अपनी साहित्यिक पत्रिकाएँ निकलती हैं। इन्हीं पत्रिकाओं के माध्यम से ये अपना एक पाठक तैयार कर लेते हैं। इनके अलावा तमाम ऐसे भी साहित्यकार हैं, जो इन सबसे अलग, अपना परम्परावादी साहित्य-सृजन करते रहते हैं। इनमें से कुछ शुद्ध साहित्य के पक्षधर हैं, कुछ यथास्थिति को व्यक्त करने वाले साहित्यकार हैं। इन सब बातों से यही निष्कर्ष निकलता है कि साहित्यकारों में एकता स्थापित नहीं हुई, उनका कोई एक मंच नहीं है, न ही उनकी कोई एक समझ है, न ही उनकी कोई एक दिशा है, और न ही उनकी शक्ति है।

सन् छत्तीस में जब प्रगतिशील लेखक संघ का जन्म हुआ था और जब प्रेमचंद जी ने अपना भाषण दिया था, तब देश का परिवेश इतना विकृत नहीं हुआ था, जितना विकृत वह आज है। तब के परिवेश में भी साहित्यकारों में रुचि-वैचित्र्य था और उनके अपने-अपने सृजन की अपनी-अपनी शैलियाँ थीं, फिर भी तब के साहित्यकार कहीं-न-कहीं, किसी-न-किसी तरह से आपस में एक-दूसरे से अलग होकर भी, जुड़ जाया करते थे, अपना-अपना मत रखते हुए भी व्यक्तिगत रूप से, एक-दूसरे के दुश्मन नहीं बन जाते थे। छायावादी कवियों में कितनी नयी विभिन्नता थी, एक-दूसरे के साहित्यिक दृष्टिकोण और मान्यताओं में, फिर भी वे एक-दूसरे के हृदय के निकट ही रहे। प्रगतिवादी साहित्यकार भी एक-दूसरे से संवाद की स्थिति में रहते हुए भी आक्रोश से उबलते हुए भी किसी-किसी समय मर्यादा की सीमा का अतिक्रमण करते हुए भी अन्ततोगत्वा एक ही लक्ष्य और उद्देश्य से अपना-अपना सृजन करते हुए जनता की चेतना को भ्रम और भुलावे

से उबारकर यथार्थ-सत्य का दर्पण दिखाते रहे। प्रयोगवादियों ने भी, मतैक्य न होते हुए भी 'तारसप्तक' निकालकर ऊपरी एकता दिखाई थी। नयी कवितावालों ने अपना साहित्यिक गुट सबसे अलग बनाया और एक दिन ऐसा भी आया कि इन्होंने साहित्य के क्षेत्र में वही रणनीति और कार्यनीति अपनाई जो राजनीति में अपनाई जाती है, इन लोगों ने अपने पूर्ववर्ती साहित्यकारों के विरुद्ध नकारात्मक दृष्टिकोण व्यक्त किया। जो पहले की छोटी-मोटी दलबन्दियाँ थीं, वे इनकी दलबन्दी के आगे फीकी पड़ गयीं, जो पहले की आपसी कहा-सुनी थी, वह इनकी कहा-सुनी आगे महत्त्वहीन हो गयी। नयी कवितावालों ने भी अपनी पत्रिकाएँ और पुस्तकें निकालीं और उसके कर्ता-धर्ता और अगुवा हिन्दी के प्राध्यापक और विश्वविद्यालय के स्नातक हुए। इन विभिन्न वादों के समर्थक इनके आलोचक और समालोचक भी हुए। उन्होंने भी वही कुछ किया, जो उनके तथाकथित वाद से सम्बन्धित था और अब सन् चौहत्तर तक आते-आते देश की दुर्व्यवस्था की वजह से साहित्यकारों का यह बिखराव पूरी तरह से उभरकर सामने आ गया। ऐसा लगता है कि जैसे साहित्यकार अब यह सोचता ही नहीं कि उसे साहित्य की अबाध निरन्तरता में विश्वास है और उसको उसी में विश्वास होना चाहिए। अब आज साहित्यकार अजनबी भी बन गया है, जनता में उसकी कृतियों की खपत नहीं है। जनता कामुक साहित्य के चक्कर में पड़कर दिग्भ्रमित हो रही है। राजनीति प्रमुख है, और साहित्य केवल पुस्तकालयों या विश्वविद्यालयों अथवा पाठ्य पुस्तकों में कैद हो गया है।

देखना यह है कि साहित्यकार, आज का साहित्यकार, आज के जन-जीवन में कैसे स्थापित हो। यह अत्यन्त महत्त्वपूर्ण प्रश्न है। स्थापित तो वह तभी हो सकता है, जब जनता उसके कृतित्व को अपनाने लगे। जनता भी उसके कृतित्व को अपनाएगी जब वह जनता की समझ में आने वाला होगा। जनता की समझ में वह तभी आ सकता है जब वह जनता के जीवन की अभिव्यंजना करे। जनता का आज का जीवन उसके पहले के जीवन से नितान्त भिन्न है। इसलिए साहित्यकार के कृतित्व की अब वह अभिव्यंजना-प्रणाली आज कारगर नहीं हो सकती, भले ही कोई उसी प्रणाली में लिखता रहे। सन् '36 से अब तक बराबर हम साहित्यकार कृतित्व के आयाम बदलते रहे हैं और जो कुछ उससे अभिव्यंजित करते रहे हैं, वह सब सामने आ चुका है। हम देख चुके हैं कि जनता ने उस सब अभिव्यंजित कृतित्व का कुछ ही अंश अपनाया है और उसका बहुत अंश अस्वीकृत रहा है। इसके कहने से मेरा यह मतलब नहीं है कि उस अस्वीकृत बहुलांश में से भी, साहित्यिक दृष्टि से, कोई थोड़ी-बहुत उपलब्धि नहीं हुई, लेकिन वह साहित्यिक उपलब्धि जो हुई वह मूलतः आधुनिकीकरण की ओर हुई, जिससे बौद्धिक चेतना का ही प्रतिबिम्बन मुख्यतः हुआ है। इस प्रतिबिम्बन की वजह से बाहरी यानी

विदेशी बौद्धिक चेतना के हाल के उद्घाटित तत्व अपने यहाँ की बौद्धिक चेतना के तत्व बनाए गये और इस सब का परिणाम यह है कि हम साहित्यकारों के कृतित्व में वैयक्तिक निजी मनोगत चेतना के बिम्ब ही प्रकट हुए हैं तथा शिल्प और शैली का स्वरूप भी तदनुसार हुआ है। कहने का तात्पर्य यह है कि हम तो चले थे अपनी साहित्यिक यात्रा पर इसलिए कि हम जनता के साहित्यकार होंगे लेकिन ऐसा न होकर हम हो गये केवल अपने ही अकेले के साहित्यकार और जनता का और हमारा सम्पर्क कम-से-कम होता चला गया। इसे चाहे अपने देश के परिवेश की देन कहिए अथवा साहित्यकार की वैयक्तिक मजबूरियाँ, ऐसा हुआ इसमें कोई सन्देह नहीं। प्रगतिवाद को नयी कवितावालों ने मृत घोषित कर दिया, इसके विरोध में बहुत-कुछ लिखा गया, उसके अपने पत्र 'हंस' और 'नया साहित्य' बन्द हो गये। प्रगतिवादियों की रचनाएँ भी हिन्दी की पत्रिकाओं में जान-बूझ कर न छापी जाने लगीं। उनके कृतित्व से जो, जनता तक पहुँचने का, उपक्रम शुरू हुआ था, वह रुक गया। वैयक्तिक स्वतन्त्रता के नाम पर जो माहौल देश में बना, उसने साहित्य को भी बौद्धिक अजनबी इकाई बना दिया। प्रगतिवादी साहित्य जनता से प्रतिबद्ध साहित्य था। यह प्रतिबद्धता समूल नष्ट कर दी गयी या कि हो गयी, तभी तो यह आम शिकायत जोर-शोर से, अभी कुछ दिन पहले से चारों ओर से होने लगी कि समाज में ऐसे बौद्धिक अजनबी वैयक्तिक साहित्य का कोई भी मूल्य नहीं है। इस शिकायत का असर साहित्यकारों पर पड़ा और वह फिर से विवश हुए कि जनता से जुड़ने का साहित्य लिखने की बात गम्भीरता से सोचने और विचारने लगे।

इसी उद्देश्य से प्रेरित होकर फरवरी सन् '73 में बाँदा में 'अखिल भारतीय प्रगतिशील हिन्दी साहित्यकार सम्मेलन' का आयोजन किया गया। इसमें सम्मिलित होने के लिए नये, पुराने, आधुनिक, अत्याधुनिक, साम्यवादी बौर गैरसाम्यवादी किन्तु अपने देश की जनता और उसकी आशा-आकांक्षाओं से प्रतिबद्ध साहित्यकारों को आमन्त्रित किया गया। सम्मेलन में भी काफी विचार-विमर्श किया गया और सभी को एकसाथ रहकर साहित्य-सृजन करने के लिए सहमति प्राप्त की गयी और एक न्यूनतम कार्यक्रम सभी के द्वारा स्वीकार किया गया। लगभग एक सौ से ऊपर साहित्यकार आये थे और यह सम्मेलन अपने-आप में हिन्दी भाषी जनता के हित में एक अत्यन्त महत्त्वपूर्ण उपलब्धि माना गया। इसके बाद फिर भरतपुर में अगस्त '73 में वहाँ का प्रान्तीय सम्मेलन आयोजित हुआ, बावजूद अन्तर्द्वन्द्व के यह भी सम्पन्न हुआ, इसे भी एक उपलब्धि कहा जाएगा। बिहार में प्रान्तीय सम्मेलन का आयोजन किया गया। लेकिन रेलों की हड़ताल के कारण से वह हुआ तो, पर बाहर से लोग अधिक न पहुँच सके। अब आज आगरा ऐसी ऐतिहासिक नगरी में हमारा प्रान्तीय सम्मेलन हो रहा है। यह भी हम सब के लिए बड़े गौरव

की बात है। यह नगर भारतीय इतिहास का एक प्रमुख नगर है। यह संसार प्रसिद्ध है, यहाँ की राजनैतिक और सांस्कृतिक परम्पराएँ राज्य और जनता दोनों से जुड़ी हुई हैं। यहाँ की भाषा दोनों प्रकार की हैं। इस नगर में हिन्दी और उर्दू के प्रसिद्ध यशस्वी गद्य और पद्य के साहित्यकार हुए हैं। नजीर अकबराबादी सचमुच में जनता के जीवन के समर्थ कवि और गायक हुए हैं। तानसेन का संगीत भी यहाँ की विशेषता रही है। यहाँ विश्वविद्यालय है और कई महाविद्यालय हैं, यहीं श्री के.एम. मुंशी का स्थापित किया हुआ हिन्दी संस्थान है। दयालबाग जैसी संस्था कौन नहीं जानता। आगरा मेडिकल कॉलेज अपनी सेवाओं के लिए जनप्रिय है ही। यमुना की नीली धारा इसे ब्रजवासियों से जोड़े हुए है। सूरदास की रसमयी वाणी और ब्रज की बोली अब भी यहाँ आदर और सत्कार पाती है। कालिन्दीकूल पर अतीत से खड़ा प्रेम का अमर प्रतीक ताजमहल संसार की आँखों को आश्चर्यचकित करता रहता है। उद्‌भट विद्वानों और कलाकारों और साहित्यकारों और संगीतज्ञों की इस प्रसिद्ध नगरी में यह सम्मेलन अवश्य ही साहित्य की निरन्तरता को अबाध रूप से बनाए रखने में निश्चय ही सक्षम होगा—ऐसा मेरा दृढ़ विश्वास है और जो हम लोगों को साग्रह बुलाकर एकत्रित्र कर सके हैं, वे हम सबके धन्यवाद के पात्र हैं और मेरे अतिरिक्त सभी साहित्यकार जो यहाँ सम्मिलित हुए हैं वे हिन्दी भाषी जनता के धन्यवाद के पात्र हैं।

तो! अब इस सम्मेलन की महत्ता इसी में है कि यह प्रगतिशील साहित्यकारों का सम्मेलन, उनमें कायम हुई एकता को दृढ़-से दृढतर बनाने में सक्षम हो और इसके लिए पूरे मनोयोग से सभी साहित्यिक बन्धु सचेष्ट और सक्रिय हों।

इस एकता को बनाए रखने के लिए सबसे पहली आवश्यकता इस बात की है कि प्रगतिशील साहित्यकारों के कृतित्व के प्रकाशन की एक रजिस्टर्ड संस्था स्थापित की जाय। इस उतरदायित्व को सभी को लेना पड़ेगा, इसके लिए सभी को आर्थिक सहयोग देना पड़ेगा, इसलिए इसकी अवतारणा के लिए ठोस तरीके से सही-सही प्रयत्न किये जाने चाहिए। यह संस्था एक केन्द्रीय साहित्यिक पत्रिका भी प्रकाशित करे, इस पत्रिका के माध्यम से वह प्रगतिशील साहित्य जनता तक पहुँचाए, अनेकानेक साहित्यिक विषयों को लेकर वैज्ञानिक और सामाजवादी दृष्टिकोण से बहसें शुरू करे, यही पत्रिकाएँ परिचर्चाएँ आयोजित करें। बिना ऐसा किये प्रगतिशील साहित्य की परम्परा आगे नहीं बढ़ सकती। छोटी पत्रिकाओं के कुछ प्रयत्न सही दिशा में होते हुए भी, जड़ता की इस स्थिति को तोड़ नहीं सके। यह संस्था एक सहकारी संस्था हो, इस बात पर बड़े मनोयोग से विचार होना चाहिए।

सहकारी प्रकाशन-केन्द्र के बिना न तो प्रगतिशील लेखक अपनी अभिव्यक्ति का कोई मंच ही प्राप्त कर सकते हैं और न उन्हें प्रकाशकीय शोषण से ही मुक्ति

मिल सकती है। केवल 'कॉपीराइट ऐक्ट' में परिवर्तन का संघर्ष नितान्त अपर्याप्त है और ऐसे संघर्ष से शोषण की मूल समस्या हल नहीं हो सकती। यह ऐक्ट न जनवादी है, न समाजवादी, यह तो पूरा-का-पूरा व्यवस्थावादी है, यह जितनी जल्दी खत्म कर दिया जाए उतना अच्छा है।

भाषा को लेकर आज साहित्यकारों में बड़ा उलझाव फैला हुआ है, क्या साहित्यकार की भाषा जनता की जीवन्त भाषा से अलग कोई वैयक्तिक भाषा होती है? क्या साहित्य की उपलब्धि के नाम पर ऐसी भाषा का प्रयोग होना चाहिए, जो जन-चेतना के लिए सम्प्रेषणीय न हो? क्या साहित्यकार की भाषा में विदेशी भाषाओं की जड़ता को स्वीकार किया जाना चाहिए अथवा अपने यहाँ की जनबोलियों से अपनी भाषा को समर्थ और सक्षम बनाना चाहिए? क्या साहित्य का मूल उद्देश्य मात्र भाषा का प्रदर्शन है अथवा भाषा साहित्य की अभिव्यक्ति का मात्र माध्यम है? क्या भाषा की लय और काव्य की लय में कोई अन्तर है कि यह कहा जाय भाव की लय ही प्रमुख है और उसी में लिखा गया काव्य श्रेष्ठ काव्य है? भाषा कब और कैसे कथ्य को स्थायी और मूल्यवान साहित्य बना देती है? ऐसे अनेक प्रश्न हैं जिन पर बड़ी गम्भीरता और सूक्ष्मता के साथ विचार करना होगा—यह काम भी हम प्रगतिशीलों को करना है, ऐसी संस्था और पत्रिका के माध्यम से।

जहाँ तक जनता से हम साहित्यकारों के जुड़ने का सवाल है, वह भी एक महत्त्वपूर्ण सवाल है, इसपर भी धैर्य और विवेक से विचार करना है। जनता से जुड़ने का मतलब है जनता की आवाज बुलन्द करना, जनता का साहित्यकार होने का मतलब है, जीवन का साहित्यकार होना। अब आज का जीवन राजनीति का जीवन हो गया है, इसलिए हम लोगों को साहित्य और राजनीति के पारस्परिक सम्बन्धों पर भी सोचना-विचारना आवश्यक हो गया है। न हर एक साहित्यकार राजनीतिक कार्यकर्त्ता हो सकता है और न हर एक राजनीतिक कार्यकर्त्ता साहित्यकार हो सकता है। हर एक की अपनी-अपनी सीमाएँ और विवशताएँ हैं, इसलिए हम यह अपेक्षा नहीं कर सकते कि प्रत्येक साहित्यकार, उतना ही अच्छा राजनीतिक कार्यकर्त्ता हो, जितना अच्छा असाहित्यकार राजनीतिक कार्यकर्त्ता हो सकता है। साहित्य-सृजन साहित्यकार की चेतना को इतना अवकाश दे ही नहीं सकता कि वह उसे दूसरी ओर खपा दे, लेकिन इसका तात्पर्य यह भी नहीं है कि साहित्यकार अपने नागरिक दायित्व को निबाहने के लिए जनता के साथ मिल-जुलकर कोई भी काम न करे। जनता ही उसके साहित्य का स्रोत होती है, उस स्रोत तक तो जाना ही पड़ेगा, ऐसी दशा में विवेक से काम लेना साहित्यकार के लिए अनिवार्य हो जाता है। वह साहित्य-सृजन और नागरिक दायित्व के कामों के बीच के द्वन्द्व को मिटाये और निरन्तर जनता का साहित्य लिखे और राजनीति में ही लोप होकर

अपने साहित्य-सृजन को समाप्त न कर दे। निश्चय ही आज के परिवेश में प्रगतिशील साहित्यकार यदि सत्य और यथार्थ को चित्रित करेगा और जनता की आवाज को धार देकर व्यक्त करेगा तो वह राजनीति के शासनतंत्र से टकराएगा और हो सकती है कि वह भी उसी यातना को भोगे, जो टकरा रहे लोग भोगते हैं। साहित्यकारों में भी ऐसे कुछ हैं। वे जनता के बहुत-बहुत बधाई के पात्र हैं, लेकिन इस प्रकार की अपेक्षा सभी साहित्यकारों से नहीं की जा सकती। जो इस टकराव की स्थिति को सहन नहीं कर सकते, उन्हें कोई कायर कहे तो यह गलत होगा। होना चाहिए कि उन्हें भी, और उनके कृतित्व को भी अपने साहित्य में, अपने बीच लिए रहना चाहिए। साहित्यकारों की बिरादरी शूरमाओं और हथियार-बन्दों की बिरादरी नहीं है। यह बिरादरी समझदारों की समाजवादी बिरादरी है। हमें कोई अधिकार नहीं है कि हम किसी के लेखन पर कोई प्रतिबन्ध लगायेँ। हम उसे केवल समाजवादी विकास की ओर चलते रहने के लिए प्रेरित और उद्‌बोधित कर सकते हैं। हम उसे आदेशित करके आगे नहीं बढ़ा सकते। यदि ऐसा न हुआ तो साहित्यकार हमसे छँट जाएगा, समाजवादी चेतना के विकास-क्रम से टूटकर अलग हो जाएगा और हो सकता है कि ऐसा होने पर अहं की गुफा में घुस जाय और केवल अपना ही अजनबी-सृजन करने लगे अथवा किसी संस्थान में जुड़कर केवल संस्थान की ठेकेदारी करने लगे और देश में प्रतिक्रियावाद की जड़ें जमाने लगे। यही वह खतरे हैं जिनको मैंने यहाँ सूक्ष्म में इंगित किया। इन खतरों से हमें आगाह रहना चाहिए। ऐसा न हो कि हम आवेश में आकर साहित्य-सृजन को पीछे छोड़ दें और राजनीति के अलमबरदार बन जाएँ। साहित्य में राजनीति का प्रतिबिम्बन हो और होना भी चाहिए, परन्तु साहित्य-राजनीति नहीं हो सकता। साहित्य का स्वभाव ही ऐसा है कि वह मानवीय चेतना को परिष्कृत करता चले। कथनी और करनी का जो योग राजनीति में होना चाहिए, वह आमतौर से सम्भवतः साहित्य में कम होता है। यह अत्यन्त विवाद का विषय है और देश की ऐतिहासिक परिस्थितियों के सन्दर्भ में ही इसपर बुद्धिमता से विचार किया जाना चाहिए। मेरा आग्रह विशेष रूप से सभी आये हुए साहित्यकार बन्धुओं से है कि वे इसपर विचार-विमर्श करें और इसके बाद भी इस विवाद को अपने ढंग से सुलझाने की बात हर एक साहित्यकार पर छोड़ दें।

आज जो कविता, कहानी और उपन्यास के क्षेत्र में सृजनात्क उथल-पुथल और हेर-फेर बहुत मात्रा में हो रही है, वह सम्भवतः इसलिए हो रही है कि हम साहित्यकार जनता से कटे-कटे हैं और हम अपनी जनता को नहीं, अपने को और विशिष्टताओं को केन्द्र मानते हैं और इसलिए जो कुछ लिखते हैं वह केवल अपने लिए लिखते हैं। मैं यह नहीं कहता कि सभी साहित्यकार ऐसा करते हैं फिर भी बहुलता वैसे ही लिखने वालों की है, जो केवल अपने रक्त-मांस का जीवन, अपने

दिमाग का जीवन और अपने भाव-बोध का जीवन, मात्र अपने लिए जीते हैं। यह अशुभ लक्षण है। हम प्रगतिशील साहित्यकारों का यह कर्तव्य है कि हम ऐसी दुर्बलता से उबरें और अपनी जनता के जीवन से जुड़कर अपने साहित्य-सृजन को मानवीय गुणों से पूरी तरह परिपक्व करें, ताकि वह सबके लिए सुलभ सम्प्रेषणीय हो और हमारे साहित्य की निरन्तरता बनी रहे।

आज भी आत्मपरकता और वस्तुपरकता का द्वन्द्व बुरी तरह से भरपूर चालू है, जो प्रगतिशील नहीं हैं, वह साहित्यकार तो उस द्वन्द्व के इस हद तक शिकार हैं कि उनके कृतित्व से वस्तुपरकता तो कतई लोप हो गयी है और जिसे वह वस्तुपरकता की संज्ञा देते हैं वह वस्तुजगत की वस्तुपरकता होती ही नहीं। नतीजा यह हुआ कि ऐसे कृतित्व से विकृतियों का पुंज लग गया है और मानवीय चेतना अपने सामाजिक, राजनैतिक और सांस्कृतिक दायित्व से सर्वथा अनभिज्ञ रह गयी है। अब यह सब नहीं होने का। दिशा और दृष्टि बदलनी होगी। समाजवादी चेतना को उबारना और उसको निरूपित करना पड़ेगा, तभी साहित्य जनता का साहित्य होगा अन्यथा नहीं।

इसके अलावा और भी कई अशुभ बातें हैं, जिनसे साहित्य का विघटन हुआ है। बौद्धिकता इस हद तक हावी हो गयी है कि साहित्य में वही-वही भर गयी है और उसी के उद्घाटन का नाम साहित्य हो गया है। ऐसी बौद्धिकता कोरी बौद्धिकता किसी अर्थ की नहीं होती। वह स्वभाव से देश और समाज के परिवेश का संज्ञान नहीं कराती। वह आदमी को आदमी से नहीं जोड़ती। वह प्रचलित विसंगतियों को तोड़ने के लिए आदमी को प्रतिबद्ध नहीं करती। वह जीवन को इसकी समग्रता में नहीं देखती। वह अपने ही सृजनकर्ता को लील जाती है। सृजनकर्ता न दीन का रहता है, न दुनिया का। इसके विपरीत समाजवादी बौद्धिकता घटनाओं का ऐतिहासिक और वैज्ञानिक विवेचन करती है, घटनाओं की जड़ों में छिपी मूल बात को पकड़ती है, उसको उभारती है और फिर आदमी को उससे निबटने के लिए, उसे बदलने के लिए कटिबद्ध करती है। यह काम भी प्रगतिशीलों को करना है। देर बहुत हो गयी। अब, नये सिरे, से विवेक और आस्था से, साहित्य के सृजन को सही दिशा देना आवश्यक है।

तमाशा तो यह है कि जिस प्रकृति में हम रहते हैं, जो हमारे लिए माँ है, जो हमारे लिए सब-कुछ सुलभ करती है और जिसमें हम जीते और जिसकी बदौलत हम कर्मठ व्यक्ति हैं, उसी को हमने अपने आज के साहित्य से निष्कासित कर दिया है और हम हो गये हैं प्रकृतिविहीन निस्संग आदमी। प्रकृति से जुड़ना उसकी मुद्राओं को चित्रित करना और उसको सँवारना हम भूल गये हैं। परिणाम यह हुआ है कि हमसे साहित्य-सृजन का सबसे महत्त्वपूर्ण और व्यापक क्षेत्र निकल गया है। यह हितकारी नहीं विनाशकारी है। हम प्रगतिवादियों को इस ओर विशेष ध्यान

देना है और प्रकृति का साहित्य सृजन करना है।

साहित्य में सौन्दर्य की अभिव्यक्ति अब तो उपलब्ध ही नहीं होती। राजनीति और अहंवाद ने बुद्धिवाद से लैस हो कर साहित्य से सौन्दर्य को निकाल ही दिया है। साहित्य में सौन्दर्य जैसा कोई तत्व ही नहीं रह गया। यह कहना कि सौन्दर्य कलाबाजी है, उसका जीवन से कोई सम्बन्ध अब आज के युग में नहीं है, बेहद गलत है। ऐसा कहना अवैज्ञानिक और अमानवीय है। सौन्दर्य न हो तो सुन्दर समाज की कल्पना तक नहीं की जा सकती। सौन्दर्य न हो तो मानवीय गुणों को देखने की क्षमता ही विनष्ट हो जाएगी। सौन्दर्य कोई बाहरी अजूबा तत्व नहीं है, प्रकृति और जीवन से उद्भूत हुआ करता है सौन्दर्य। श्रम से सौन्दर्य का स्वरूप उजागर होता है। सौन्दर्य का हनन प्रकृति और जीवन का हनन ही तो है। इस तत्व को नयी जीवन-दृष्टि से, समाजवादी दृष्टि से चारों ओर देखकर पकड़ना चाहिए और अपने कृतित्व में इसे उतारना चाहिए। भाषा इसी तत्व के अनेकानेक पहलुओं को पाकर मनुष्य की सुन्दर और समर्थ भाषा बनती है। साहित्य का सृजन कभी भी इस तत्व से रहित सम्भव नहीं हो सकता। यह तत्व भी तो युग और युग-सत्य के साथ रूप बदलता और परम्परा से प्रगति की ओर प्रयाण करता है। जैसे-जैसे मनुष्य बदलता है, वैसे-वैसे यह भी बदलता है। पर यह कभी भी मनुष्य से छूटता नहीं। सौन्दर्य में मनुष्य की चेतना का सृजनात्मक परिवर्तन होता है और वह किसी एक की न होकर सर्व की अपनी चेतना बन जाती है। सौन्दर्यचेता साहित्यकार मानवीय चेतना को देश और काल के असंख्य रूपों से समृद्ध करता है और तभी तो भावों और विचारों को स्थायी स्थायित्व प्राप्त होता है। हम प्रगतिशीलों को साहित्य में इस अमूल्य तत्व को फिर से प्रतिष्ठित करना है। बिना इसे प्रतिष्ठित किये हम सृजन से समृद्ध नहीं हो सकते।

अन्त में आप सब के प्रति आभार प्रकट करता हूँ और आप सबसे यह आशा करता हूँ कि आप लोग इस सम्मेलन को सफल बनाने में अन्तिम क्षण तक सक्रिय सहयोग देते रहेंगे।

उत्तर प्रदेश प्रगतिशील साहित्यकार सम्मेलन,
आगरा में अध्यक्षीय भाषण

गीत : अपने ऐतिहासिक विकास-क्रम में

गीत भी, कविता की अनेक विधाओं में से एक विधा है। इस विधा में व्यक्त हुई कविता गेय होती है; इसलिए गीत की पहचान उसकी गेयता में निहित होती है; इसलिए गीत तभी गीत है जब वह गेय हो; इसलिए जो कविता गेय नहीं है, वह गीत नहीं है।

कविता के गेय होने का मतलब है कि उसमें गान के तत्व हों और वह गायी जा सकती है। गान के वह तत्व, जो कविता को गेयता प्रदान करते हैं, उसकी लय में प्रवाहित रहते हैं और लय में प्रवाहित रहना ही उनका अचूक धर्म और आचरण है। इसलिए बिना गान के तत्वों की लय की कविता गीत नहीं हो सकती।

गान के वह तत्व—लय में प्रवाहित वह तत्व—गीत में सन्नद्ध शब्दों की व्यवस्था कायम किये रहते हैं। वह व्यवस्था स्वर-मुखर व्यवस्था होती है। उस स्वर-मुखर व्यवस्था में व्यंजनों के उच्चारणों के रूप (आकार) प्रतिष्ठित रहते हैं। उच्चारणों के उन्हीं रूपों (आकारों) की संहति लय का नाम पाती है। उस संहति में आदमी की साँस की एक निश्चित लम्बान-चौड़ान और ऊँचान-नीचान होती है। उस संहति में सन्नद्ध शब्दों के अक्षर-अक्षर के बीच का अन्तराल भी वैसे ही स्वरों के भराव से भरा रहता है। यदि स्वरों का भराव न हो तो अक्षर-अक्षर के बीच की दूरी भी तय करना कठिन होगा। भराव के अभाव में शब्द-शब्द के बीच की दूरी भी तय करना कठिन होगा।

इसलिए गेयता, और कुछ नहीं, गीत की गतिमयता है। गीत की यह गतिमयता जब स्वरों के भराव से एक सुनियोजित क्रमबद्धता पा लेती है, तब संगीतात्मक हो जाती है।

संगीतात्मक हो जाने का मतलब है कि गीत को उसका सुनियोजित प्रवाह मिल गया है और वह गाया जा सकता है। कोई भी, कभी भी, उसे गाये तो उसे उसी प्रवाह से गाना होगा। उस प्रवाह की दिशा निर्धारित होती है। निर्धारित दिशा से उच्चरित हो कर ही गीत ग्रहणीय होता है और ग्रहण करने वाले पर अपना प्रभाव डालता है।

लेकिन गीत मात्र-मात्र संगीत की अभिव्यक्ति या इकाई नहीं होता। जो गीत मात्र-संगीत की अभिव्यक्ति या इकाई होता है, वह काव्य का गीत नहीं होता; वह तो मात्र-ध्वनियों का नियोजित प्रवाह होता है। काव्य के गीत और संगीत के गीत का यह स्पष्ट अन्तर कभी अवहेलित करने योग्य नहीं है।

काव्य के गीत में काव्य का होना अनिवार्य है। अनिवार्य यह भी है कि कथ्य शब्द और अर्थ की संश्लिष्ट और संपृक्त इकाई होकर दूसरों के लिए अभिव्यक्तिशील हो जाए। संगीतात्मकता काव्य के गीत की लय को अधिक स्वर-मुखर बनाती है और अपने सूक्ष्म अमूर्तन (एब्स्ट्रेक्शन) से कथ्य को अधिक स्पन्दनशील कर देती है। यही नहीं, कथ्य को कविता के तत्वों के अलावा भी संगीत का एक और आयाम सुलभ हो जाता है। उस आयाम से कविता का कथ्य गीत के रूप में ढल जाता है। ऐसे ढलने में—गीत का रूप पाने में—कविता में आकाश-तत्व अधिक आ जाता है और इस तत्व के समाहित होने से वह साधारण कविता से, कहीं अधिक मात्रा में, ध्वनिपरक होकर, दूर-दूर तक देश-काल और मानव-मस्तिष्क में व्याप्त हो जाती है और अपना चेतन और अचेतन प्रभाव दीर्घकाल तक डाले रहती है।

निश्चय ही गीत की गतिमयता का—गेयता का—संगीतात्मकता का यह तत्व गीत के कथ्य को व्यंजित करनेवाले शब्दों के संघटन से निरूपित और निबद्ध होता है। गीत को व्यंजित करनेवाले शब्द उसकी गतिमयता—गेयता—संगीतात्मकता के तत्व से सम्बद्ध होने के लिए विवश होते हैं और समर्पित होते हैं और तब कहीं संघटन का कृति-रूप पाते हैं। मतलब यह कि गीत का कथ्य-तत्व और गेयता-तत्व एक-दूसरे के नियामक और निर्धारक होते हैं। उनमें एक-दूसरे के प्रति प्रगाढ़ आत्मीयता होती है। एक के बिना दूसरा जी नहीं सकता, पूरा विकास नहीं कर सकता। एक का पर्यवसान दूसरे का पर्यवसान होता है।

इसलिए गीत के गेय-तत्व को, गीत से अलग, उसके कथ्य से अलग करना मूलभूत भूल होगी। वैसे ही गीत के कथ्य-तत्व की, गीत से अलग, उसकी गेयता से अलग व्याख्या करना मूलभूत भूल होगी। उन दोनों तत्वों का आकलन उनके संयुक्त और संपुष्ट रूप में ही करना होगा।

गीत अपने जिस रूप और अर्थ में आज गीत स्वीकार किया जाता है, अपने उस रूप और अर्थ में वह पहले स्वीकार नहीं किया जाता था। कारण यह था कि पहले कभी वह सम्भावनाएँ उत्पन्न नहीं हुई थीं, जो सम्भावनाएँ आज उत्पन्न हो चुकी हैं और गीत को अपने अनुरूप गढ़ रही हैं। गीत भी अपने रूप और अर्थ के लिए परिवेश पर उतना ही निर्भर होता है, जितना आदमी और आदमी के कर्म और भाव और विचार, परिवेश पर निर्भर होते हैं। इतिहास की युगीन-प्रवृत्तियाँ आदमी के युग-बोध को और उसकी कला-क्षमता को अधिक-से-अधिक प्रभावित

करती हैं। गीतकार का व्यक्तित्व अपने युग के इतिहास की सीमाओं में बनता है। यदि गीतकार सशक्त और समर्थ हुआ तो उसका व्यक्तित्व भी अपने युग के इतिहास को बनाता है। वैसे साधारणतया, वस्तुस्थिति यही है कि गीतकार अपने युग से प्रभावित रहा करता है और जो भी वह देता है, अपने युग के अनुरूप ही देता है। गीत के कथ्य और शिल्प दोनों ही युग-बोध को ही रूपायित किये रहते हैं।

पहले—यानी बहुत पहले—हिन्दी में कविता ही गायी जाती थी। यह कविता, चाहे मात्रिक हो या वर्णिक, इसका कोई असर उसके गाये जाने में नहीं पड़ता था। संगीतज्ञ उसे गाते थे। जन-साधारण भी उसे, अपनी क्षमता के अनुसार, गाने की तरह गुनगुना लेते थे। वाद्ययन्त्रों के साथ भी वह गायी जाती थी। तब इस बात का भी ध्यान नहीं रखा जाता था कि गेय कविता को वर्णनात्मक या तथ्यपरक न होना चाहिए, बल्कि उसे आन्तरिक मनोवेगों की अभिव्यक्ति करनी चाहिए। गायक का कंठ उन कविताओं को अपने संगीत से बाँध लेता था। वह ताल और तान से निबद्ध होकर गेयता का तत्व पा लेती थी। जब वह गायी नहीं जाती थी, तब वह मात्र-छन्द रहती थी। कवित्त और सवैये भी बड़ी खूबी से संगीतपरकता पा लिया करते थे। तब छन्दों से अलग गीत का अपना-निजी अस्तित्व न था। यह भी होता था कि संगीत की रागिनियों में—रागों में—कुछेक कुशल गायक कुछ कथ्य समाहित कर लेते थे और उन्हें ही संगीत की कृति के रूप में उनके अनुयायी शिष्य गा-बजा लेते थे। तब भी लोकगीत थे; परन्तु वे काव्य के अन्तर्गत नहीं आते थे। काव्य की मान्यताएँ उनके प्रतिकूल थीं। अतएव ये लोकगीत जन-साधारण के दैनिक मानस का मनोरंजन करते रहे। उन्हें तब तक साहित्यिक प्रतिष्ठा नहीं मिली थी। कविगण काव्य के सिद्धान्तों के आधार पर ही कविताओं का सृजन करते रहे। वे लोग लोक-धुनें लेकर कविता की रचना करने में संलग्न नहीं हुए। वह कविताएँ चाहे देवी-देवताओं से सम्बन्धित हों, चाहे निराकार अथवा साकार ब्रह्म से हों—या 'प्रेमी परमात्मा' और 'प्रेयसी आत्मा' से हों-सब-की-सब काव्य की मूल मान्यताओं के मानदंड पर ही आधारित होती थीं। 'आल्हा' भी ढोलक और मृदंग के साथ गाँव-गाँव में गाया जाता था। वीर रस के निरूपण में छन्द-के-छन्द शब्दों की ध्वनियों से झनझना उठते थे। तेग-तलवार की चाल और चमक बिजली को भी मात करने में सक्षम होती थी। सेनाओं की उमड़-घुमड़ को और उनके वेग और बल को घनघोर बरसात के बादलों की घटा का घमंड भी नहीं लजा सकता था। वीर योद्धाओं की मूर्तियाँ ऐसी गढ़ी जाती थीं कि स्वयं वीररस की मूर्ति तक तुच्छ जान पड़ने लगती थी। युद्ध-स्थल के वर्णनों में भी अपरिमित काव्य-कौशल का परिचय दिया जाता था। वीररस के कथ्य में यही सब व्यंजित होते थे। उसके कथ्य के द्वन्द्वों को चारण-कवि और संगीतज्ञ गा-बजाकर गीत जैसा अस्तित्व दे

देते थे। रसराज शृंगार को प्रतिष्ठित किये छन्द भी अपने कथ्य में अनेकानेक नायक-नायिकाओं की मुद्राओं को ही समाहित किये रहते थे। नायक लोभी, लालची, रूपासक्त, वासना-विलास-भोगी होते थे। नायिकाएँ काम-कला की सार्थकता सिद्ध करने में अपने सम्पूर्ण आंगिक, वाचिक और मानसिक अस्तित्व का खुला कामुक प्रदर्शन करती थीं। छन्द-के-छन्द उनके देह-सौन्दर्य की यष्टि बन जाते थे। प्रकृति उनके रमण करने के लिए ही उद्दीपित दिखाई जाती थी। ये छन्द भी बड़े चाव से सुमधुर कंठों से राजदरबारों में गाये-बजाए जाते थे। वह सब अब भी लोक-जीवन में—गाँव-गाँव में—मधुर स्वर से गूँजते पाये जाते हैं। उन पदों को ही आज के गीत का पूर्वज कहना न्यायसंगत होगा। वे ही गेय-तत्वों को पाकर हवा में तैरते पाए जाते थे और वे ही नर-नारी (दोनों) के कंठों से निकलकर मन की व्यथा, मन का अनुराग, मन की दीनता, दयनीयता, आत्मनिवेदन, आत्म-समर्पण, आराध्य के प्रति आराधना आदि सूक्ष्म मनोभावनाएँ व्यक्त कर रहे होते थे। वे ही भक्त को भगवान् से जोड़ते थे। वे ही दीन-दीन को जीने की आस्था देते थे। राम, रहीम और कृष्ण उनमें ही निरूपित हो कर जन-मानस के हृदयेश्वर बन गये थे। उनकी लीलाओं से वलयित वे पद केवल गेय होकर ही देश-काल में गूँजते रहे। पद, वास्तव में, उस युग के गीत हैं। गेयता में उनकी बराबरी छन्दों में लिखी और गायी गयी कविताएँ नहीं कर सकीं—काव्य की पारम्परिक रूढ़ियाँ पदों में भी आयीं, पर उस सीमा तक नहीं जिस सीमा तक वे और कविताओं में आयीं। पद, फिर सहजता, स्वाभाविकता और निश्छलता से छलकते रहे। इसलिए वे जनता के गले लगे रहे और आज भी गेय बने गुनगुनाए जाते हैं।

गेय पद अगेय छन्दबद्ध कविताओं से कई बातों से भिन्न और विशिष्ट होते थे। गेय पदों की बुनावट अन्य कविताओं की बुनावट से गझिन कम और आत्मपरक अधिक होती थी। गझिन-कम की बुनावट के पद साधारणतया आदमी की सहज स्वाभाविक प्रवृत्तियों के पद होते थे। उनके बनानेवाले काव्य के सिद्धान्तों के आचार्य नहीं होते थे। पदों के रचयिता जीवन भोगते थे और अपने भोगे हुए जीवन को जीवन की वाणी में व्यक्त करते थे। इसके विपरीत काव्य की रीतियों के अनुयायी कवि जीवन को, उन रीतियों के सन्दर्भ में देखते, सुनते, समझते, और पकड़ते थे और उन्हीं के सन्दर्भ में उसे विशिष्ट बनाकर कविता का रूप देते थे। इस वजह से गेय पदों में जीवन की झाँकी कुछ और होती थी और अगेय छन्दबद्ध कविताओं में कुछ और रही होती थी। काव्य की रीतियाँ, काव्य के सिद्धान्त, काव्य के अलंकरण, काव्य के संस्कार सबकुछ आदमी की सहज वृत्तियों की प्राकृत स्थिति में मूलभूत परिवर्तन कर देते थे। परिणाम यह होता था कि आदमी की सहज वृत्तियाँ व्यक्त होकर आदमी की सहज बोधगम्यता से दूर चली जाती थीं और विशिष्ट व्यक्तियों की सम्प्रेषणीयता पा लेती थीं। तभी अगेय

छन्दबद्ध कविताओं की सम्प्रेषणीयता गुणज्ञ सामाजिकों की रुचि को तुष्ट करती थी। पदों की सम्प्रेषणीयता जन-साधारण की रुचि को तुष्ट करती थी। जब राज-दरबार में काव्य-गोष्ठी होती थी, तब वाणी का वैभव-विलास राजा की राजकीय मनोवृत्तियों की तुष्टि के लिए होता था। उस राज-दरबार का सम्पर्क जनता के जीवन से नहीं होता था; अतएव पदों का वाचन और पाठन राजरदबारों में नहीं होता था; अतएव पदों के गायकों को राज-दरबार का कवि नहीं बनाया जाता था। जनता ही—राज-दरबार से बाहर—उन पदों के गायकों को आश्रय देती थी और उसी में रहकर, उसी के सुख-दुःख में वे डूबे रहते थे। हाँ, मन्दिरों के प्रांगणों में भी उन्हें अपने पद गाने का सुअवसर सुलभ होता था। जब पद-गायक किसी देव-स्थान से सम्बद्ध हो जाता था, तब उसके पदों में धर्म-विशेष की छाप भी पड़ने लगती थी और तब ऐसी स्थिति में उसके पदों से मानवीय सहजता विलुप्त होने लगती थी। चाहे राज-दरबार हो, चाहे देवस्थान, वहाँ पहुँचकर कवि सहज स्वाभाविक वृत्तियों का कवि नहीं रह जाता था। इसलिए गेय पदों में भी बहुत से ऐसे पद मिलेंगे जो धर्म के संस्कारों से संस्कृत हो चुके हैं और अपने मूल गेय स्वरूप से दूर पहुँच चुके हैं। धार्मिकता, पदों की गेयता को, धार्मिक संस्थानों की अपनी मान्यताओं से एक-दूसरे प्रकार की गेयता में बदलती देखी गयी है। उस बदली गेयता में जो मानवीय प्रवृत्तियाँ व्यंजित होती देखी गयी हैं, वह उदास भले ही रही हों—दैवी भले ही रही हों; मानव-मानव के जागतिक सम्बन्धों की व्यंजक होती कदापि नहीं देखी गयीं। उस गेयता से मानव-से-मानव जुड़ता नहीं देखा गया। उस गेयता का प्रमुख लक्ष्य रहा है कि वह धर्म की ध्वनि से, मानव को मानव की हैसियत से नहीं, बल्कि एक धार्मिक को दूसरे धार्मिक से जोड़ती रहे। यही उसने किया भी। उस किये का परिणाम यह हुआ कि गेय पदों के विभिन्न धार्मिक गेय स्वरूप हुए। कभी-कभी यह भी हुआ कि भिन्न धर्मावलम्बियों के गेय पद एक-दूसरों से टकराए और त्याज्य भी समझे गये। यह सब इसलिए हुआ, क्योंकि आदमी जीवन जीने के बजाय धर्म जीने लगा था। ऐसी दशा में पदों के सहज स्वर का धार्मिक स्वर हो जाना स्वाभाविक था।

कुछ हद तक ऐसे होने की विवशता थी। उस विवशता से इनकार नहीं किया जा सकता; लेकिन जब धार्मिक प्रवृत्तियाँ रूढ़ हो जाती हैं और उनकी रूढ़िवादिता सहज मानव के मन को दबोच लेती है और उसपर भरपूर हावी हो जाती है, तब उस रूढ़िवादिता से पदों की गेयता में भी भारी अन्तर आ जाता है और यह अन्तर इतना स्पष्ट हो जाता है कि गेय पद भी अगेय कविता की तरह हो जाते हैं। वह गाये भले ही जाएँ, लेकिन उनकी गेयता सहज स्वाभाविक मानवीय गेयता नहीं होती। काव्य का इतिहास इसे प्रमाणित कर चुका है। धार्मिक मानव की मानवीयता सहज मानव की मानवीयता से अलग रूप और प्रकार की होती देखी गयी है। तभी तो जो सहज

मानवीयता मीरा और सूर के पदों में गेय होकर व्यक्त हुई, वह अधिक बोधगम्य, सम्प्रेषणीय और संवेदनशील है बजाय उस मानवीयता के जो धर्मानुयायी कवियों ने अपने धार्मिक पदों में रोप-बनाकर प्रस्तुत की थी। मतलब यह कि पदों की गेयता वास्तव में सहज मानव के जागतिक सम्बन्धों की गेयता होती है, जो आगे चलकर आज के युग की गीत की गेयता में परिणत हो जाती है।

वैसे शब्दों का लालित्य और उनका चयन कविताओं और गेय पदों को रुचिकर बनाता अवश्य है; परन्तु वही-वही कविता और गेय पद के अस्तित्व का मूलाधार नहीं है। भाषा का अपना रोल होता है, उसका यह रोल अत्यन्त महत्त्वपूर्ण भी होता है। लेकिन कविता और गेय पद उपयुक्त और अर्थवन्त भाषा की वजह से निखरे हैं। लेकिन निखार—भाषा से आया निखार—जब अपने आप में एक कौशल बन जाता है और उस निखार के लिए ही कविता और पद रचे जाने लगते हैं, तब मानवीय अनुभूतियों की सहजता बिसार दी जाती है और फिर एक ऐसा समय भी आता है जब कविता और पद सहज नहीं रह जाते। इसलिए पदों के विषय में यह विशेष रूप से जानना आवश्यक है कि भाषा का खिलवाड़ पदों की मौलिक, सहज, प्राकृत्त प्रवृति को मार न डाले। कवि-कर्म के नाम पर—श्रेष्ठ काव्य के नाम पर—उदात्तीकरण के नाम पर—पदों की हत्या किसी भी प्रकार से न्यायसंगत नहीं ठहराई जा सकती। गेय पद को छन्द-बद्ध कविता के स्तर तक पहुँचाना उसे नरक में डालने के समान है। उसे नरक में डालने का मतलब है कि उसकी गेयता को सहज से जटिल, मुक्त से पराधीन और प्राकृत से कृत्रिम बना दिया जाए। यह खिलवाड़ छन्दबद्ध कविता में खूब खेला गया है और वहाँ सराहा भी खूब गया है। इस खिलवाड़ को वहीं तक सीमित रखना चाहिए। देखा भी गया है कि इस खिलवाड़ में पड़ कर बनाए गये पद जनता के अपने गेय पद नहीं हो सके। सिद्धान्त और विद्वत्ता गेयता की गतिमयता का प्रवाह रोकते हैं। पद की प्रारम्भिक टेकवाली पंक्ति उसके अन्त तक उसका साथ नहीं छोड़ती। वह बार-बार आती है और अन्य पंक्तियों के बीच में गूँजती रहती है। वह टेक पूरे पद का प्राणवन्त तत्त्व होती है। पद का रचयिता उस टेक को इसीलिए पहले ही—आरम्भ में ही—रख देता है कि जैसे उसको उस टेक का मर्म मिला है, वैसा मर्म दूसरे को भी तुरन्त मिल जाए। वह मर्म इतना आत्मीय होता है कि उसकी पुनरावृत्ति से, व्यंजित भावनाओं को, उसके सन्दर्भ में ग्रहण करने से, विशेष सम्वेदनशील हो जाना पड़ता है। कवित्त और सवैयों में ऐसा नहीं होता। उनमें तो अन्तिम चरणों में पहुँचकर ही मर्म खुलता है। पहले के चरण, अपने कथ्य और शिल्प से, उस मर्म तक पहुँचाने की भूमिका या पृष्ठभूमि ही तैयार करते हैं। तभी तो कवित्त या सवैया की समाप्ति पर एक आकस्मिक सुख मिलने की-सी अनुभूति होती है। ऐसे कौशल की आवश्यकता पदों के स्वभाव के अनुकूल नहीं पड़ती। तभी तो वह शुरू

से ही खुलकर खिल उठते हैं और टेक के बाद की पंक्तियों में उनके खुलने और खिलने का वितान ही तना मिलता है। वह वितान टेक को विस्तार देता है और टेक उस विस्तार को बराबर ऊपर उठाए रहती है। यही नहीं, टेक की गतिमयता पद के अन्त तक चालू रहती है और वर्णित अथवा व्यंजित कथ्य और शिल्प को दुहरी गतिमयता देती रहती है।

जैसे छन्द-बद्ध कविताएँ काव्यात्मकता ओढ़ लेने के बाद फिर रीति और रूढ़ि की ओर प्रयाण कर गयी थीं; वैसे ही गेय पद भी सिद्धान्त और धार्मिकता ओढ़ लेने के बाद फिर धर्माचार और संकीर्तन की ओर प्रयाण कर गये थे। दोनों ही अग्रगामी हुए थे, पर वास्तव में दोनों ही अतिशयता के आवेश में अपने-अपने मूल अस्तित्व से पराङ्मुख हो गये थे। वास्तव में दोनों की दुर्गति हो गयी थी। छन्द-बद्ध कविताएँ मात्र भाषायी इकाइयाँ बन गयी थीं। वह शाब्दिक और आर्थिक जटिलताओं से जड़ हो गयी थीं। गेय पदों की गेयता में आदमी के प्राकृत स्वभाव की गेयता नहीं रह गयी थी। गाये गये पदों से अन्धविश्वासी आदमी का कायर मन सिसकता और रिरियाता रहता था या धर्मान्ध, लोक-विमुख और परोक्षगामी आत्मा का जप और जाप फुसफुसाता और बुदबुदाता रहता था। दोनों ही दीन-हीन और मलिन हो गये थे।

ब्रजभाषा पदों की गेयता को मधुर और सहज बनाए रखने में समर्थ थी; इसलिए पदों की रचना उसी भाषा में हुआ करती थी।

बाद को जब खड़ी-बोली का प्रसार और प्रचार व्यापक हुआ, तब पदों की रचना का स्रोत सूखने लगा और उनका लिखा जाना रुकने लगा। जन-साधारण में वही पुराने पद गाये-बजाए जाते रहे, जो शताब्दियों से गाये-बजाए जाते रहे हैं। पदों का विकास-क्रम अवरुद्ध होकर रह गया। इस अवरोध से गेय कविताओं को फिर से नया जन्म पाकर गूँजने के लिए दीर्घकाल तक इन्तजार करते रहना पड़ा। छायावाद के आने पर निराला, प्रसाद, पन्त, महादेवी के आने पर एक बार फिर से हिन्दी-काव्य में गेय कविताओं का उद्‌भव हुआ। खड़ी-बोली में उन्हें लिखा जाने लगा। उनका नया रूप पदों के रूप से भिन्न हुआ; लेकिन टेक—आरम्भ की प्रथम पंक्ति—फिर भी नयी गेय कविताओं में बराबर बनी रही। और तो सब-कुछ बदला, पर पदों की यह टेक पीछा न छोड़ सकी। उन नयी गेय कविताओं को काव्य-जगत में 'गीत' की संज्ञा दी गयी। गीत चल पड़े। तमाम लोग गीत लिखने लगे। सफलता पाई केवल उन्हीं ऊपर के चार छायावादियों ने।

छायावादियों के गीत अपने कथ्य और शिल्प में पहले के पदों से नितान्त भिन्न होकर सामने आये। निराला ने सहज-से-सहज और परुष-से-परुष गीतों की रचना की और उन्हें कवि-सम्मेलनों में गाकर सुनाया और ग्राह्य बनाया। उनके गीतों की भाषा कहीं तत्सम शब्दों की है; तो कहीं दैनिक बोलचाल के शब्दों की।

उनका हर गीत केवल उन्हीं का है—किसी दूसरे का नहीं है। मतलब यह कि वैसे गीत कोई दूसरा नहीं लिख सका। उनके गीतों का कथ्य कहीं प्रकृतिमुखी है, तो कहीं जनमुखी है, तो कहीं परिवेशमुखी है, तो कहीं जीवनमुखी है, तो कहीं दर्शनमुखी है, तो कहीं आदर्श और यथार्थमुखी है। उनके कथ्य के स्रोत अनन्त हैं। इसी प्रकार उनके गीतों का शिल्प भी तरह-तरह का है। निराला एक गीत का शिल्प दूसरे गीत में नहीं लगाते। हर गीत का कथन तदनुरूप शिल्प में ही ढलता है। कथ्य और शिल्प दोनों एक-दूसरे को पूर्ण विकसित किये रहते हैं। दोनों का सामंजस्य निराला के श्रम का परिणाम होता है। निराला पहले तो कथ्य को जीवनमय कर प्राप्त करते हैं और फिर उस पाए हुए कथ्य को अपनी गाढ़ी कमाई से कमाए हुए शिल्प से रूपायित करते हैं। उनके गीतों की अपनी बुनियाद होती है—उनका अपना इमारती नक्शा होता है। अपनी लम्बान-चौड़ान-ऊँचान होती है; और उनकी अपनी शुरुआत और समाप्ति होती है। वह रोमानी हुए भी तो सहज स्फुरण से रोमानी नहीं होते। उनका रोमान भी बनाया, सँवारा और सजाया जाता हैं। उनके रोमानों को उपलब्धि की कृति का रूप दिया जाता है। निराला सचेत, सजग, सधे, नियामक और निर्णायक शिल्पकार हैं। कथ्य और शिल्प उनको नहीं, निराला उन्हें गढ़ते हैं। निराला के गीतों में आदमी का सांस्कृतिक भावबोध भरा रहता है। वहाँ सहज-साधारण आदमी अपना सहज साधारण मन नहीं खोलता। पदों में व्यक्त होनेवाली सहज मानवीय प्रवृतियाँ वहाँ व्यक्त नहीं होतीं। हरेक गीत में निराला बोलते हैं। उनके वे बोल दूसरों के लिए होते हैं। उन बोलों को सुनकर दूसरे भी निराला की दृष्टि पा जाते हैं। निराला के गीतों की सम्प्रेषणीयता पाठक को अर्जित करनी पड़ती है। तब जाकर कहीं गीत पाठक की पकड़ में आता है। जो साधारणीकरण आम तौर से वर्णनात्मक कविताओं का गुण होता है, वह निराला के गीतों का गुण नहीं होता। निराला के गीतों का साधारणीकरण दूसरे प्रकार का होता है। वह साधारणीकरण, विशिष्ट इन्द्रिय-बोध के द्वारा सांस्कृतिक इकाइयाँ बनकर जनसाधारण से दूर जा पड़े हैं, फिर भी इन्हें गीत ही माना जाएगा; क्योंकि गेयता-गीत का मुख्य गुण—इनमें है और यह गाये और बजाए भी जा सकते हैं। इनकी गेयता के प्रवाह में छायावादी युग का नवजागरण और सांस्कृतिक नवोन्मेष है। इनमें काव्य की रूढ़ियों का खिलवाड़ नहीं है। शब्दों को इसलिए नहीं अपनाया गया कि वह सुनने में सुन्दर लगते हैं अथवा उनका प्रयत्न भाषायी सौन्दर्य है। शिल्प इसलिए नहीं अपनाया गया कि वह अपनी लय से मोहता रहे। हाँ, यदि इनमें गेयता न होती तो इन्हें, गीत की संज्ञा देने पर भी वास्तव में गीत के रूप में स्वीकार नहीं किया जा सकता था।

एक खूबी और है इन गीतों की। इनमें भारतीय काव्य की समस्त उपलब्धियों का नया विस्तारण और प्रसारण भी हुआ है। इस विस्तारण और प्रसारण में काव्य

की पारम्परिक मूल्यगत मान्यताएँ भी आयीं, परन्तु प्रगति के पथ पर चलने के लिए आयीं और प्रगति को प्राप्त करने के लिए सन्नद्ध हुई। पदों की वह गेयता जो सहज मानवीय स्वभाव की गेयता थी खो अवश्य चुकी थी; लेकिन उस गेयता के स्थान पर निराला ने खड़ी बोली के गीतों की गेयता देकर उस क्षति की पूर्ति कर दी। युग बदल चुका था। आदमी का रागबोध भी बदल चुका था। इसलिए छायावाद के युग में पदों की गेयता बनी भी नहीं रह सकती थी। पदों की गेयता सांस्कृतिक नवोन्मेष की गेयता बन गयी। निराला ने यह काम किया और इसके लिए हिन्दी उनकी ऋणी है।

प्रसाद के गीत दूसरे प्रकार के हैं। उनके गीतों में अतीत का वैभव-विलास नाटकों के पात्रों के कंठ से प्रवाहित होता है। उनके अनेकानेक गीतों में हृदय की अनेकानेक मानवीय धड़कने सुनाई पड़ती हैं। उनके कथ्य को प्रसाद वैसे नहीं प्राप्त करते, जैसे अपने कथ्य को निराला प्राप्त करते थे। उनके शिल्प को प्रसाद वैसे नहीं सँवारते, जैसे अपने शिल्प को निराला सँवारते थे। दोनों की रचना-धर्मिता अलग-अलग ढंग की है। प्रसाद चिन्तन के धरातल पर पहुँचकर वहाँ से गीतों का कथ्य लाते हैं और उसे सहज ही स्वभावगत तत्परता से ऐसे शिल्प में रूपायित कर देते हैं, जो उन्हें पहले से प्राप्त हो चुका होता है। प्रसाद शिल्प की कमाई नहीं करते। प्रसाद अपने जीवन से अनुभूत कथ्य नहीं लाते।

यही अन्तर है जो उन्हें और उनके गीतों को निराला और निराला के गीतों से अलग कर देता है। प्रसाद की सांस्कृतिकता प्रबुद्ध ज्ञानार्जित सांस्कृतिकता है। निराला की सांस्कृतिकता जिये जीवन की, उससे जुड़ी, उसके हित की सांस्कृतिकता है। इसीलिए प्रसाद के गीतों का इतना व्यापक क्षेत्र नहीं है, जितना व्यापक क्षेत्र निराला के गीतों का है। प्रसाद में परम्परा कथ्य और शिल्प के स्वरों पर बराबर जागती रहती है। प्रसाद की प्रगतिशीलता वैचारिक होकर व्यक्त होती है। गीतों में उसका समावेश किया जाता है। निराला की प्रगतिशीलता स्वयं गीत बन जाती है। निराला गीतों में प्रगतिशीलता भरते नहीं उपजाते हैं। प्रसाद के गीतों की साहित्यिक गेयता होती है, जो आरोपित गेयता ही कही जा सकती है। गेयता को प्रसाद गीत के साथ उपजाते नहीं; कथ्य को गीत में बाँध देते हैं। यही वह सूक्ष्म अन्तर है, जो प्रसाद और निराला के गीतों को एक-दूसरे से दूर रखता है। शिल्प की उपलब्धि करना प्रसाद का ध्येय नहीं जान पड़ता। वह पदों के शिल्प से भी अपना काम चला लेते हैं। शिल्प के जितने रूप और प्रकार निराला में मिलते हैं, उतने रूप और प्रकार प्रसाद में नहीं मिलते। फिर भी यह नहीं कहा जा सकता कि प्रसाद ने खड़ी बोली के गीतों को स्थायित्व नहीं प्रदान किया। उनके गीत एक-दूसरे स्तर के गीत हैं। उस स्तर के गीतों का भी काव्य में महत्त्वपूर्ण योगदान है। उस योगदान की सराहना करनी पड़ेगी।

पन्त के गीत-काव्य के पद्यात्मक गीत कहे जा सकते हैं। पद्य में बँधे पन्त के

गीत इसलिए सहज लगते हैं और छूकर-सहलाकर उड़-से जाते हैं, क्योंकि उनकी गेयता कथ्य से जन्मी हुई नहीं होती। तभी उनके गीतों का कथ्य उनकी गेयता से अलग करके पकड़ा जा सकता है। निराला के गीतों का कथ्य उनकी गेयता से अलग करके नहीं पकड़ा जा सकता। पन्त के गीतों में निरन्तर एक शब्दकार गाता रहता है। शब्दों को शब्दकार का स्वर मिलता रहता है।

महादेवी के गीतों का कथ्य और शिल्प ऊपर के कवियों से नितान्त भिन्न है। उनका कथ्य हो, या शिल्प मानवीय धरातल से उठकर तथाकथित आध्यात्मिक धरातल पर पहुँच गया है। वह जनसाधारण के सहज स्वाभाविक मन के गीत नहीं हैं। उनके गीतों का समस्त जीवन-दर्शन विभिन्न भाव-मुद्राएँ लेकर व्यक्त हुआ है। उनके गीतों में वेदना है, परोक्ष की सत्ता के प्रति समर्पण है। अपने मिट जाने की करुणा-भरी ललक है, पृथ्वी से लेकर आसमान तक का रंग-रूपमय स्पन्दन है, और सांस्कृतिक सूक्ष्म चिन्तन की संवेदनशीलता है, और बहुत-कुछ है। उनके गीतों की गेयता सहज भी है, कथ्य के अनुरूप भी है, किन्तु उनके गीत एक सीमित दिशा की ओर गये हैं, इसलिए व्यापक मानवीय दिशाओं का संस्पर्श नहीं करते। उनके गीतों से खड़ी बोली के काव्यों की नारी-हृदय के अनेकानेक मनोचित्र मिले हैं। वह सब-के-सब अपने-आप में सबसे अलग और अनूठे दिखते हैं। पन्त के गीतों से अधिक गेयता है इनमें। ऐसा लगता है कि जैसे कथ्य स्वयं गेय हो गया है; उसे गेय बनाने के लिए कवयित्री को प्रयास नहीं करना पड़ा। शिल्प में साधक कहीं नहीं दिखता। शिल्प स्वयं प्रस्तुत होकर कथ्य को अपना लिया करता है। निश्चय ही महादेवी के गीतों की अपनी एक अनूठी उपलब्धि है, जिससे नये-नये गीतों के लिए अनेकानेक कवयित्रियों को दृष्टि और दिशा मिली है।

छायावाद के बाद अनेक वाद हिन्दी की खड़ीबोली की कविता में आये और अब भी आते चले जा रहे हैं। हरेक वाद के दौरान अनेकानेक गीत लिखे गये हैं। इस समय भी 'नवगीत' लिखे जा रहे हैं। यहाँ तक पहुँचने में छायावाद के युग के सब गीत-चिह्न मिट गये हैं, और गीत ने 'नवगीत' के रूप में आदमी के स्वभाव की सहजता फिर से पा ली है; इसलिए नवगीतों में सहज कथ्य और सहज शिल्प होता है। इनमें न आध्यात्मिकता होती है—न दार्शनिकता होती है। साहित्यिकता को पा लेना भी इनका लक्ष्य नहीं होता; उन शब्दों के प्रति भी मोह नहीं रह गया, जिन शब्दों से इनके पूर्ववती गीत रचे जाते थे।

'नवगीत' अब एक अलग विधा बन गया है। पर्याप्त संख्या में नये-नये कवियों ने इनकी रचना की है। आंये दिन हर छोटी-बड़ी साहित्यिक पत्रिकाओं में इन गीतों को देखा जा सकता है। ये गीत कविता और अकविता के कुछेक तत्व अपने कथ्य और शिल्प में समोये रहते हैं। इनकी भाषा में पद्य और गद्य के निकट की लय बहुत विद्यमान मिलती है। यह तुकान्त और अतुकान्त दोनों होते हैं। पर

इनकी तुकें सर्वथा नयी होती हैं—वैसी नहीं होतीं, जैसे पहले के अन्य कवि प्रयुक्त कर चुके होते हैं। इनकी चाल में निर्धारित यतियों के बजाय कथ्य के आंशिक भाषायी टुकड़े होते हैं, जो एक-दूसरे से छोटे-बड़े होते हैं। इनकी गेयता कहीं-कहीं 'फिल्मी धुनों' के पास पहुँची हुई होती है और कहीं-कहीं 'लोकधुनों' पर आधारित होती है। ऐसा भी देखा जाता है कि कहीं-कहीं इनकी गेयता पश्चिमी गेयता से आबद्ध होती है। अलावा इसके अन्य प्रान्तों की भाषाओं की गेयता भी कभी-कभी इनमें व्याप्त दिखती है। इनकी शब्दावली काव्य की प्रयुक्त पूर्ववती शब्दावली नहीं होती। इनकी शब्दावली दैनिक वार्ता से उठाई शब्दावली होती है। यह स्वभाव से कभी पत्राचार तक पहुँचती है, तो कभी अखबारी माहौल के मिजाज की होती है। इनमें आत्मीय संलाप की लय भी पाई गयी है।

यह गीत सहज कविता के 'बाबुई' गीत कहे जा सकते हैं, जो विश्वविद्यालयीय रुचि और संस्कार का मजा देते रहते हैं। इन्हें जनसाधारण की दैनिक वार्ता का गीत नहीं कहा जा सकता, क्योंकि जनसाधारण इनके तेवर की भाषा का प्रयोग करता कभी नहीं देखा गया। इसलिए नवगीतों में भी कुछ-न-कुछ भाषायी कृत्रिमता अवश्य ही रहती है; पर वह कृत्रिमता सहजता को छूती-सी रहती है और ग्राह्य भी सहज ही हो-सी जाती है। छायावादी गीतों के बाद बच्चन के गीतों का प्रचार और प्रसार हुआ था। बच्चन ने अपने गीतों द्वारा छायावादी कथ्य और शिल्प को तोड़ा था और ऐसे गीत रचे और दिये थे, जो कविता भी थे और गीत भी थे। उनकी गेयता भी टेक पर टिकी हुई थी; लेकिन उनकी गेयता में सांस्कृतिकता की ओर प्रयाणशीलता नहीं मिलती, जो छायावादी गीतों की अपनी विशिष्टता थी। उनके गीत भाव या विचार को व्यक्त करने की दिशा में अधिक रत रहे। गेयता—उनकी गेयता—स्वयं में एक उपलब्धि के तौर पर नहीं होती थी, वरन् वह आधार बनकर प्रयुक्त होती थी। उनके भाव या विचार उस गेयता पर चलते थे। बच्चन की गेयता रेल की पटरियों की तरह बिछा दी जाती थी और उन पर उनके कृतित्व की रेलगाड़ी एक वेग से भागती-दौड़ती एक स्टेशन से दूसरे स्टेशन को पार करती गन्तव्य तक पहुँची थी। बच्चन के गीतों में शिल्प का पिंड़, गेयता का पिंड और कथ्य का पिंड एक साथ एक होकर तैयार होता था और बच्चन उस तैयार किये हुए पिंड को कवि-सम्मेलनों में उछालते रहते थे। सहजता बच्चन ने दी; पर उसे एक ही लय में बद्ध कर के बराबर देते रहे। उनके गीत छायावादी गीतों से आगे बढ़कर सहज मानव के सहज स्वर के सहज गीत न बन सके। बच्चन की भाषा गीतों में रूढ़ प्रवाह के साथ चली और चलते-चलते जब नयी जीवन-अनुभूतियों से कतरा गयी तो वह लोकधुनों के प्रवाह में गाँव को गयी और वहाँ से वहाँ का वातावरण ले आयी, पर तिसपर भी 'बाबुई' ही बनी रही।

बच्चन के लोकगीत वास्तव में पढ़े-लिखे मध्यवर्गीय अभिजात व्यक्तियों के मनबहलाव के गीत हैं। इसके विपरीत वीरेन्द्र मिश्र के गीत अधिक विविधता लिए

हुए देखे जाते हैं। उनके गीतों में—गीत-गीत में—पारम्परिक साम्य नहीं है। हरेक का अपना स्वर और स्वभाव होता है। हरेक की दिशा बदली हुई होती है। हरेक अपने कथ्य में दूसरे के कथ्य से बदला हुआ होता है। हरेक गीत आस्थावान व्यक्ति के जीवन की विभिन्न मानसिक स्थितियों का आत्मपरक और वस्तुपरक बोध प्रस्तुत करता है। कोई भी ऐसी दिशा नहीं है, जिसे उनके गीत न छू सके हों। वह प्रकृति को पकड़कर कैद कर लाते हैं। वह युगबोध को साकार कर देते हैं। वह राजनीति का आलोड़न भी गीत-बद्ध कर देते हैं। रूप और सौन्दर्य की चितवन्ती छवियाँ भी स्वर-बद्ध कर देते हैं। उनके गीत जीवित मानव की जीवित विकासशील संस्कृति की अभिजात उपलब्धियाँ बन जाते हैं। उनके गीतों का रोमान मानवीय रोमान होता है—पतित रोमान नहीं होता। वह गीत रचते हैं गेयता और कथ्य और शिल्प को सहज मानव के सहज स्वभाव से। उनके गीतों को विश्वविद्यालयीय गीत या बाबुई गीत नहीं कहा जा सकता; क्योंकि उनमें बाबुई संस्कृति का काव्य नहीं होता, वरन् जनसाधारण के जीवन से सम्बद्ध और संपृक्त कथ्य होता है। भाषा के स्तर पर उनके गीत अभिजातवर्गीय होते हैं। ऐसा इसलिए होता है; क्योंकि खड़ीबोली का लिखित रूप मूलतः अभिजातवर्गीय कृतिकारों के द्वारा निर्मित होता चला आया था और वह रूप उन्हें विरासत में मिला है। वह उसकी उपेक्षा नहीं कर सके; अतः उन्हें दोषी नहीं ठहराया जा सकता।

इनसे पहले नरेन्द्र शर्मा और नीरज गीत लिखकर ख्याति पा चुके थे। पर उन दोनों के गीतों में तब ही ठहराव आ चुका था। नरेन्द्र तो मुख्यतया प्रेम के गीतकार रहे हैं। नीरज ने अपनी गेयता को अन्य पुराने कवियों की गेयता से प्राप्त किया और जब जी में जैसा आया वैसा उसे अपनी रचनाओं में उपयोग करते चले गये। नीरज को कथ्य और शिल्प के स्तर पर, या गेयता के स्तर पर मौलिक रचनाकार नहीं कहा जा सकता। वह व्यवहार-कुशलता पर अधिक बल देकर रचनाएँ रचते रहे और गा-गा कर मशहूर होते रहे। उनके गीतों में सतहीपन आया और वह टिकाऊ इकाइयाँ न बन सके। उनके गीतों का साहित्यिक मूल्य क्या होगा, यह कोई विद्वान् ही बता सकता है। बहरहाल जैसी भी स्थिति है वह यही है कि उनके गीत उनके द्वारा खींच-खींचकर गाये जाने पर भी, विशिष्ट भाव-बोध के स्थायी गीत नहीं बन सके। वह लिपिकों के स्वभाव के लिखे गये गीत हैं। उनमें न मानवीय वेदना है—न मानवीय सहानुभूति। गहरेपन से अछूते उनके गीत हवा में ऊपर-ऊपर ही तैर जाते हैं और फिर शेष नहीं रह जाते।

रमानाथ के गीत बच्चन और नरेन्द्र शर्मा की मिश्रित परम्परा के गीत हैं। उन्होंने भी रोमान के बड़े अच्छे गीत लिखें हैं। वह भी प्रेम अनुभूतियों की सहजता के अलावा जीवन की विविध सहजता से नहीं जुड़े, इसलिए 'नवगीत' तक न पहुँच सके।

गीत-काव्य जन-मानस के आईने में

कविता को साहित्य का माध्यम नहीं कहा जा सकता। वह स्वयं साहित्य है। जैसे साहित्य को साध्य कहा जाता है, वैसे ही कविता को भी साध्य कहा जाता है। साहित्य की सृष्टि में कविता की सृष्टि समाहित रहती है। इसलिए मैं कविता को साहित्य का माध्यम नहीं मानता। इसलिए मैं कविता को साहित्य का सशक्त माध्यम भी नहीं मानता।

साहित्य के अन्तर्गत कविता आती है। इसलिए साहित्य की ऐतिहासिकता के अन्तर्गत ही कविता की ऐतिहासिकता रहती है। ऐसा नहीं कहा जा सकता कि साहित्य का कोई दूसरा इतिहास है और कविता का दूसरा।

इसलिए कविता को साहित्य के समग्र इतिहास के साथ ही देखना, परखना और समझना चाहिए। इसलिए जिस लोकप्रियता की बात कविता को लेकर उठाई गयी है, वह कविता तक ही सीमित नहीं रखी जा सकती—उसकी लोकप्रियता को समग्र साहित्य की लोकप्रियता के सन्दर्भ में ही उठाया जा सकता है। दोनों की लोकप्रियता का एक-दूसरे से अविच्छिन्न सम्बन्ध है।

लोकप्रियता का वह तथाकथित गुण साहित्य तभी प्राप्त करता है, जब वह लोक की वस्तुवत्ता को बिम्बित करता है और ऐसे बिम्बित करता है और इस शब्दों और अर्थों में बिम्बित करता है कि वह बिम्बन लोक-मानस को ग्रहणीय हो और ग्रहणीय वह तभी होता है, जब वह सम्प्रेषणीय होता है। इसलिए लोकप्रियता का सम्बल मूलतः सम्प्रेषणीयता से जुड़ा हुआ सवाल है। इसलिए सम्प्रेषणीयता का अतिक्रमण करके लोकप्रियता नहीं पाई जा सकती। तो सम्प्रेषणीयता को ध्यान में रखना होगा और सबसे पहले यह देखना होगा कि कविता की जो सम्प्रेषणीयता पहले थी, वह है या नहीं? और अगर है, तो कैसी कविताओं में कहाँ है? और वह पारस्परिक निर्वाह में है या परम्परा को तोड़कर नये कथ्य और शिल्प में है? और अगर नहीं है तो किस कविता में नहीं है और क्यों नहीं है? इन बातों पर विचार कर लेने पर ही लोकप्रियता वाले गुण की अवगतता होने लगेगी और फिर सविवेक उस पर विचार किया जा सकता है।

यदि ऐसा नहीं किया जाता, तो लोकप्रियता को सही ढंग से समझा भी नहीं जा सकता और न ही यह कहा जा सकता है कि आज कविता अपनी लोकप्रियता खोती जा रही है।

यह स्थापना कि आज कविता अपनी लोकप्रियता खोती जा रही है, वस्तुतः यह स्वीकरण प्रस्तुत करती है कि पहले कविता लोकप्रिय हुआ करती थी और उसने अब अपने इस गुण को खो दिया है। विचार करना होगा कि क्या ऐसी बात है?—क्या यह सत्य है?

हिन्दी-साहित्य का इतिहास उपर्युक्त बात की पुष्टि नहीं करता। कविता पहले समय में, केवल राज्याश्रित रही है और राज-दरबारों में ही जीती रही है। वह पहले का समय चाहे संस्कृत-साहित्य का युग रहा हो, चाहे ब्रजभाषा-काव्य का युग रहा हो, तब कविता केवल काव्य-सिद्धान्तकारों एवं पंडितों की चहेती रही है। वैसे भक्ति-काव्य के दौरान अवश्य ही वह सामान्यजन तक आयी। कबीर भी उसे अपनी वाणी से आम आदमी तक ले आये। लेकिन साक्षर जनता के अभाव में कविता कभी भी उस अर्थ में जनता की कविता नहीं हुई, जिस अर्थ में उसे लोक-कविता कहा जाय। इसलिए लोकप्रियता का गुण कविता को कभी प्राप्त नहीं हुआ कि उसे लोक-मानस की कविता कहा जा सके।

तुलसी बाबा की रामायण ही एक ऐसा महाकाव्य है, जो लोक-मानस का महाकाव्य हो सका। किन्तु इसी महाकाव्य के बलबूते पर समग्र हिन्दी-कविता को लोकप्रियता के गुण से विभूषित नहीं किया जा सकता। रामायण के बाद भी और आज तक जो कविता लिखी गयी और लिखी जाती है, वह कविता रामायणवाली लोकप्रियता के गुण की नहीं कही जा सकती। इसलिए यह कहना न्याय-संगत नहीं है कि कविता पहले, हमेशा लोकप्रिय रही है और अब वह सन् 1978 में पहुँचते-पहुँचते अपनी लोकप्रियता खो चुकी है। कविता तो कुछेक तक ही पहुँचती रही है और कुछेक ही उसका रसास्वाद लेते रहे हैं। वह विद्यालयों में न पढ़ाई जाती, तो सम्भवतः नयी पीढ़ी उससे अपरिचित ही रह जाती।

एक समय यह भी जरूर रहा है पहले, जब हम लोगों के छुटपन में, सूरदास और मीरा के पद घरों में, सबेरे-सबेरे आदमी गा लिया करते थे। लेकिन वह समय भी कब का बीत चुका और अब तो कविता जैसे शोधार्थियों के लिए ही बची है।

कविता के ऐसे संकुचित होते चले जाने का दायित्व देश की ऐतिहासिक परिस्थितियों को दिया जा सकता है। हमारे जीवन का समूचा ढाँचा ही जीर्ण-शीर्ण होकर डगमगा रहा है और अब तो आदमी-आदमी से पृथक् होता चला जा रहा है। कोई किसी से बँधा नहीं रह गया। पुरानी जीवन-पद्धति बेकार हो गयी है। उससे जुड़े मानव-मूल्य झूठे पड़ गये हैं। नैतिकता की नींव उखड़ चुकी है। नये

मानव-मूल्यों की खोज चल रही है। द्वन्द्व और संघर्ष से जूझता आदमी अपनी मानसिकता बदल रहा है। इस सबकी वजह से उसका साहित्य और काव्य भी—बदल रहा है। आदमी को अब वह प्रिय नहीं लगता, जो उसे पहले प्रिय लगता था। व्यक्ति अब अपनी निजी अस्मिता पाने की फिकर में पहले की सामाजिकता को त्याग रहा है और नये क्षितिज-छोरों की ओर लपक रहा है।

ऐसे में स्वाभाविक है कि कविता अपनी वह पहलेवाली अल्पांशी लोकप्रियता भी छोड़ दे। उसने उस लोकप्रियता से मुँह मोड़ लिया। वह व्यक्ति-प्रिय होकर समाज-प्रिय न रह गयी। यह क्रम चलता रहेगा और टूटने का भी नहीं है, चाहे कोई कितना ही हल्ला क्यों न मचाए और आज की कविता के खिलाफ जेहाद क्यों न छेड़े? भला यह कैसे हो सकता है कि युग बदले, देश की वस्तुवत्ता बदले और आदमी वैसे ही उसी पिछड़ी वस्तुवत्ता के समाज को समर्पित होता रहे और अपनी अस्मिता के नये-नये आयाम न प्राप्त करे और अपनी पहलेवाली तथाकथित लोकप्रियता वाली कविता से ही चिपका रहे और उसको नया जामा न दे—उसका नवीनीकरण न करे। इसलिए कविता की लोकप्रियता के क्षय होने से यह निष्कर्ष नहीं निकाला जा सकता कि उसका यह क्षय इसलिए हुआ, क्योंकि वह कविता नहीं रही याकि वह बौद्धिक हो गयी अथवा व्यक्तिवादी हो गयी। उसके स्थान पर गीतों को, नव गीतों को स्थापित किये जाने का आन्दोलन प्रारम्भ करना और इस बलबूते पर कि वही कविता का स्थान ले लें और लोकप्रिय हो जाएँ और वही कविता हो जाएँ सर्वथा गलत होगा। फिर तब तो यह कार्य भी दुष्कर कार्य होगा, जब यह स्थापना प्रस्तुत की जाती है कि गीत में 'भाषातीत गूँज' होती है और इस गूँज से ही गीत की शुरुआत होती है और इस गूँज को भाषा के सम्पर्क से कम-से-कम विकृत किया जाय। यह रहस्योन्मुखता होगी—गोपनीयता होगी-अनहद नाद होगा।

गीत भी कविता के अन्तर्गत ही स्थान पाता है। वह भी इतिहास से उतना ही बिंधा होता है, जितना आदमी और आदमी का काव्य। इसलिए यह सोचना ही गलत है कि ऐसे गीतों के सृजन से कविता को उसकी खोई हुई लोकप्रियता फिर से प्राप्त कराई जा सकती है। बेचारे नाजुकमिजाज गीत जब भाषा से कटकर बिना भाषा के स्वर में कुहकेंगे, तो हो सकता है कि श्रोता को उन्हें सुनकर पक्षियों के कलरव की अनुभूति हो। पर वे गीत आदमी के गीत नहीं होंगे। वे आदमी की चेतना के गीत नहीं होंगे। वे केवल कुहुक, कलरव, झंकार मात्र होंगे। तब वे गीत साहित्य के न होकर असाहित्यिक गुंजन मात्र के स्वरारोह और अवरोह की ध्वनि-लिपियाँ होंगे।

गीतात्मकता कविता को कविता नहीं बनाती। गीतात्मकता कविता को गेय बनाती है और गेय होकर वह एक कंठ से निकलकर दूसरों के कानों में प्रवेश करती है। लेकिन वह कार्य और भी तरीके से कवि लोग सम्पन्न कर लिया करते

हैं। इसलिए गीतात्मकता के परित्याग से, कविता की लोकप्रियता को सम्बद्ध करके यह नहीं कहा जा सकता कि गीतात्मकता के अभाव से ही कविता अपनी लोकप्रियता खो रही है। यदि गीतात्मकता ही लोकप्रियता का मूल कारण होती, तो संगीत ही काव्य का कब का स्थानापन्न बन गया होता, ऐसा नहीं हुआ। इसका उलटा ही हुआ। पक्के गाने पूर्णरूपेण गीतात्मक होते हैं, लेकिन वे आम आदमी को अच्छे नहीं लगते। गीतात्मकता प्रभावी नहीं होती। फिर यह कैसे कहा जाए कि गीतात्मकता के अभाव में ही कविता कविता नहीं रह गयी—और उसने अपनी लोकप्रियता खो दी। सिनेमा के गीतों की लोकप्रियता के कारण पर विचार करने से पता चलता है कि वे इसलिए लोकप्रिय नहीं हैं क्योंकि वे अच्छी—गीतात्मकता के उदाहरण हैं; वरन् वे इसलिए लोकप्रिय हैं क्योंकि वे उसी लोक-मानसिकता को व्यक्त करते हैं, जो आज बन रही है या बनती जा रही है। इस मानसिकता को साहित्यिक मानसिकता के समकक्ष नहीं रखा जा सकता। इसलिए गीतात्मकता के अभाव को कविता की लोकप्रियता के क्षय का कारण स्वीकार नहीं किया जा सकता। मुख्य बात तो यह है कि लोकप्रिय कविता के उन गुणों पर विचार करना चाहिए, जिनसे वह लोकप्रिय होती है। वे गुण वस्तुवत्ता से ही प्राप्त होते हैं। वस्तुवत्ता तक पहुँचकर उसके रूप-प्रकार को पकड़ना और उसे आत्मवत्ता देकर फिर से नयी कृति के रूप में, भाषाई इकाई बनाकर व्यक्त करने में ही कविता का सारा खेल होता है। इस खेल को नया खिलाड़ी नहीं खेल सकता और अगर खेलता है और अपनी निजता से निरूपित करके ही खेलता है, तो वह गलत ही खेलता है। मैं मानता हूँ कि गेय कविता भी प्रभावशाली होती है, जैसे जयदेव का गीतगोविन्द। वह प्रिय लगता है। फिर भी वह समग्र कविता के पूरे धरातल पर छाया हुआ नहीं है। गीत कभी भी समग्र कविता का स्थान नहीं ले सकते और न ही वे वह सब कुछ व्यक्त कर सकते हैं, जो गीत से इतर वाली कविता में व्यक्त होता है।

इसलिए गीत की वकालत, गीतात्मकता के समर्थन में, चाहे जितनी अच्छी हो, कविता को हरा नहीं सकती। गीत कविता को कभी निगल नहीं सकता। गीत का मुँह छोटा-पेट छोटा है। उसकी पाचन-शक्ति भी प्रबल नहीं है। कविता ही गीत को अपने क्षेत्र में एक सुरक्षित स्थान दे सकती है और उसे वहाँ जाने दे सकती है। वह उदार रही है, उदार है, और आगे भी हमेशा उदार रहेगी। गीत कविता से बल-वैभव लेकर ही टिक सकता है। क्योंकि कविता के खजाने में इतना-कुछ है कि उसमें कमी नहीं आती; चाहे जितना भी, जो कुछ भी निकाल-निकाल कर ले लिया जाय।

जब कविता ही अपना पारम्परिक रूप त्यागने पर मजबूर हो गयी है और एकदम नया रूप लेकर प्रकट हो गयी है कि अब वह साधारण आदमी की पहचान

में भी नहीं आती, तो बेचारा गीत इस रूप-परिवर्तन की पूरी प्रक्रिया से कैसे बच सकता है और पूर्ववर्त्ती पारम्परिक गेय 'पदों' की प्रणाली पर कैसे चल सकता है? कविता के साथ-साथ गीत भी बदला है और बदलेगा। इसलिए आज के गीत का कोई स्थायी रूप-प्रकार नहीं निर्धारित किया जा सकता। यह तो गीतकार पर निर्भर है कि वह आज किस-किस रूप-प्रकार को अपना-अपनाकर अपने गीतों को प्रस्तुत करे। गीत अब भी तुकान्त हो सकते हैं—अतुकान्त हो सकते हैं—नपी-तुली पंक्तियों में हो सकते हैं, बे-नाप की पंक्तियों में हो सकते हैं—टेकदार हो सकते हैं और बेटेक हो सकते हैं। देखना यही होता है कि कैसे-क्या किया जाए कि गीत कविता हो सके। वह केवल स्वरों का आरोह-अवरोह न रहे। राष्ट्रीय और अन्तर्राष्ट्रीय परिवेश ही तो कविता को बदल रहे हैं—गीतों को नया जामा दे रहे हैं। इस परिवेश को नकारा नहीं जा सकता—न इससे अलग रहा जा सकता है—न इसकी उपेक्षा की जा सकती है। परिवेश से प्रभावित होना पड़ता है समग्र साहित्य को, क्योंकि आदमी की चेतना परिवेश से प्रभावित हो रही है और बदलती हुई नया रूप ले रही है। ऐसे में भाषा भी बदलेगी, शिल्प भी बदलेगा। बदली भाषा और बदले शिल्प में ही परिवर्तन व्यक्त होगा, वरना वह युगीन न हो सकेगा और युगीन लोगों को ग्रहणीय भी न होगा।

'नवगीत' और 'नव कविता' की सम्प्रेषणीयता एक स्वभाव की है, यह अलग-अलग दो सम्प्रेषणीयताएँ नहीं है। सम्प्रेषणीयता चाहे 'नव गीत' की हो चाहे 'नव कविता' की हो, वही सम्प्रेषणीयता रहेगी। इसलिए दोनों की सम्प्रेषणीयता को दो तरह की सम्प्रेषणीयता में विभाजित करके एक की सम्प्रेषणीयता को दूसरे की सम्प्रेषणीयता से बढ़ाकर या कम करके नहीं आँका जा सकता। 'नव कविता', जो केवल नयी है और मानवीय चेतना के समग्र प्रवाह से अलग है, वही 'नव कविता' सम्प्रेषण शक्ति खोती है और उसी के समान होकर 'नव गीत' भी अपनी सम्प्रेषण शक्ति खोता है। चाहे 'नव कविता' हो, चाहे 'नवगीत' हो—दोनों कविता हों और केवल रचयिता की आत्माभिव्यक्ति न हों, वरन् वस्तुवत्ता की आत्मवत्तीय अभिव्यक्ति हों, यही आवश्यक है। यही मूल बात है। इसे ध्यान में रखकर ही लिखी गयी रचना कविता होगी—गीत होगी और सम्प्रेषणीय होगी।

कवि-सम्मेलन काव्य के प्रचार में सहायक होते हैं। वहाँ पहुँचे कवियों को श्रोताओं की रुचि का पता चलता है। दोनों के बींच सम्वाद की स्थिति पैदा होती है। सम्मेलन में एकत्रित भीड़ निश्चय ही उस मानसिकता की नहीं होती, जिस मानसिकता के कवि होते हैं। वैसे वहाँ भी ऐसे कवि होते हैं, जो भीड़ की जैसी मानसिकता के होते हैं। इसलिए विशिष्ट मानसिकता के कवियों की रचनाएँ भीड़ की मानसिकता के लिए ग्राह्य नहीं हो पातीं और तभी ऐसी विशिष्ट मानसिकता

के कवि वहाँ असफल हो जाते हैं। इस असफलता से यह निष्कर्ष नहीं निकाला जा सकता कि वैसी मानसिकता के कवि की रचना खराब है। खराबी तो वहाँ है, जहाँ भीड़ है, जिसकी मानसिकता अभी तक ऊपर नहीं उठ सकी और वह सिर्फ सिनेमाई फिल्मी गीतों तक ही पहुँच पाई है या कि चमत्कारप्रियता पर ही रीझती-सीझती है।

कवि-सम्मेलनी वाह-वाही और लोकप्रियता के कारण वही कवि नीचे गिरे हैं, जो कविता को नहीं, वाह-वाही को—लोकप्रियता को लूटने को ही कवि-कर्म समझते रहे हैं। अच्छे समझदार कवियों पर इस सब का बहुत कम असर पड़ता है और अगर पड़ता भी है, तो क्षणभर के लिए, न कि हमेशा-हमेशा के लिए।

समान्तर फिल्म : दृष्टि और दिशा

इधर कुछ अर्से से समान्तर कहानियों और समान्तर फिल्मों की काफी चर्चा हुई है। पक्ष और विपक्ष में अच्छे खासे लोगों में सम्वाद हुआ है। कहानीकारों और फिल्म वालों ने इस विषय में अपने-अपने खिलाफ-माफिक विचार व्यक्त किये हैं। जनता में भी, खासकर सिनेमा देखनेवालों में भी इनको लेकर तर्क-वितर्क हुए हैं। फिल्म बनाने वाले पुराने जाने-माने लोगों के भी कान खड़े हुए हैं। मतलब यह कि 'समान्तर' विवाद का विषय बन गया है। साहित्य और कला के क्षेत्र में भी इसने छोटी-बड़ी लहरें उठाई हैं।

मानना तो पड़ेगा ही कि, चाहे समान्तर कहानी हो, चाहे फिल्म—दोनों ही जन्म लेकर अस्तित्व में आ गये हैं और चल निकले हैं। यह बात अवश्य है कि अभी दोनों ही अपने-अपने क्षेत्र में सुख-सुविधा से स्थापित नहीं हुए हैं। मतलब यह कि अभी तक देश और काल पूरी तरह से उनके माफिक नहीं हुआ।

विपक्ष में कहा जाता है कि समान्तर फिल्म आम जनता के दिमाग और जीवन से कटे हुए हैं। वह उसको नहीं छूते। उनमें बौद्धिकता रहती है। वह भावनात्मक स्तर पर सम्वेदनशील नहीं होते। उनकी कथा व्यक्ति की निजी इकाई की कथा होती है। वह दूसरे व्यक्ति की इकाई से सम्बद्ध नहीं होती, वह कथा आम मानवीय चेतना की कथा नहीं बनती। इसलिए उनका (फिल्मों का) शिल्प भी एक विशेष बौद्धिक दृष्टिकोण के द्वारा निरूपित एवं नियोजित होता है। वह शिल्प सविशेष होकर भी सार्वजनिक रुचि का शिल्प नहीं हो पाता। इसलिए उन फिल्मों के दृश्य भी वैसे ही कम संवेदनशील और कम प्रभावशाली होते हैं। उन दृश्यों में दर्शक अपने-आपको नहीं पाता। वह उनसे दूर तमाशा देखता रहता है। दूसरे शब्दों में, फिल्म उसके दिल और दिमाग में धँस नहीं पाती। जो बातचीत का तरीका होता है, वह जिन्दगी से निकली हुई लहजे की बातचीत का तरीका नहीं होता। देखने वाले सब सुन लेते हैं, मगर सुनकर भी अनसुनी कर जाते हैं।

विपक्ष की इन बातों में पूरी सच्चाई न सही, थोड़ी तो है ही। इस सच्चाई से इंकार कर देने से काम न चलेगा।

इसलिए सूझ-बूझ से ही 'समान्तर' फिल्मों को बनाना चाहिए, ताकि जो उद्देश्य इनका है, वह ग्रहण किया जा सके और ग्रहण होकर दर्शक को दीक्षित और कुछ हद तक संस्कारित कर सके। यह सोचना कि ऐसे फिल्मों का ध्येय जिए जा रहे जीवन के यथार्थ को उसकी ही शक्ल में पेश करना है, इसलिए दर्शकों को उसका आईना दिखा देना ही काफी होगा, सरासर नासमझी होगी। आदमी सिनेमा देखता है, तो अपने पास के जीवन की झलकियाँ तो देखेगा ही, पर वह उन झलकियों को ही देखकर सन्तुष्ट नहीं होता। उसकी लालसा रहती है कि वह उन झलकियों से कोई ऐसी बात पा सके, जो दिल और दिमाग में धरोहर की तरह रख सके और उस धरोहर से प्रभावित होता रहे। माना कि सब फिल्में ऐसी नहीं हो सकतीं; फिर भी प्रयास ऐसा ही होना चाहिए, चाहे कुछ ही वैसी फिल्में बनें। ऐसा ही फिल्मों को देखकर ही आदमी 'समान्तर' फिल्मों के प्रति खिंच सकता है। अभी समान्तर फिल्मवालों को इस दिशा में अथक प्रयास करना बाकी है।

देखिए न—फिल्म तो जीवन का जीता-जागता और बोलता प्रतिरूप होता है, जहाँ ऐक्टर्स और ऐक्ट्रेसेज काम करते हैं, जिन्हें देखकर आभास होता है कि वह सब जैसे सचमुच की जिन्दगी में आ-जा और कामकाज कर रही हैं। 'समान्तर' फिल्मों में इस सच्चाई को तिलमिलाहट की हद पर ही छोड़ दिया जाता है और सिर झुकाकर या आँसू बहाकर या दो-चार चुस्त-दुरुस्त जुमले कहकर स्वीकार कर लिया जाता है, चाहे मजबूरी से, चाहे बेवकूफी से, चाहे दुनियादारी से, और चाहे खौफ-खता या शराफत से। मतलब यह कि फिल्में चाहे जितनी यथार्थवादी हों, वह जिये जा रहे जीवन की फोटो-मात्र हो जाती हैं। ऐसी फिल्मों के देखने से एक निराशा पैदा होती है, जो तकलीफ देती है और जिन्दगी से नफरत पैदा करती है। भले ही ऐसी फिल्मों में आदर्श कुछ भी न रखा जाय, पर इतना तो होना ही चाहिए कि फिल्मों के अन्दर से तड़पती बिजलियाँ निकलती दिखें और देखनेवालों को यह एहसास हो कि फिल्म के कैरेक्टर्स अच्छा जीने के लिए आस-पास के परिवेश से जूझ रहे हैं और हर चन्द कोशिश कर रहे हैं कि जीवन में जो खराब है, बेकार है, वह मिटा दिया जाय।

और आदमी फिर उस खराबी और बेकारी से लाचार न महसूस करे। ऐसे एहसास की बहुत ज्यादा जरूरत है। 'समान्तर' फिल्म कोई खिलवाड़ नहीं है, न कोई प्रयोग है, न चमत्कार है, न दिमागी ऐय्याशी का करिश्मा है, न भानुमती का पिटारा है, न किसी एक आदमी या एक घरवालों की जिन्दगी का नमूना है। 'समान्तर' फिल्म न चकलाघर है, न हज्जाम की दुकान, न क्लासरूम है न दुनिया से कटे, सिर-फिरे लोगों की जमात का चित्रपट है कि जहाँ कोई समुद्र की लहरें देखकर जी रहा है, तो कोई दूसरे की नंगी देह देखकर या छूकर भाव-विभोर हो रहा

है। मतलब यह है कि 'समान्तर' फिल्मों में जो आजकल यथास्थिति के प्रति मूक समर्पण होते रहकर त्रासित जीवन जीते चले जाने की प्रवृत्ति आयी है, वह यथार्थ की उपज भले ही हो, किसी प्रकार से हितकार नहीं कही जा सकती। इस प्रवृति से आदमी में उस मानवीयता का उदय नहीं होता, जो सचमुच समाजवादी मानवीयता कही जा सके। इससे तो आदमी अपने मूक-मौन रुदन में ही घुलता-मिटता चला जाता है। ऐसी प्रवृत्ति के आदमी केवल बौद्धिक तनाव में रहते हैं और अपने ही दिमागी चित्रों की जिन्दगी जीते हुए असामाजिक इकाई बन जाते हैं। न उन्हें दूसरों की जिन्दगी से मतलब होता है, न देश की हलचल से। ऐसे आदमी अगर कुछ करते भी हैं, तो अपने दफ्तर के सहयोगियों से या अपने बॉस से या अपनी-अपनी आर्थिक समस्याओं के सम्बन्ध में ही किसी-न-किसी औरत या कुमारी से मनोवैज्ञानिक रूप से भी जुड़ जाते हैं और तरह-तरह की विसंगतियों के शिकार बने भटकते रहते हैं।

'समान्तर' फिल्म निश्चय ही तबतक जनता के जीवन का प्रतिबिम्बन नहीं कर सकता, जबतक वह व्यक्ति की जिन्दगी की समस्याओं को, उसके जीने-मरने के यथार्थ को ही व्यक्त करता रहेगा। व्यक्ति का महत्त्व और उसकी गरिमा है। समाज और देश में उसे सही और साबूत रखना है। उसकी स्वतन्त्रता का अपहरण होते देखकर सबको दुःखी होना है। लेकिन व्यक्ति को समाज में, समूह में, समाकर जीना सीखना पड़ता है। इसलिए व्यक्ति की समस्या समाज और देश से जुड़ी रहती है। इसलिए केवल व्यक्ति, अकेले व्यक्ति, सबसे कटे व्यक्ति, अपनी ही समस्याओं में खोए व्यक्ति, अपने लिए ही एकाकी जीवन जीते व्यक्ति 'समान्तर' फिल्म में हीरो-हीरोइन नहीं बन सकते। यदि वे बनेंगे, तो फिल्म जनता की फिल्म न होगी। इसलिए उनके जीवन-वृत के दृश्य भी मार्मिक और संवेदनशील नहीं होंगे। यह फिल्में चाहे जितनी कलात्मकता से क्यों न बनाई जाएँ, जनता का हृदय नहीं जीत सकतीं। कलात्मकता जीवन नहीं है। कलात्मकता तभी जीवन है, जब वह जीवन को उसकी मानवीयता से उजागर करती है और सबके लिए—आम जनता के लिए उस मानवीयता को ग्रहणीय बनाती है।

सिनेमा एक बड़ा सशक्त सार्वजनिक माध्यम है। यह माध्यम तत्काल फल देने वाला माध्यम है। इस माध्यम से आँखें वह जीवन-दृश्य देखती हैं, जो तुरन्त ही असर करता है। पढ़ा हो, चाहे अनपढ़ अन्धा भर न हो, तो दर्शक अच्छी फिल्म देखकर सराहे बिन नहीं रह सकता।

यह श्रेय 'समान्तर' फिल्मों को दिया ही जाना चाहिए कि इन्होंने फिल्मों में आयी कृत्रिमता को, तड़क-भड़क को, नाटकीयता को, चमत्कार को, सस्पेंस को, फार्मूलेबाजी को और हर तरह के फिल्मी शोषण को तोड़ना शुरू कर दिया है और उसके परिणाम सुखद और शुभ हो रहे हैं। इनका भविष्य उज्ज्वल है।

कुछ लोगों को भ्रम है कि 'समान्तर' फिल्म समसामयिक फैशन की फिल्म है, जो कुछ दिन जीकर मर जाएगी। ऐसा वही लोग कहते हैं, जो जीवन को, आम आदमी के जीवन को और उसकी समस्याओं को, घटिया समझते हैं और आम आदमी को उभरने नहीं देना चाहते। यह सामन्ती और साम्राज्यवादी देन की दुःखद परिणति है कि शोषण चालू रहे, यथास्थिति न बदलने पाए, लोग फिल्म देखें, तो सिर्फ मनोरंजन के लिए अथवा अपनी काम-वासनाओं की तृप्ति के लिए ही देखें। दरअसल में यह पैसा कमानेवालों का एक विश्वव्यापी असामाजिक षड्यन्त्र है। हर देश में यह षड्यन्त्र चालू है। इसे विफल करने के लिए 'समान्तर' फिल्मवालों को समसामयिकता और आधुनिकता को ऐसे जीवनव्यापी आयाम देने होंगे, जो फिल्म की विषयवस्तु (THEME) को साधारण धरातल से उठाकर आदमी-आदमी के मन की गहरी परतों को तोड़ सके और उस त्रासदी को दिखा सके, जिसमें आदमी आज के सन्दर्भ में गाँव और नगर में, जीने के लिए मजबूर है। इस त्रासदी को फिल्मों में उन व्यक्तियों को बेनकाब करके भी दिखाना होगा, जो इसको कायम करने में लगे हुए हैं, हर तरफ चारों तरफ। इसका नतीजा यह होगा कि त्रासदी जीनेवाले के प्रति तो दर्शक की सहानुभूति उमड़ेगी ही और त्रासदी को बरकरार रखनेवाले के खिलाफ क्रोध और आक्रोश भी भड़केगा और तब फिल्म में जान पड़ेगी। 'समान्तर' फिल्म को सिर्फ बौद्धिक निष्क्रियता से जिलाए नहीं रखा जा सकता। उसे तो कर्ममय जीवन की क्रियाशीलता का ब्यौरा प्रस्तुत करना ही पड़ेगा। बैठा-ठाला आदमी चाहे दार्शनिक मुद्रा में हो, चाहे तटस्थ मुद्रा में, वह फिल्म में जान नहीं डाल सकता। जान डालता है, तो सिर्फ क्रिया-कलाप वाला आदमी ही। क्रिया-कलाप से फिल्म में गति आती है, वह विकसित होती है, एक भराव आता है उसमें। फिल्म झरने का रूप ले लेती है, नदी के निनाद का रूप ले लेती है।

यह भी याद रखना चाहिए कि बौद्धिकता फिल्म को अमूर्तन (ABSTRACTION) की ओर ले जाती है, जहाँ आदमी का आदमीपन लोप हो जाता है और वह उस धुँधलके में अपनी शक्ल-सूरत भी खो बैठता है। वह पहचान में ही नहीं आता। 'समान्तर' फिल्म के बनाने में ऐसे अमूर्तन की ओर बहक जाने की बड़ी सम्भावना है।

अमूर्तन में पहुँच गयी फिल्म, जीवन की बहुरूपता को, विविधता को, उसके उतार-चढ़ाव को, उसकी ऊँचाई को, उसकी मान्यताओं और मूल्यों को और उसकी अपेक्षाओं को समाप्तप्राय कर देता है। जीवन अमूर्तित होकर अपना ऐतिहासिक परिप्रेक्ष्य ही खो देता है। तो ऐसे अमूर्तन को अपना-कर 'समान्तर' फिल्म मानवीय बोध के सभी तत्त्वों से शून्य ही हो सकता है। इसलिए 'समान्तर' फिल्म के निर्माताओं को ऐसे अमूर्तन के भारी खतरों से आगाह रहना चाहिए।

और सबसे बड़ी जरूरत तो इस बात की है कि 'समान्तर' फिल्म में आज के

अलगाव या अजनबीपन (ESTRANGEMENT) को कम किया जाय। ऐसा करने के लिए फिल्म को, परिवेश के साथ-साथ, प्रकृति के दृश्यों से भर देना चाहिए। ऐसे दृश्यों से अजनबीपन का बोध हल्का पड़ेगा और आदमी को अपने मानसिक तनाव को पूरा आघात न झेलना पड़ेगा। उसके आनन्द और उल्लास के आन्तरिक स्रोत सूखने न पाएँगे। वह संवेदनशील बना रह सकेगा।

एक ऐसी भी भयावह स्थिति आ सकती है कि आज की दैनिक विभीषिकाओं और विसंगतियों से घबराकर 'समान्तर' फिल्म के नये निर्माता आदमी को उसकी आदिम अवस्था में ही चित्रित करने में अपनी सार्थकता समझने लगें। यह भी बेहद गलत होगा। यह पलायन होगा। ऐसे पलायन की ओर झुकना ही नहीं चाहिए।

'समान्तर' फिल्म की शुरुआत भले ही ऐतिहासिक परिस्थितियों की उपज हो, लेकिन उसके जन्म को केवल प्रतिक्रिया के रूप में नहीं लेना चाहिए। प्रतिक्रिया ने उसे जन्म दिया। अब उसे अपने जीवनाभिमुखी पथ पर अग्रसर होना है। इसलिए अब उसे दृष्टि और दिशा से ही उस कथ्य और शिल्प को अपनाना होगा, जो जीवन के विभिन्न क्षेत्रों को मानव-जीवन की समग्रता में दृश्यांकित कर सकने की क्षमता रखते हैं। तभी 'समान्तर' फिल्म आम जीवन का प्रतिनिधित्व कर सकेगी और देश की चेतना को समाजवादी चेतना में रूपान्तरित कर सकेगी! यदि ऐसा न किया गया, तो 'समान्तर' फिल्म भी किसी-न-किसी विरूपता का शिकार हो जाएगी और वह भी केवल विचित्र मनोरंजन का साधन ही होगी अथवा मानव-मन की निकृष्ट असामाजिक ग्रन्थियों का अशोभन प्रकाशन ही प्रदर्शित करने लगेगी। फिल्म की कला को भोग की कला नहीं बनने देना है। उसकी कला को चेतना के सर्जन से जुड़ना चाहिए, ताकि वह क्रमिक विकास करती हुई महान् समाजवादी प्रगति का चित्रफलक प्रस्तुत कर सके और इस संसार में आदमी-आदमी की सार्थकता प्रमाणित हो सके।

दो भूमिकाएँ

कवि केदारनाथ अग्रवाल के मार्च सन् 1947 ईसवी में प्रथम प्रकाशित काव्य-संग्रह 'युग की गंगा' (प्रकाशक भानुकुमार जैन, मैनेजिंग डायरेक्टर, हिन्दी ज्ञान मन्दिर लि. के लिए थापर एंड कं. 2/178, शींव रोड, मुंबई-22) की भूमिका—

(क) 'युग की गंगा'

वस्तु-जगत की मानसिक प्रक्रिया को कवि अपनी भाषा द्वारा कविता के रूप में व्यक्त करता है। किन्तु मानसिक प्रक्रिया को कवि के व्यक्तित्व से परे समझना भूल होगी। वैसे ही कवि के व्यक्तित्व को भी आर्थिक, सामाजिक, राजनैतिक और सांस्कृतिक परिस्थितियों से निर्लिप्त मानना भूल होगी। वास्तव में आर्थिक आधार पर ही तो समाज का निर्माण होता है, देश की राजनीति बनती है और संस्कृति का अभ्युदय होता है। जब जैसी अर्थनीति होती है; वैसी ही समाजनीति होती है, वैसी ही राजनीति होती है; और वैसी ही संस्कृति और सभ्यता होती है। इसलिए कवि अथवा उसके व्यक्तित्व को अर्थनीति का अंश ही समझना चाहिए। कवि की विचारधारा और भावधारा दोनों ही अर्थनीति से निःसृत होती हैं, इसलिए कवि के व्यक्तित्व को कल्पना लोकवासी देवता का व्यक्तित्व न समझना चाहिए।

भारतीय साहित्य के इतिहास के अध्ययन से इसकी पुष्टि होती है। एक समय ऐसा था, जब भारतवासी प्रकृति पर अपने ज्ञान की विजय नहीं कर सके थे, और अपने को धरती का मालिक नहीं समझते थे, तब वह प्रत्येक प्राकृतिक सत्ता को अपने कल्याण के लिए उद्‌बोधित करते थे। उस समय का सम्पूर्ण काव्य जिज्ञासा का काव्य है, उद्‌बोधन का काव्य है, वन्दना का काव्य है, और अपनी रक्षा की कामना का वृहत्तर काव्य है। धरती का कलेजा चीरकर जब भारतवासी अन्न उपजाते थे, तब वह उस अन्न को अपने श्रम का अन्न नहीं समझते थे, अपितु उस अन्न को माता धरती की ही देन समझते थे। धरती ईश्वर की थी, इससे अन्न ईश्वर का हुआ। अतः यहीं से ईश्वरीय काव्य की उत्पत्ति सम्भव हुई, जो क्रमशः

दार्शनिक और धार्मिक काव्य की परम्परा बनता गया। दर्शन ने भिन्न-भिन्न परिस्थितियों में भिन्न-भिन्न रूप ग्रहण किये और इसी तरह धर्म ने भी अनेकानेक रूप पाए।

एक समय वह आया, जब मनुष्य ने धरती को अपनी सम्पत्ति समझा। इस अधिकार का परिणाम यह हुआ कि तब मनुष्य की महत्ता उसके कम या अधिक धरती के मालिक होने से मापी जाने लगी। भूमि पर जीवन-निर्वाह करने वाले व्यक्ति उस भूमिपति के दास हो गये। भूमिपति उनसे अपनी धरती जोतवाता था, बीज बोवाता था, फसल कटवाता था; और इन सबके बदले वह उन लूट में बन्दी किये हुए दासों को खाने को अन्न देता था। तब के साहित्य में यहाँ-वहाँ यह मिलता है कि अमुक के पास इतने दास-दासी थे, और अमुक के पास इतने दास-दासी थे। यहाँ से सम्पत्तिवान मनुष्य की काव्य परम्परा का श्रीगणेश होता है।

एक दिन वह आया कि कुछेक शक्तिशाली व्यक्ति अधिक-से-अधिक भूमि के अधिपति हो गये। तब वह अपनी विस्तृत भूमि का समुचित प्रबन्ध न कर सकने लगे। यही नहीं, सबकी फसल का स्वयंमेव उपयोग कर सकना भी असम्भव हो गया। ऐसी दशा में उन्होंने अपने विश्वासी अनुचरों को भूमि देना प्रारम्भ किया; और उन्हें ऐसी भूमि दान देते थे जो उनके काम की न होती थी, और उनकी पहुँच के बाहर होती थी। वे लोग जिन्हें भूमि इस प्रकार मिलती थी, अपने भूमिदाता को प्रत्येक नियत अवसर पर अपनी सेवाओं से उपकृत करते थे। लगान के रूप में अन्न का निर्धारित भाग भी वे लोग अपने भूमिदाता को देते थे। अब दास-प्रथा का अन्त हो गया था। अतः कालान्तर में स्थान-स्थान पर वैयक्तिक पूँजी का संचय होने लगा और मध्यवर्गीय स्वतन्त्र श्रेणी की रूपरेखा खिंचने लगी। इसके अतिरिक्त भूमिपतियों को अपनी विशाल सेना रखनी पड़ती थी, जिसका व्यय वे ही स्वयं बर्दाश्त करते थे। सेनानायक उच्छृंखल होते थे, साहसिक होते थे, मारने-मरने से न डरते थे; और लूटपाट करके कोष को बढ़ाते थे। और स्वयं भी अधिकांश लूटी सम्पत्ति अपने पास रख लेते थे। यह थी सामन्ती अर्थनीति की संस्कृति। ऐसे में कवि आश्रयदाता की वीरता का बखान करते थे; उसके प्रभुत्व और वैभव का चित्र खींचते थे; उसके सेनापतियों की गाथाओं का वर्णन करते थे; और आतंकित जनता के पतन की कारुणिक अभिव्यक्ति करते थे। और जब राजा इतने बलिष्ठ और समृद्धिशाली होने लगे कि उनके विश्व जीतने के स्वप्न सफल होने लगे और विश्व विजेता की उपाधि से वे विभूषित होने लगे, तब ही सम्भवतः उनमें ईश्वर का आरोप किया गया और उन्हें ईश्वर का प्रतिनिधि भी घोषित किया गया। एक ओर ईश्वर की प्रेरणा का काव्य निर्मित हो रहा था और दूसरी ओर ईश्वर के प्रतिनिधि मानव का काव्य भी तैयार हो रहा था।

इसी समय धर्माधिकारियों का अभ्युत्थान भी हो रहा था। जैसे सामन्तों के

पास भूमि का विस्तार बढ़ रहा था और इसकी रक्षा का भार सेना के ऊपर सौंपा जा रहा था, वैसे इन धर्मात्माओं के पास भी धरती का विस्तृत क्षेत्र आ रहा था, और वे उसका सामन्तों की भाँति ही प्रबन्ध कर रहे थे। उत्तरोत्तर शक्ति ग्रहण करके ये ही धर्मात्मा देश की अर्थनीति में हस्तक्षेप करने लगे और सामन्तों के घरानों में प्रवेश करके उनकी राजनीति को भी अपनी तरह से प्रभावित करने लगे। इसी से इस समय के साहित्य में इन महापुरुषों का भी अंकन मिलता है। सम्भवतः तभी से गुरु की कल्पना हुई है, और आगे चलकर यही 'गुरु' देश की दशा में महापरिवर्तन लाने का कारण हुआ है। साहित्य में भी यह 'गुरु' दिखाई देता है।

एक और श्रेणी रह जाती है। वह है व्यापारियों की। पहले तो गाँव में गाँव की माँग की वस्तुएँ बनीं, फिर बाजारें लगने लगीं। और दूर-दूर से वस्तुएँ आने-जाने लगीं। व्यापारियों के दल और वर्ग स्थापित होने लगे। अपनी लाभ-हानि की प्रवृत्ति से प्रेरित होकर वह भी संघर्ष करने लगे। उन्होंने अपने कल्याण के न्यायों की रचनाएँ कराई। खर्चीले सामन्तों तथा राजाओं को वे ऋण देने लगे। अतः वही हुआ कि वह भी देश की अर्थनीति में हस्तक्षेप करने लगे। पूँजीवाद के आने पर जो अब और भी बढ़ गया है।

पिछला समस्त भारतीय साहित्य केवल मात्र ईश्वर, भूपति, पुरोहित, चमूपति और व्यापारियों के संसार की मानसिक-प्रक्रिया का साहित्य है। इससे कोई इनकार नहीं कर सकता। जब से ईस्ट-इंडिया-कम्पनी के चरण पड़े तब से लेकर आज तक सबसे प्रबलतम शक्ति साम्राज्यवाद की हुई है। और इसी दुर्दम साम्राज्यवाद की कुटिल नीति से नत्थी होकर राजे-महाराजे और पूँजीपति देश की स्वतन्त्रता की लड़ाई में रोड़े अटकाते हैं। वह नहीं चाहते कि साम्राज्यवाद जाए। पूँजीवाद, क्या सामन्तवाद, दोनों ही अपनी भलाई इसी में देखते हैं कि एक तीसरी शक्ति नीचे से उठती हुई जनता को कुचलती रहे, ताकि वह जनता असफल रहे, अन्यथा सफलता प्राप्त करके जमीन उसकी हो जाएगी—जो जोतेगा; और मिलें उसकी हो जाएँगी—जो उसमें श्रम करेंगे।

अतः अब देश की विकासोन्मुख अर्थनीति के कारण निम्नांकित वर्ग बन गये हैं, जो एक दूसरे के विरोधी हैं;

(1) जमींदार और किसान।

(2) मिल मालिक और मजदूर।

(3) साम्राज्यवाद और स्वतन्त्रता प्रेमी वर्ग।

इसके अतिरिक्त साम्राज्यवाद ने नीचे लिखे और भी वर्ग अपनी सत्ता बनाए रखने के लिए कायम कर दिये हैं:

(1) बहुसंख्यक जातियाँ और अल्पसंख्यक जातियाँ।

(2) सवर्ण हिन्दू और मुसलमान।

(3) पाकिस्तान और हिन्दुस्तान।

(4) पदाधिकारी और साधारणजन।

इसका परिणाम भी वही हुआ कि अब हिन्दी में वर्ग भेद के साहित्य की रचना शुरू हो गयी है। इसका भी एकमात्र कारण देश की अर्थनीति ही है।

यह तो हुई अर्थनीति के कारण वैसी मानसिक प्रक्रिया की बात।

अब देखना यह है कि आर्थिक आधार के बदलने से मानसिक प्रक्रिया किस-किस रूप में और किस-किस तरह से व्यक्त हुई है?

वीरगाथा काल में वीरों के जीवन से ही जनता का जीवन सम्बन्धित था; इस हेतु मानसिक प्रक्रिया, भाषा में वीरों की विरुदावली के रूप में व्यक्त हुई है; वैसे ही शब्दों का कवियों ने प्रयोग किया है; जिससे रणध्वनि साकार होती है। आक्रमण और प्रत्याक्रमण का विस्तृत वर्णन भी प्राप्त होता है, सेनाओं का प्रवाह और तूर्यनाद दोनों का निरूपण भी हुआ है।

भविष्यकाल की आर्थिक व्यवस्था, जन-साधारण की दृष्टि से अच्छी न थी। जन साधारण को सामन्तों से सुख-सुविधा अप्राप्य थी। उनका कोई सहारा न रह गया था। आदर्श चरित्रधारी नृपति अधःपतन में पड़कर मुगल-सम्राट से मेल-मिलाप करके, वैभव की चकाचौंध बनाए रखना चाहते थे। फिर ईश्वर का काव्य संस्कृत साहित्य में पर्याप्त मात्रा में विद्यमान था; इससे जनकवियों ने जनता की आर्थिक दुरवस्था से क्षुब्ध होकर सगुण और निर्गुण ब्रह्म का आश्रय लिया और जनता को राम और कृष्ण के चरित्र में भुलाने और रमाने लगे। उधर तो राजाओं का वैभव-विलास था और उनकी रति-केलि थी। इधर उसी के अनुरूप विद्यापति की राधा-माधव की शृंगारी-कविता में रति-केलि थी, जो जनता की मानसिक तृप्ति के लिए पूर्णरूपेण समर्थ थी। तुलसी ने अभाव से पीड़ित, अच्छी राज-व्यवस्था से वंचित और चरित्रादर्श व्यक्ति के अनुकरण के लिए आकुलित जनता को 'रामायण' दी। जनता के आर्थिक अभाव से प्रेरित होकर ही तुलसी ने स्थापित मुगल राज्य-वैभव के समक्ष रामराज्य का काव्यमय रूप स्थापित किया। मुगल राज्य में दुर्बलताएँ थीं, किन्तु कवि के दिये 'रामायण' में कोई दुर्बलता न थी। तत्कालीन जनभाषा अवधी के सरल शब्दों में दोहा-चौपाई का जामा पहनकर व्यक्त हुई। सूर ने कोई चरित्र नहीं गढ़ा। उन्होंने कृष्ण का लड़कपन, प्रेम और विरह चित्रित किया है। जनता ने इनके बालकृष्ण में अपने बालकों की काल्पनिक क्रीड़ाओं का प्रतिबिम्ब पाया; कृष्ण और गोपी के प्रेम-विरह में अपना प्रेम-विरह पाया। समुपस्थित राज्यवर्ग का केलि-कलाप जनता को दुर्लभ था, इस हेतु सूर रचित कृष्ण के केलि-कलाप में जनता की आसक्ति हुई। जनता इसमें अपना भौतिक दुख भूली रही। मीरा ने तो इतनी मादकता और ममता कृष्ण के प्रेमानुराग में व्यक्त की कि सूर और तुलसी में अप्राप्य मादकता और मोह भी जनता को मीरा के पदों के द्वारा मिल गया। तुलसी, सूर मीरा और विद्यापति की प्रक्रिया काल्पनिक रूप लेकर

अवश्य प्रकट हुई, किन्तु वह थी अपने इस रूप में अभाव की पूर्ति की क्षमता रखने वाली। कबीर की मानसिक-प्रक्रिया सूर और तुलसी की प्रक्रिया का नकारात्मक रूप लेकर निर्गुण-ब्रह्म के निरूपण में व्यक्त हुई। उसमें बुद्धि, तर्क, संशय और विचार-पुट था, किन्तु वह समुपस्थित राजकीय जीवन के सदृश, जनता को जीवन दे सकने में असमर्थ थी।

रीतिकाल में जनकवि कोई नहीं हुआ, क्योंकि जनता स्वयं उभर नहीं पाई थी; इसके विपरीत "मुगल-साम्राज्यवाद से समझौता करने के बाद कुछ समय के लिए भारतीय सामन्तवाद सुख की साँस लेने लगा। राजाओं की प्रशंसा के गीत गाये जाने लगे; और नायिकाओं के हाव-भाव, कटाक्षों आदि के वर्णन से चाटुकार कवि अपने आश्रंयदाताओं को रिझाने लगे।" रामविलास जी (डा. शर्मा) के इस कथन में इतनी सत्यता है कि कोई इससे इनकार नहीं कर सकता। वास्तव में समस्त रीतिकालीन काव्य सामन्तों की मानसिक प्रक्रिया का काव्य है। वह मुगल साम्राज्यवाद के वैभव को देखते थे और उसकी अनुकृति करते थे, किन्तु कर न पाते थे। इससे वाणी-व्यसन के रूप में ही, आश्रित कवियों द्वारा ऐसी कविता की माँग किये रहते थे, जो जन-साधारण की पहुँच से परे हो और जिसमें वही शान-बान हो जो राजाओं के अनुरूप हो। तथापि आश्रित कवियों को संस्कृत के काव्य-ग्रन्थों की शरण लेनी पड़ी और तब उन्होंने रस और अलंकारों की भरमार से राजदरबारों को पाट दिया। उन कवियों के पास कोई नवीन जीवन-दर्शन न था—न कोई विचार-दर्शन ही था। केवल कलाचातुरी और आचार्यत्व ही आचार्यत्व था।

इसके बाद हिन्दी का आधुनिक युग प्रारम्भ होता है। विलायत के व्यापारियों ने पहले तो यहाँ का तैयार माल ले जाकर विलायत में बेचा और इस तरह अमीर बनते रहे कि वहाँ उनके खिलाफ कानून तक बनाया गया कि उनका सारा व्यापार नष्ट हो जाय! किन्तु बाद को जब वहाँ औद्योगिक क्रान्ति सफल हुई और वहाँ का तैयार माल बाहर ले जाने की आवश्यकता हुई तब हिन्दुस्तान में ही उसको ढकेला गया। यह अहितकर नीति थी, क्योंकि यहाँ का कच्चा माल सस्ते में क्रय करके, उससे कई गुने लाभ पर फिर यहाँ लाकर विक्रय करने से अधिक धन मिलता था। श्री रजनी पामदत्त ने अपनी पुस्तक "India Today" में इसकी विस्तृत आलोचना की है। उससे पता चलता है कि भारत के उद्योग-धन्धों में रत रहने वाले श्रमिकों का शोषण करके अंग्रेजों ने उन्हें वहाँ से भगा दिया और वे खेत जोतने-बोने में लग गये, और इस तरह यहाँ का उद्योग-धन्धा चौपट कर दिया गया। यदि अंग्रेज बहादुर ऐसा न करते तो इंग्लैंड की औद्योगिक क्रान्ति कदापि न सफल होती। यहाँ के धन से ही वहाँ की औद्योगिक क्रान्ति सफल हुई थी। भारतेन्दु हरिश्चन्द्र ने प्रथम बार इस दुर्नीति को देखा। वह यह बहुत ही स्पष्ट रूप से देख सके, किन्तु अंग्रेजों के रेल-तार और शिक्षा केन्द्रों के स्थापित करने के काम से थोड़ी देर के लिए भुलावे में भी पड़े, यही कारण है, वह कभी-कभी अंग्रेजी राज्य के गुण गाने

लगते हैं। किन्तु सबसे महत्त्वपूर्ण बात यह थी कि उन्होंने पहले-पहल अंग्रेजों की इस अर्थनीति को समझा और अपनी जनता के लिए अंग्रेज विरोधी रचना करने लगे। उनकी मानसिक प्रक्रिया ने सूर-तुलसी की मानसिक प्रक्रिया का रूप नहीं लिया। वे पहले भौतिकवादी थे। उनमें 'परलोकवाद' और आदर्शवाद की कल्पना चाहे जिस मात्रा में रही हो किन्तु वे जनता के दुख को भूलने के लिए दुनिया को छोड़कर जाने को तैयार नहीं थे। सूर और तुलसी ने निजकालीन अर्थनीति को इस तरह नहीं देखा था जैसा भारतेन्दु ने पहले-पहल देखा। अतः भारतेन्दु काल से ही आधुनिक हिन्दी कविता का भौतिकवादी, शोषण विरोधी इतिहास प्रारम्भ होता है।

तत्पश्चात द्विवेदी युग आता है। भारतेन्दु का अंग्रेज-विरोधी स्वर और ऊपर उठा। 'भारत-भारती' में इसके प्रमाण मिलते हैं, किन्तु यह स्वर सुधारकों-का-सा स्वर है, मर्यादावादियों-का-सा स्वर है। इस स्वर में किसान-मजदूर का स्वर नहीं है, उस स्वर की प्रक्रिया है, लेकिन मन्द शब्दों में। सबल शब्दों में इसकी प्रक्रिया प्रेमचन्द में हुई है। उन्होंने पहले-पहल भारतेन्दु की बीजारोपित साहित्यिक अर्थनीति को पूरी तरह ग्रहण किया और अपने उपन्यासों में उसका चित्रण करने लगे। 'सेवासदन' में देश की आर्थिक व्यवस्था की पृष्ठभूमि वर्तमान है। 'रंगभूमि' में उद्योग-धन्धों की प्रक्रिया का समावेश है। 'कर्मभूमि' में लगानबन्दी और अछूतों के आन्दोलनों का चित्रण है। 'प्रेमाश्रम' में जमींदार और किसानों के द्वन्द्व को उभारा गया है। 'गोदान' में महाजनी सभ्यता का किसान की प्रक्रिया के रूप में महान कथानक है। किन्तु यह सब गद्य में है। प्रेमचन्द जैसा अन्य व्यक्ति कोई नहीं हुआ; जो उनके समकालीन रहकर उसी दृष्टि से पद्य में वही प्रक्रिया प्रकट करता। कविता में जो प्रक्रिया आयी वह बिल्कुल दूसरे प्रकार की है। प्रथम महायुद्ध के बाद हिन्दी कविता में छायावाद का प्रवेश हुआ। यह छायावाद पूँजीवाद के प्रसार के कारण सम्भव हुआ। पूँजीवाद ने व्यक्ति की स्वतन्त्रता घोषित की, किन्तु वह व्यक्ति को नये शोषण से अधिकाधिक जकड़ने लगा। इसलिए पूँजीवादी अर्थनीति के कारण व्यक्ति-स्वातन्त्र्य की प्रक्रिया का काव्य रचा जाने लगा। ऐसे काव्य के लिए भारत का वैभवपूर्ण भूतकाल था, दार्शनिक क्षेत्र था, राजनैतिक समस्याएँ थीं, वर्ग संघर्ष था, और था विषमताओं से परेशान होकर कल्पना की शरण ग्रहण करना। कवि लोग अपनी आशा और निराशा के गीत गाने लगे। पन्त ने 'ग्रन्थि' लिखी। वह 'उच्छ्वास' में रोए। निराला ने भी 'परिमल' की किन्हीं-किन्हीं रचनाओं में वैसी ही निराशा प्रकट की। किन्तु वह अध्यात्मवाद का सहारा लेकर समुपस्थित अर्थनीति के विद्रोह में कविता लिखने में अधिकतर चूकते ही रहे। यही हाल पन्त का रहा। प्रसाद तो 'गतवैभव' में ही समा गये और खो गये। व्यक्ति स्वातन्त्र्य को व्यापक बनाने में प्रसाद ने उसे गत वैभव का साम्राज्य दिखाया; पन्त ने उसे कल्पना के सौन्दर्य की अनूठी झाँकी दिखाई; और निराला ने उसको आध्यात्मिक लोक में विचरण कराया। ऐसा होना अनिवार्य था, क्योंकि अभी तक भारत ने

राजनैतिक आन्दोलन करके भी साम्राज्यवादी अर्थनीति को जनसाधारण की दृष्टि से नहीं समझा था। नेता हिन्दू-मुस्लिम एकता चाहते, किन्तु वह दिल की सफाई के आधार पर ही; किसी अर्थनीति के आधार पर नहीं। वह अंग्रेजों से स्वराज्य लेना चाहते थे, किन्तु यहाँ-वहाँ किसानों का मोर्चा बना कर और नमक कानून तोड़कर। असहयोग-आन्दोलन अहिंसात्मक था ही और निस्सन्देह इसने राष्ट्रीय-जागरण में एक बहुत बड़ा कार्य भी किया है। इसलिए इसकी महत्ता भले ही रहे, किन्तु इससे साम्राज्यवादी अर्थनीति का सीधा, सामने का मोर्चा नहीं था। इसलिए यह आन्दोलन भी आदर्शवादी होकर रह गया। इस आन्दोलन की समाप्ति नेताओं के मनोविकारों में हुई। देश की जनता को अब भी अर्थनीति से आँखें चार करने का अवसर नहीं मिला था, तब बेचारे हिन्दी के कवि कैसे उस अर्थनीति की प्रक्रिया का सबल और स्वस्थ काव्य देते। यही कारण है कि इस छायावादी और रहस्यवादी कवियों में अमूर्त सौन्दर्य विशेष रूप से मिलता है। भाव और भाषा दोनों ही व्यक्ति स्वातन्त्र्य की उँगली पकड़कर असाधारण की ओर बढ़ गये हैं।

किन्तु यह व्यक्ति-स्वातन्त्र्य केवल बुद्धिजीवियों को प्राप्त हो सका और वह मुक्त गगन में विचरते रहे। किसान और मजदूर तो फिर भी अर्थनीति के बन्दी बने ही रहे। उनको नाममात्र की स्वतन्त्रता मिली, लेकिन शोषण ने उन्हें अपने बाहुपाश में पुनः जकड़ लिया और तब तक द्वितीय महायुद्ध प्रारम्भ हो गया। पिसा हुआ किसान और पिसने लगा। चुसा हुआ मजदूर और चुसने लगा। मध्यवर्गीय व्यक्ति में घोर असन्तोष व्याप्त हो गया। नेता जेल में बन्द कर दिये गये। 1942 की आग भड़की और जनता ने विद्रोह किया, किन्तु वह भी दबा दिया गया। मनमाना चन्दा वसूल किया गया। भारत में यद्यपि युद्ध न था, किन्तु मित्र राष्ट्रों की लड़ाई के लिए उसे युद्ध-सामग्री तैयार करनी पड़ी। आन्तरिक शान्ति स्थापित करने के लिए विशेष कानून बने। आर्डिनेंसों के घोड़े दौड़े। 'कंट्रोल्स' से जनता बाँध दी गयी। लगातर छह साल तक जनता बराबर पिसती रही, पूँजीपतियों ने चोरबाजारी करके अपरिमित धन कमाया। अफसरों ने घूस ली। कई आई. सी. एस. इस अपराध में पकड़े गये। बंगाल के भूतपूर्व गवर्नर भी दोषी निकले। भारतीय सैनिक बाहर गये और विदेशों में जाकर वहाँ उन्होंने स्वतन्त्र देश की अर्थनीति और गुलाम देश की अर्थनीति का अन्तर देखा। विद्यार्थी वर्ग भी सचेत हो गया। रियासत की जनता भी जग पड़ी। यह क्यों हुआ? इस सबका एकमात्र कारण यह है कि अब अर्थनीति के यथार्थ दृष्टिकोण को सब समझने लगे हैं और इसी पर हर ओर से आक्रमण के लिए तैयार हैं। इस तैयारी का नमूना सैनिकों के विद्रोह में मिलता है; डाकियों की हड़ताल में मिलता है; मिल-मजदूरों की लम्बी-लम्बी हड़तालों में मिलता है; यहाँ-वहाँ हर तरफ किसान-सभाओं की आवाजों में मिलता है। बंगाल का तेभागा आन्दोलन भी यही सिद्ध करता है। त्रावणकोर, अभलनेर और हैदराबाद में हुए जनविरोधी लोमहर्षक अत्याचार की

कहानी भी यही बताती है। कश्मीर भी दहाड़ उठा। इन सबसे यही नतीजा निकलता है कि अब वास्तव में समस्त भारतीय जनता साम्राज्यवादी अर्थनीति की विरोधी हो गयी है और उसको मेटकर ही चैन लेगी।

काव्य में इस नये जागरण की प्रक्रिया भी बिल्कुल नयी हुई है। अब जो कविताएँ लिखी गयीं, वह छायावादी और रहस्यवादी कविता से सर्वथा भिन्न हैं। स्वयं रहस्यवादी और छायावादी कवि ही—पन्त और निराला—इस ओर झुक पड़े। इन दोनों में निराला ही प्रबल वेग से पूरी तरह से जनता की आवाज लेकर सामने आये। इस समय निराला की मानसिक प्रक्रिया उनकी पूर्व की प्रक्रिया से सर्वथा अलग ही है।

हिन्दी का यह युग समाजवाद, यथार्थवाद, प्रगतिवाद और मार्क्सवाद का युग है। जनता ने साम्राज्यवादी मोर्चे के विरोध में अपना नया बलवान मोर्चा बनाया है, और साम्राज्यवादी अर्थनीति का अन्तकाल आ गया है। यदि ऐसे में भी हिन्दी के वर्तमान कवि इन जनजीवन में अपना काव्ययोग नहीं देते, तो वे अपमानित और अवहेलित होंगे, और परम्परा अब अवरुद्ध होकर विश्राम ले लेगी। जो साहित्यिक इस नये काव्य के विरुद्ध मोर्चा बनाकर उसे मिटा देना चाहते हैं, वे असफल तो होंगे ही; किन्तु उन्हें अपनी भूल का निराकरण करने के हेतु 'कलंकी' की उपाधि भी लेनी होगी। आने वाली पीढ़ी के लोग उन्हें क्षमा नहीं कर सकते।

इन सब बातों से स्पष्ट हो जाता है कि अब हिन्दी की कविता न 'रस' की प्यासी है, न 'अलंकार' की इच्छुक है; और न 'संगीत' की तुकान्त पदावली की भूखी है। भगवान अब उसके लिए व्यर्थ है। आज जिसके कि राजा शासक हैं, पूँजीपति शोषक हैं। अब वह चाहती है—किसान की वाणी, मजदूर की वाणी और जन-जन की वाणी।

अतः इसी प्रक्रिया को लेकर मैंने भी प्रस्तुत संग्रह की कविताएँ रची हैं। इनमें ईश्वर का मखौल है; इनमें समाज की अर्थनीति के विरुद्ध प्रहार है; इनमें कटु जीवन का व्यंग्य है; साथ-ही-साथ प्रकृति का किसानी चित्रण भी है; और देश की जाग्रत शक्ति का उबाल है। पलायनवादी परम्परा की न तो ये रचनाएँ हैं और न हो सकती हैं। 'जिन्दगी की भीड़' की इन कविताओं में जनता के मोर्चे की प्रतिध्वनि है।

अन्त में मैं अपने परम मित्र श्री शमशेर बहादुर सिंह का चिरकृतज्ञ हूँ कि जिन्होंने इस संग्रह के प्रकाशन के लिए मुझे बाध्य किया और मुझसे पांडुलिपि मँगाकर प्रकाशक को दी।

बाँदा (उ. प्र.) **—केदारनाथ अग्रवाल**

16.3.47

(ख) पंख और पतवार

कविता, कोई भी हो, किसी की हो, किसी भी युग की हो और किसी भी भाषा में लिखी गयी हो, शब्द और अर्थ की संहति दी हुई कृति होती है।

संहति में ही कविता व्यक्त होती चली आयी है और भविष्य में भी संहति में ही व्यक्त होती रहेगी।

संहति-विहीन कृति कविता नहीं होती, भले ही विकृति हो।

कृति तभी विकृति की संज्ञा पाती है जब उसमें प्रयुक्त हुए शब्द, संकेतबद्ध संस्कारों की क्षमता के संवाहक न होकर, केवल कृतिकार की निस्संग वैयक्तिकता की एकाकी आत्मनिष्ठा के संवाहक होते हैं। ऐसी एकाकी आत्मनिष्ठा के संवाहक शब्द अर्थवन्तं नहीं होते।

अर्थवन्त शब्दों के अभाव से विकृति हुई कृति-निस्संग वैयक्तिकता की एकाकी आत्मनिष्ठ कृति-सृष्टि की सृष्टि नहीं होती, अपितु सृष्टि-विहीन सृष्टि होती है। इस सृष्टि-विहीन सृष्टि में वे सभी तत्व और तथ्य नहीं होते जो सृष्टि में पाए जाते हैं और आदमियों द्वारा अपनाए जाते हैं। तत्वात्मक और तथ्यात्मक न होने की वजह से सृष्टि-विहीन सृष्टि स्वयं में सम्पुटित होकर दूसरों के लिए निरर्थक, अबूझ रचना-इकाई बन जाती है। ऐसी निरर्थक अबूझ रचना-इकाई का कोई मानव-मूल्य नहीं होता। मानव-मूल्य न रहने से ऐसी रचना-इकाई सामाजिक स्वीकरण पा सकने में असमर्थ होती है। सामाजिक स्वीकरण न पा सकने से वह दूसरों की चेतना में पैठ नहीं पाती और उनकी मानसिकता को प्रभावित और रूपायित नहीं कर पाती और इस प्रकार वह, वह सब कुछ, कर नहीं पाती जो कविता को करना चाहिए और जिसे आज तक वह करती चली आयी है।

स्वयं में सम्पुटित हुई इस सृष्टि-विहीन सृष्टि की अवतारण करने वाले कृतिकार यह समझते हैं कि उनकी वैयक्तिकता और उनकी आत्मनिष्ठता उन्हें उनके भीतर से प्राप्त होती है जिसका निरूपण और रूपान्तरण उनके बाहर से नहीं होता। वस्तुनिष्ठता को वह अपनी वैयक्तिकता और आत्मनिष्ठता के लिए, कतई जरूरी नहीं मानते। तभी तो वह वस्तुनिष्ठता की उपेक्षा करते हुए निरन्तर उससे मुँह मोड़े रहते हैं। परिणाम यह होता है कि उनकी आत्मनिष्ठता का निरूपण और रूपान्तरण एकांगी और संकीर्णकाय हो जाता है। उसकी यह एकांगिकता और उसकी यह संकीर्णकायिता वस्तुनिष्ठता को प्रभावित कर सकने में पूर्णतया अक्षम बनी रह जाती है।

इसके विपरीत, लेनिन की अवधारणा अत्यन्त वैज्ञानिक और महत्त्वपूर्ण है। वह कहते हैं:

"Cognition is the eternal, endless approximation of thought to the object. The reflection of nature in man's thought must be understood not lifelessly, not 'abstractly', not devoid of movement, not without contradictions, but in the eternal process of movement, the arising of contradictions and their solution."

आत्मनिष्ठ कृतिकार संज्ञान (Cognition) की इस धारणा की सरासर उपेक्षा करते हैं। वैज्ञानिक दृष्टि से प्रेरित कृतिकार ऐसे संज्ञान की अवधारणा को स्वीकार करते हैं और उससे लैस होकर अपनी सर्जनात्मक चेतना को बनाते हैं, उसका निरूपण और रूपान्तरण करते हैं, रचना-प्रक्रिया से गुजरते हुए, वस्तुनिष्ठता से प्रभावित होते हुए, आत्मनिष्ठ होते हैं, और तब, जीवन के रंग-रूप की समग्रता को लिये हुए, भाषा-बद्ध कृतियाँ प्रस्तुत करते हैं। इन कृतियों में आयी हुई सृष्टि सार्वजनिक होती है। इनमें व्यक्त चेतना, कृतिकारों की चेतना होते हुए भी दूसरों की चेतना से सम्बद्ध और सम्पृक्त होने की क्षमता रखती है। इनमें व्यक्त चेतना कृतिकारों की वैयक्तिकता का अपहरण किये हुए नहीं होती, वरन् वह वैयक्तिकता के उन आयामों को समोए हुए होती है जो जन-जीवन के लिए दरकार होते हैं और जिनसे कृतिकारों और दूसरे आदमियों की एकात्मता स्थापित होती है। कृतिकारों की चेतना इसी तरह से व्यापक प्रसार पाती है और तब वह छुद्र संकुचितकाय इकाई के बजाय जन-मानस की प्रियतर समष्टित निधि बन जाती है।

आत्मनिष्ठता और वस्तुनिष्ठता का बहुत गहरा सम्बन्ध सम्प्रेषणीयता से है। कविता जितनी अधिक आत्मनिष्ठ होती चली जाएगी वह उतनी ही अधिक सम्प्रेषणीयता का परिहार करती चली जाएगी। हो सकता है कि किसी कुशल आत्मनिष्ठ कृतिकार की कुछेक कृतियाँ अल्पांश में सम्प्रेषणीय बनी रह सकें। वैसे आमतौर से आत्मनिष्ठ कृतियाँ सहजतया सम्प्रेषणीय नहीं होतीं। उनके सम्प्रेषणीय न होने की वजह बहुत स्पष्ट है। उनमें वस्तुनिष्ठता का प्रतिबिम्बन (reflection) कम-से-कम होता हुआ अन्ततः समाप्त हो जाता है। प्रतिबिम्बन की ऐसी कमी से और उसके ऐसे समाप्त हो जाने से कृति में कृतिकार का वस्तुनिष्ठ इन्द्रिय-बोध आ ही नहीं पाता और अगर आया भी तो नाममात्र को आया हुआ होता है। वस्तुनिष्ठ इन्द्रिय-बोध ही तो कृतिकार की अवगतता निर्मित करता है। जब कृतिकार अपनी अवगतता को परिवेश की समग्र वस्तुनिष्ठता से अलग कर लेता है और अन्तर्मुखी होकर अपनी आत्मनिष्ठता में डूब जाता है तब वह बन्द इकाई हो जाता है और फिर भीतर-ही-भीतर अपनी निस्संग निजता से जूझने लगता है और जूझते-जूझते निजत्व को ही रचने लगता है जो उसकी कृति होकर प्रकट हो जाता है। ऐसी कृति में व्यक्त निस्संग निजता कृतिकार की निस्संग मानसिकता होती है। यह मानसिकता दूसरों की मानसिकता से भिन्न होती है। तभी तो यह मानसिकता दूसरों की मानसिकता में रच-पच नहीं पाती। नतीजा यह होता है कि

दूसरों का इन्द्रिय-बोध जग नहीं पाता और उसके जग न पाने से वे अवगतता से वंचित रह जाते हैं और कृतिकार की रचना का मर्म समझ नहीं पाते। दूसरे तो अभ्यस्त होते हैं परिवेश की वस्तुनिष्ठता से उद्वेलित होने के और उससे अवगतता प्राप्त करने के। तभी तो वे वस्तुनिष्ठता के अभाव में निस्संग निजता की मानसिक कृति को आत्मसात् नहीं कर पाते। इसीलिए कहा जाता है कि कृति में वस्तुनिष्ठता को बराबर बनाए रखना चाहिए। ऐसा न होना चाहिए कि वस्तुनिष्ठता कृतिकार की आत्मनिष्ठता का कारण तो बने लेकिन कारण बनकर वहीं से गायब हो जाए और वह आत्मनिष्ठ वस्तुनिष्ठता का स्वरूप न पाए, न ही कृति में आयी हुई सम्बद्ध और सम्पृक्त सृष्टि हो।

वस्तुनिष्ठता को ही सर्वस्व मानने वाला कृतिकार भी जब आत्मनिष्ठता की उपेक्षा करने पर तुल जाता है, चाहे अपने स्वभाव की वजह से हो, चाहे अपनी शिक्षा-दीक्षा की वजह से हो, तब वह भी अति के छोर पर पहुँच जाता है और ऐसी स्थिति में वह जो कुछ भी लिखता है वह केवल वस्तुनिष्ठ विवरण होता है जो सतही सपाट बयानी के अतिरिक्त कुछ नहीं होता। बहुत हुआ तो वह नारेबाजी हो गया। किसी सिद्धान्त का प्रतिपादनमात्र हो गया। इस विवरण में—इस प्रतिपादन में—कृतिकार की आत्मनिष्ठता का अभाव ही रहता है। कृतिकार की आत्मनिष्ठता ही तो प्रतिबिम्बन से प्राप्त हुई वस्तुनिष्ठता को अपनी तरह से निरूपित करती है और उसे मानवीय मानसिकता देती है और फिर एक नयी सृष्टि के रूप में नयी कृति देती है। इस नयी कृति से ही दूसरे प्रभावित होते हैं और तब उनकी वस्तुनिष्ठ अवगतता आत्मनिष्ठ अवगतता में बदल जाती है। यह वैज्ञानिक सत्य है। प्रत्येक अच्छी कृति में इस सत्य का समावेश रहता है।

कृतिकार की आत्मनिष्ठ वस्तुनिष्ठा वाली कृति सम्प्रेषणीय होकर भी यदि कलात्मक न हुई तो वह जहाँ-की-तहाँ पड़ी रह जाती है और वैसी ही कृतियों के समूह में खो जाती है। कलात्मक कृति अपनी निजता में साधारण को विशिष्ट बना देती है। विशिष्ट बना साधारण मौलिकता से सम्पन्न होता है। जो साधारण पहले छू नहीं पाता, वही साधारण, मौलिकता से सम्पन्न होकर, दूसरों को छूने लगता है और उनका अपना बन जाता है। साधारण अल्पजीवी होता है, वही विशिष्ट बनकर दीर्घजीवी हो जाता है। साधारण उत्प्रेरक नहीं होता, वही विशिष्ट बनकर उत्प्रेरक हो जाता है। साधारण असम्बद्धता और असम्पृक्तता में निजत्व खोए रहता है, वही विशिष्ट बनकर सम्बद्धता और असम्पृक्तता से निर्मित निजत्व से उजागर रहता है। साधारण को दिक् और काल छिपाए रखते हैं, विशिष्ट बने साधारण को दिक् और काल सिर पर चढ़ाए रहते हैं। साधारण गूँगा रहता है, वही विशिष्ट बनकर गुड़ का स्वाद बताने लगता है। साधारण मानसिकता-विहीन होता है, वही विशिष्ट बनकर मानसिकता का उद्घाटन करने लगता है। साधारण में

मानव-मूल्य पनप नहीं पाते वही विशिष्ट बनकर मानव-मूल्यों का सम्पोषण और संवर्धन करने लगता है।

कलात्मकता कोई अजनबी और आरोपित गुण-धर्म नहीं है कि उसे परित्याग कर दिया जाए। वही तो कृति को विकृति होने से बचाती है। वही तो सूक्ष्म संवेदनों को रूप और आकार देती है। वही तो भावनाओं और विकारों को सुन्दर सजीव स्थापत्य देती है। वही तो असम्बद्ध वस्तुनिष्ठता को मानवीय चेतना से गत्यात्मक बनाती है और जड़ता का संहार करती है। वही तो सृष्टि का रूपान्तरण करती है और वही उसे मानव का वशवर्ती बनाती है। वही मानवीय बोध को निरन्तरता में जीवित रखती है। वही मानव-मूल्यों की महत्ता के फहराते केतुओं का रंग बदरंग नहीं होने देती। वही मानवीय सम्बन्धों को दृढ़तर और पावनतम बनाती है। वही अरूप को रूप और कुरूप को सुघर बनाती है। वही मर्त्य जीवन को अमर्त्य बनाती है। वही भूतल को स्वर्ग बनाती है।

आदमी ने कलात्मकता अर्जित की है। संघर्ष करते-करते उसने उसे पाया है। युग-युग की यात्रा करते हुए उसने उसे उत्तरोत्तर विकसित किया है और आज तक अब तक वैसा ही करता जा रहा है।

कलात्मकता का विरोध आत्मनिष्ठता और वस्तुनिष्ठता का विरोध होता है। इन दोनों का विरोध मानव-जाति की निरन्तर विकसित हो रही प्रगतिशीलता का विरोध है। हाँ, उसी कलात्मकता का विरोध किया जा सकता है जो रूढ़ि हो चुकी है और विकासोन्मुख नहीं है। वह भी गत्यात्मक और रूपान्तरण-कामी होती है। उस पर भी ऐतिहासिकता का प्रभाव पड़ता है और वह भी प्रभावित होकर, ऐतिहासिकता को जीती हुई, नये-नये भावों और विचारों के अनुरूप अपनी सांहतिक स्थिति बदलती है। यह सांहतिक बदलाव हो, मगर मानव-मूल्यों को विरूपित करने वाला न हो, अन्यथा कलात्मकता पतनशील हो जाती है।

राजनीति के इस जीवन-व्यापी युग में कविता भी उससे प्रभावित हुए बिना नहीं रह सकती। जिन कवियों की चेतना में राजनीति ने सर्वोपरि स्थान पा लिया है और जो उससे अपने जीवन में सीधे जुड़े हुए हैं उन कवियों की कविताओं में राजनीति ही वस्तुनिष्ठता का रूप लेकर व्यक्त हुई है। वह राजनीतिक वस्तुनिष्ठता कवियों की आत्मनिष्ठता का कलात्मक रूप नहीं ले सकी। इस वजह से राजनीतिक कविताएँ सरल और सपाट हो गयी हैं। यह राजनीति का दोष नहीं, उनके लिखने वालों की समझ का फेर है। वह राजनीति और कविता के बीच का अन्तर नहीं समझते। कविता में आयी राजनीति वही राजनीति नहीं हो सकती जो बाहर होती है। कविता में आने के लिए, उसमें बिम्ब-विधान पाने के लिए और सफल और सुन्दर कृति का रूप पाने के लिए राजनीति को अपना बाहरी जामा छोड़ना पड़ता है और संवेदनशील होने के लिए कवि के आत्मनिष्ठ व्यक्तित्व में समाहित होना

पड़ता है और फिर रूपायित होकर बाहर निकलना पड़ता है। बाहर आयी राजनीति तब वही राजनीति नहीं होती जो बाहर से भीतर गयी होती है। कृति-रूपा राजनीति आवेगों और संवेगों की राजनीति होती है। फिर भी वह राजनीति नहीं कविता कहलाती है। पाब्लो नेरूदा की कविताएँ राजनीति से सम्बद्ध और सम्पृक्त कविताएँ हैं। उनमें राजनीति के घटना-क्रम भी हैं और घटना-चक्र भी। उनकी कविताओं में स्थल-स्थल पर तथ्यात्मक विवरण भी हैं। परन्तु खूबी तो यही है कि इस पर भी कविताएँ हैं, राजनीतिक गोलाबारी या उसका धुआँ-धक्कड़ नहीं है। वे प्रतिबद्ध कविताएँ हैं, लेकिन प्रतिबद्धता ने उनके काव्य-रूप को विरूपित नहीं किया। बजाय विरूपित करने के प्रतिबद्धता ने उन कविताओं को नये ऐतिहासिक और आत्मनिष्ठ आयाम दिये हैं और वे पूरी तरह से कलात्मक कृतियाँ हो गयी हैं। वह पूरे बल और वेग के साथ पतनशील राजनीति का पर्दाफाश करती हैं और आक्रामक स्वर में चोट-पर-चोट करती हैं। फिर भी काव्यात्मक ही काव्यात्मक बनी रहती हैं वे।

प्रतिबद्धता का सिद्धान्त एक वैज्ञानिक संवर्ग हैं। यह, संकीर्ण वस्तुनिष्ठता और अहंवादी आत्मनिष्ठता की प्रवृत्तियों का विरोध, वैचारिक स्तर पर, करता है और इन दोनों प्रवृत्तियों की गलत सामाजिक और कलात्मक परिणतियों का भंडाफोड़ करता है। संकीर्ण वस्तुनिष्ठता में उन सब सामाजिक, आर्थिक, और राजनीतिक स्थितियों से बने सम्बन्धों का प्रतिबिम्बन रहता है जो अन्धरूढ़िवादी, भाग्यवादी और शोषणवादी व्यवस्थाओं को निरन्तर चालू रखते हैं और आदमी को आदमी नहीं रहने देते। अहंवादी आत्मनिष्ठता, साहित्य के क्षेत्र में घोर अराजकता की ओर संक्रमण करने का प्रतिपादन करती है। इन दोनों अतियों से साहित्य को बचाने का वैज्ञानिक उपक्रम एक मात्र प्रतिबद्धता करती है। प्रतिबद्धता ही कृतिकार की चेतना को सही समझ देती है जिसे प्राप्त करती हुई वह ऐतिहासिक युगबोध से बने रह गये मानवीय सम्बन्धों की पक्षधरता करती है। ताकि आदमी का शोषण आदमी न कर सके और शान्ति और समृद्धि में सभी रह सकें। होता यह है कि प्रतिबद्धता की वजह से कृतिकार गलत रुझान वालों को अपनी सहानुभूति और सहृदयता नहीं देता बल्कि, उलटे, उनके क्रिया-कलाप और उनकी विस्तृत भौतिक माया-जाल की विसंगतियों को निर्ममता के साथ ध्वंस करता है और प्रगतिशील शक्तियों का पथ प्रशस्त करता है।

स्वयं पाब्लो नेरूदा अपने अन्तिम दिनों में अधिक सरल और सुबोध और सीधी राजनीतिक कविताएँ लिखने लगे थे। उनकी पहले की काव्यात्मकता और कलात्मकता बदलकर सामान्य जन की राजनीतिक चेतना से सम्बद्ध हो गयी थी। तभी तो वे अपनी इन अभिव्यक्तियों में अधिक आक्रोशी और आक्रामक हो गये थे। निस्सन्देह वह अब राजनीति के वस्तुनिष्ठ प्रभाव से सोचने-विचारने लगे थे।

इसीलिए उनकी कविताओं में बिम्ब-विधान और संश्लिष्टता की कमी हो गयी थी। नेरूदा की यह नयी आत्मनिष्ठता परिस्थितिवश, पहले के अपने गुणधर्म त्यागकर, राजनीति के गुण-धर्म को अपना चुकी थी। अन्यथा इस परिवर्तन का कोई दूसरा कारण समझ में नहीं आता।

नाजिम हिकमत भी अपने देश की राजनीति से सम्बद्ध सफल कवि रहे हैं—उनकी आत्मनिष्ठता और उनकी वस्तुनिष्ठता नेरूदा की दोनों निष्ठताओं से भिन्न प्रकार की थी। इसीलिए नाजिम हिकमत की कविताओं में वह संश्लिष्टता और समग्रता नहीं मिलती जो नेरूदा की कविताओं में बराबर मिलती रही है। नाजिम हिकमत सरल, सहज स्वभाव के प्रतिबद्ध कवि थे। उनकी सहजता और सरलता अन्त तक उनकी कविताओं में भी बनी रही। वह वस्तुनिष्ठता के घटनाक्रम और घटनाचक्र को पूरी जटिल बुनावट के साथ नहीं ग्रहण करते थे, अपितु वह, अपनी सीधी राजनीतिक अवगतता से प्रभावित होकर, उसको उसी अवगतता से रूपायित करते थे। नेरूदा और नाजिम हिकमत की कविताओं की तुलना करना इसलिए समीचीन न होगा। दोनों ही उच्चकोटि के, दो तरह की आत्मनिष्ठ वस्तुनिष्ठता के कवि थे।

मायकोवस्की प्रतिबद्ध कवि थे और अपने समय की राजनीति से पूर्णतया सम्पृक्त कवि थे। उनकी कविताओं में उनकी आत्मनिष्ठता वस्तुनिष्ठता के धरातल पर वैसे ही आवेग और संवेग से झराझर झरती थी जैसे कोई पर्वतीय प्रपात निर्विरोध झरता हो। नाजिम हिकमत से अधिक संश्लिष्ट चेतना के कवि मायकोवस्की थे। लेकिन नेरूदा की बहुआयामी वस्तुनिष्ठता की अवगतता उनकी कविताओं में नहीं मिलती। तीनों ही कवि अपनी-अपनी तरह की आत्मनिष्ठता के कवि थे और तीनों ने अपनी-अपनी तरह से अपनी-अपनी आत्मनिष्ठता व्यक्त की है। तीनों ही समाजवादी चेतना के शीर्षस्थ कवि थे और तीनों की कविताएँ देश-विदेश के लोग बड़ी रुचि से पढ़ते हैं और उनसे सम्पृक्त होते हैं।

इसीलिए यह कहना अनुचित होगा कि कौन कवि कौन-सा काव्य-पथ अपनाए और किस प्रकार की कविताएँ लिखे। प्रत्येक कवि को अपना पथ स्वयं बनाना पड़ता है और अपनी क्षमता के अनुसार, उस पर चलकर कविताएँ प्रस्तुत करना पड़ता है। यदि कवि की दृष्टि सही और सटीक समाजवादी चेतना और जनवादी वस्तुनिष्ठता और आत्मनिष्ठता से विरचित हुई है तो निश्चय ही उस दृष्टि से रची गयी कविताएँ सम्प्रेषणीय होंगी और दूसरों की मानसिकता को वैसा ही बना सकने में सक्षम होंगी।

इसलिए आज के इस दौर में लिखी जा रही अनेकानेक कवियों की रचनाओं का मूल्यांकन इसी दृष्टि के आधार पर करना श्रेयस्कर होगा। इतनी छूट तो देनी ही होगी कि कविगण एक-सी साँचे में ढली हुई एक ही प्रकार की मानसिकता की

कविता लिखने के लिए बाध्य न हों। ऐसा करने से ही कवियों की मानसिकता पूरा विकास पा सकेगी और काव्य के क्षेत्र में भिन्न-भिन्न शैलियों के रूप प्रस्तुत हो सकेंगे। प्रतिबद्धता कभी भी किसी कवि की आत्मनिष्ठ मौलिकता के आड़े नहीं आती और न ही उसके विकास को अवरुद्ध करती है।

इधर अपने यहाँ हिन्दी की लघु-पत्रिकाओं में प्रकाशित होने वाली तमाम छोटी-बड़ी और लम्बी कविताएँ देखने को मिली हैं। इनके कथ्य यथार्थ से लिए गये होते हैं और शिल्प भी वैसे ही वस्तुनिष्ठता से विरचित होता है। इनमें व्यक्त आत्मनिष्ठता में वह कलात्मक गठन नहीं होती जो कृति को सहज साधारण से अधिक प्रियतर बनाए। इसका मूल कारण सम्भवतः यही है कि कवि कविता का भी जनतन्त्रीकरण कर रहे हैं और इनकी अवधारणा भी यही है कि कविता को भी अपने वे सब, पहले से प्राप्त और उपलब्ध किये हुए, कलात्मक गुणों को छोड़ना पड़ेगा और भाषा और शिल्प के धरातल पर भी केवल तथ्यात्मक विवरण प्रस्तुत करना पड़ेगा और अगर ऐसा नहीं होता तो कविता जन साधारण के पल्ले नहीं पड़ सकती।

ऐसी अवधारणा निश्चय ही सही नहीं है। कविता को जनतान्त्रिक बनाने के लिए उसे न तो अखबारी वक्तव्य बनाया जा सकता है, न ही उसकी भाषा को मात्र सड़क और बाजार में प्रयुक्त होने वाली बोली से निरूपित किया जा सकता है। कविता ऐसे जनतन्त्रीकरण से कविता नहीं रह जाती। कविता की अपनी कलात्मक विशिष्टता और भाषाई संवेदनशीलता होती है जिसे कवि को अर्जित करना पड़ता है। जनतन्त्र कविता में आये लेकिन वह भी आत्मनिष्ठता से अपना रूप बदलकर, सविशेष होकर, आये। सम्प्रेषणीयता के नाम पर और जनतन्त्र की अभिव्यक्ति के लिए कविता को वही कलात्मक कथ्यात्मकता अपनानी पड़ेगी जो जनतन्त्र के कथ्य को गुणात्मक रूप से हृदयग्राही बना सके। कविता का स्तर, बजाय नीचे गिराने के, ऊपर उठाया जाना चाहिए और इसके लिए कवि को अपने सामने उन महान कवियों की समाजवादी रचनाओं को रखकर उनसे अच्छे लिखने के वे आयाम लेने चाहिए जो उनकी मौलिक क्षमता के अनुरूप और अनुकूल हों। इसीलिए आज की अनेक लम्बी जनतान्त्रिक कविताएँ पाठकों को नहीं पकड़ पातीं और उनकी मानसिकता को प्रखर और प्रवेगपूर्ण नहीं बना पातीं। लगभग सभी कविताओं का धरातल एक जैसा लगता है। यही वजह है कि इन कविताओं को वही जनता अपना नहीं पाती जिस जनता के लिए वह लिखी जाती है। न ऐसी जनतान्त्रिकता से कविता का कोई भला होता है, न उस जनता का जिसके लिए इसकी दुहाई दी जाती हैं।

वास्तव में जनतन्त्र और कविता के बीच में कोई विरोध नहीं होता। जनतन्त्र भी आदमी को ऐसी परिस्थितियों में ले जाकर जिलाता है और जागरूक बनाता है

जो उसे श्रेष्ठ नागरिक बनाती हैं। कविता भी यही काम करती है। इन दोनों के बीच का तथाकथित विरोध, जो सामने लाया जाता है वह विरोध उन लोगों के द्वारा उछाला जाता है जो जनतन्त्र की पीठ पर, महावत की तरह सवार होकर, उस पर अपना निजी अंकुश लगाये रखना चाहते हैं ताकि जनतन्त्र उन्हीं की व्यवस्था को और उन्हीं की यथास्थिति की राजनीति को निरन्तर पूर्ववत् कायम किये रहे। यदि जनतन्त्र से यह अंकुश हटा लिया जाए और वह अपना विकास महान मानववादी आदर्शों से करने की छूट पा जाए तो, निश्चय ही, उस जनतन्त्र की राजनीति वह राजनीति न होगी जो आज के तथाकथित जनतन्त्र की राजनीति है। आज का जनतन्त्र, जिसे हम सब रो-रोकर जी रहे हैं, हम लोगों को ही नहीं, बल्कि हमारी समग्र मानवीय क्षमताओं को, मौलिकता को वस्तुनिष्ठता और आत्मनिष्ठता को, सामर्थ्यहीन बनाकर दुर्बल और निर्बल कर देता है। होता यह है, कि आज की गर्मागर्म राजनीति कवियों को भी अपने लक्ष्य से भटका देती है और वे लोग अपने कवि-कर्म को कम महत्त्व देते हुए राजनीतिक वक्तव्य देने लगते हैं। इसीलिए इनकी कविताओं की भाषा कलात्मक नहीं हो पाती। वे केचुओं की तरह रेंगती रह जाती हैं। इसीलिए आज की कविता को इस दुखद स्थिति से निकालना चाहिए। अन्यथा वह बड़ी दीन-हीन और श्रीःविहीन हो जाएगी।

सवाल यह है कि यह किया जाए तो कैसे किया जाए। क्या उसे सब तरह से नंगा कर दिया जाय? क्या उसे अजनबी और अनजान बनाकर विशिष्ट इकाई बना दिया जाय? क्या उसे सम्प्रेषणीयता के सभी तत्वों से वंचित कर दिया जाय? क्या उसे भावनाओं और संवेगों से कतई दूर कर दिया जाय? क्या उसे बौद्धिकता और आधुनिकता के चक्कर में डालकर सब तरह से अकविता बना दिया जाय या कि गद्य का ही रूप दे दिया जाय?

यही वे प्रश्न हैं जो आज कविता के सम्बन्ध में ज्वलन्त रूप से उभरकर सामने आते हैं। कविता को नंगा करने की कोशिश चल रही है। वह जहाँ-तहाँ नंगी भी की जा रही है। उसके नंगे करने को प्रमुखता भी दी जा रही है। ऐसी जितनी भी कविताएँ लिखी गयी हैं वे अपने-अपने कवियों की अक्षमताओं को ही प्रतिबिम्बित करती हैं। कविता को नंगे करने का मतलब होता है उससे उसकी अब तक की समस्त उपलब्धियों को छीन लेना। दूसरे शब्दों में इसे कहा जाए तो कहना पड़ेगा कि कविगण अपनी कविताओं में उनके वे गुणधर्म लाए ही नहीं जो गुणधर्म लाए जाते रहे हैं। ऐसी नंगी कविता की वकालत वही कवि करते हैं जो कविता के विकास को मानवीय विकास से अलग करते हैं और दोनों को एक दूसरे के लिए आवश्यक नहीं समझते। यह धारणा नितान्त भ्रामक है। न ऐसी धारणा से कविता का सांस्कृतिक विकास होता है, न आदमी की सांस्कृतिक गतिमयता ही बनती है। कविता, अकेली होकर, अकेले में ही, मरती जाती है और

अपनी अकेली स्वायत्तता में लीन होकर कवि के निजत्व के चारों ओर चक्कर काटने लगती है, और नहीं तो वह या तो रहस्योन्मुख होकर अनन्त की ओर दौड़ जाती है या बौद्धिकता की कैंची से अपनी सुन्दर सुकुमार भावना के पक्षों को कतरवा डालती है और केवल मानसिक ऊहापोह करने लगती है। इसीलिए ऐसी कविता भाषा को भी अतिक्रमण करने का प्रयास करती है। तब भाषा से प्राप्त होने वाली उसकी सम्प्रेषणीयता भी समाप्त हो जाती है।

इसीलिए कविता को उसके तमाम, उपलब्ध किये हुए, गुण-धर्मों, से वंचित न करना चाहिए, अपितु उसके उन गुणधर्मों को अपनाए रहना चाहिए जो उसे चमकाते और निखारते रहते हैं और जो उसे आदमी की सही सार्थक मानसिकता देते रहते हैं।

रचना-प्रक्रिया का मर्म : विविध प्रसंग

(क) सौन्दर्य दृष्टि

पुष्प सुन्दर और सजीव होते हैं। अपने रंग-रूप से, सुगन्ध से आदमी का मन मोह लेते हैं। उन्हें गूँथकर आदमी गलहार बनाता है, जयमाल बनाता है। भक्त उन्हें अपने भगवान की मूर्ति पर चढ़ाता है। वर-वधू के लिए पुष्प-शय्या तैयार की जाती है। देश के महान् सपूतों को पुष्पों की माला पहनाई जाती है। दिवंगत महापुरुषों की समाधियों पर और उनके जन्म दिन पर पुष्प चढ़ाए जाते हैं। सामान्य जन भी अपने मृत परिवार जनों के शव पर पुष्प चढ़ाते हैं। मन्दिरों में देव-मूर्तियों पर पुष्प चढ़ाने की प्रथा प्रचलित है।

मैं कविता को चेतना की सृष्टि मानता हूँ। कविता की सृष्टि भी रंग-रूपमयी होती है। कविता मानवीय बोध के सौन्दर्य को व्यक्त करती है। पुष्प भी, तभी तो कविता में आकर उसी मानवीय बोध को व्यक्त करने लगता है। प्रकृति का अशब्द पुष्प शब्दार्थ पाकर मानवीय चेतना का हृदयहारी पुष्प बन जाता है और सांस्कृतिक सौन्दर्य और सुगन्ध की व्यंजना करने लग जाता है। चेतना प्रकाश देती है—मानवीय जीवन्तता की ओर ले जाती है, तभी तो आदमी, कविता से विचार और चिन्तन की दिशा और दृष्टि पाकर नवोल्लास से कर्म करने लगता है—भ्रम-भ्रान्तियों का परित्याग कर, मृत्यु पर विजय प्राप्त करता है। इतिहास मात्र घटनाओं का विवरण नहीं रह जाता वरन् मानव के विकास का दिग्दर्शन कराता है—श्रेष्ठ से श्रेष्ठतर बनते रहने की प्रेरणा देता है।

इसीलिए मैंने अपने इस काव्य-संकलन को 'पुष्प-दीप' नाम दिया है। इसकी कविताएँ मेरी सौन्दर्य-प्रियता तथा सत्य-प्रियता से दूसरों को भी सौन्दर्य-प्रिय और सत्य-प्रिय बनाने में सक्षम हों, ऐसी मेरी मनोकामना है।

न सौन्दर्य-प्रियता सहज ही प्राप्त होती है—न सत्य-प्रियता। इस संघर्ष और द्वन्द्व के संसार में दोनों को पाने के लिए आजीवन संघर्ष करते रहना पड़ता है। जो कवि तात्कालिक उन्मेष के वशीभूत होकर रचना रचते हैं वह क्षणिक बोध की क्षणजीवी अभिव्यक्ति करते हैं। ऐसी अभिव्यक्ति पाठक की मानसिकता को

प्रभावित कर सकने में असमर्थ है। इसलिए खूब सोच-समझकर कर विवेक से सौन्दर्य-प्रियता और सत्य-प्रियता का वरण करना पड़ता है।

सौन्दर्य भी कई तरह का होता है। सब तरह का सौन्दर्य काव्य-सौन्दर्य नहीं होता। सौन्दर्य को स्थापत्य देना पड़ता है। स्थापत्य देने में कुशल कौशल से काम लेना पड़ता है। इसी तरह की पकड़ के लिए उसे शब्दायित-अर्थायित करने के लिए अपनी चेतना को मथना पड़ता है और सारवान बनाकर सम्प्रेषणीय बनाना पड़ता है। तब छोटी-से-छोटी कविता भी महत्त्वपूर्ण प्रभाव डाल सकने में समर्थ होती है। मैं, कहाँ तक, छोटी कविताओं के लिखने में सफल हुआ हूँ, यह तो विचारवान पाठक ही बता सकेंगे। मैं तो बस इतना ही कहूँगा कि अपने पाए हुए सौन्दर्य और सत्य की अभिव्यक्ति मैं कर सका हूँ। मैंने असाध्य को नहीं—वरन् साध्य को उसके अनुरूप व्यक्त किया है। मैं इतने से ही सन्तुष्ट हूँ।

मेरी सौन्दर्य-प्रियता, शाब्दिक-अलंकारिक क्रीड़ा-कौतुकी स्वभाव की नहीं होती, मानवीय स्वभाव की अभिव्यक्ति की होती हैं। मैं शब्दों के झुनझुने नहीं बजाता- मैं शब्दों के स्वरों से मानसिक दोलन-उत्तोलन उत्पन्न करने को कवि-कर्म नहीं समझता, मैं शब्दों के मन्त्र नहीं मारता—न मन्त्र मारने में—मन्त्र मारकर वशीभूत करने में विश्वास करता हूँ। मेरे प्रयुक्त शब्द मेरी चेतना का प्रतिबिम्बन करते हैं, यह प्रतिबिम्बन पूर्णतया लौकिक जीवन से सम्बद्ध होता है। इसलिए इस प्रतिबिम्बन में मेरे जीवन-दर्शन के विचार-बोध की अभिव्यक्ति मिलती है।

(ख) कविता और बौद्धिकता

रचनाकार को पूरी तरह से अपनी शाब्दिक शक्ति को इस हद तक उन्नत बनाना चाहिए कि वह मानवीय बोध की सत्यापित कृति दे। ऐसा करने के लिए, गहन अध्ययन की पृष्ठभूमि की आवश्यकता होती है और यथार्थ के प्रसार की विसंगतियों को विनष्ट करने का लक्ष्य होता है—इसलिए आज की बहुसंख्यक रचनाएँ निरर्थक होकर लुप्त हो जाती हैं। कवि बाजीगरी नहीं करता। वह जीवन के मर्म को, विद्या-बुद्धि-विवेक से, उजागर और प्रतिष्ठित करता है। मानवीय बोध का बिम्बन तभी सार्थक और सप्राण होता है जब वह आदमी की चेतना को बलिष्ठ बनाकर द्वन्द्व और संघर्ष के लिए सक्षम बनाता है। मैं जानता हूँ कि ऐसा करने में भी असंगतियाँ उत्पन्न होती हैं और लगता है कि जैसे ऐसी रचना न करना पड़े तो अच्छा हो, परन्तु जो व्यक्ति जीवन को हर प्रकार से श्रेष्ठ से श्रेष्ठतर बनाने को ही मानव-धर्म समझते और मानते हैं वह अडिग आस्था से दिन-प्रति-दिन अपने लक्ष्य की प्राप्ति में लगे रहते हैं, न आधुनिक बनते हैं, न उत्तर-आधुनिक, न अपने अहं में खोए-सोए रहते हैं। कविता केवल कला नहीं होती। कविता कर्म का विधान-मंडल तैयार करती है। कर्म आदमी के हाथ करते हैं। मैंने यही सोचा, समझा और जाना

है। मैं तभी तो सत्यदर्शी कविता को श्रेष्ठ कविता मानता हूँ।

जो आदमी पढ़-लिखकर विशिष्ट व्यक्ति बन जाते हैं, किन्तु गहराई से चिन्तन-मनन नहीं करते, केवल अपनी निजी तर्क-बुद्धि के बल पर ही ऐतिहासिक घटनाचक्र का विश्लेषण करते हैं और आम आदमियों के जीवन को सत्य और संज्ञान से नहीं जानते-परखते, वह भ्रम और भ्रान्तियों को अपनाए हुए जीने लगते हैं तो मात्र निजता की अभिव्यक्ति ही करते रहते हैं। ऐसी अभिव्यक्तियाँ मूल्यवान मानवीय जिजीविषा से वंचित होती हैं। इनसे कल्याण की कोई सम्भावना नहीं होती। मैं, इसलिए बौद्धिक होने से सदैव बचता रहा और अपना विकास मार्क्सवादी दृष्टिकोण से करता रहा। जीवन के सत्य को ही मैंने कविता का सत्य बनाया और बिम्बित किया—ऐसा करना आरोपण नहीं कहा जा सकता। ऐसा करना तो मानवीय गुण-गौरव और गरिमा को व्यंजित करना है। यही है कविता की सृष्टि का लक्ष्य।

(ग) कविता मानवीय मूल्यों की सृष्टि होती है

कविता मानवीय मूल्यों की सृष्टि होती है। वह न अतिचार की सृष्टि करती है, न व्यभिचार या यौनाचार या उद्धतवाद की। कवि का सृजन गुणात्मक कोटि का होकर मानवीय बोध को संवेदनशील और सम्प्रेषणीय बनाता है। मानवीय बोध सांस्कृतिक बोध का पर्याय बन जाता है। इसीलिए ऐसे मानवीय बोध की अभिव्यक्ति, कवि कलात्मक ढंग से करता है कि उसकी यह कलात्मक अभिव्यक्ति व्यापक आत्म-प्रसार पा सके और जन-मन को निजी भाव बोध से उबारकर, बाहर निकालकर, सजग सुन्दर सत्यदर्शी बनाए ताकि वह शिवम् का प्रस्तोता बन सके।

मैं यह भी कहना चाहूँगा कि कविता के बिना मानव जैविक जीवमात्र होता है। कविता ने उसे वह इन्द्रियबोध दिया, जो सूक्ष्म संवेदनशील हुआ, जो जड़ को चेतन, प्रकृति को रम्यरूपा और मानवीय बना सकने में सहायक सिद्ध हुआ। न कवि होते—न कविता होती, तो न आदमी आदमी होता, न नर नारी का प्रेम होता, न यौवन-उभार की लावण्यलीला होती, न प्रकृत प्रिया होती, न उर्वशी होती, न शकुन्तला होती, न मेनका होती, न उसको पाने के लिए इतने-इतने संघर्ष होते, न स्वर्ग की कल्पना होती, न नरक की कल्पना, न कटाक्ष और चपला का चमत्कार होता, न पार्वती होती, न शिव को पाने के लिए तपस्या करतीं, न महाकवि कालिदास ने कुमारसंभव, मेघदूत, रघुवंश, शकुंतला आदि काव्यग्रन्थ प्रणीत किये होते। कविता के अभाव में आदमी रोबोट हो जाता। सौन्दर्य, नैतिक-अनैतिक से परे होता है। नैतिक होकर भी आदमी ने सौन्दर्य देखा और पाया है। जब बिजली चमकती है तब कटाक्ष करती है, और तब नैतिक-अनैतिक कुछ नहीं होता, तब आदमी कटाक्ष से विभोर होता है।

(घ) प्रगतिशील साहित्य की जरूरत

प्रगतिशील साहित्य के सृजन की इसीलिए आवश्यकता हुई कि वह, प्राकृत सृष्टि के और परिकल्पनात्मक सृष्टि के समकक्ष, एक ऐसी साहित्यिक सृष्टि दे सके, जो वैज्ञानिक सत्य से सम्बद्ध हो और किसी भी रूप में वर्गीय न हो और नाना प्रकार की रूढ़ियों, अन्धविश्वासों और निजी अभिरुचियों से मुक्त हो। मानवीय चेतना को ऐसे ही विकसित करके संसार की आम जनता सुखी और समृद्ध हो सकती है। लेकिन दुर्भाग्य यह है कि ऐसी मुक्त मानवीय चेतना से रचे गये काव्य और साहित्य को विकसित नहीं होने दिया गया। आज तक यही कहा गया कि प्रगतिशील साहित्य, आरोपित साहित्य है, मौलिक नहीं है। वह आदमियों की मानसिकता को कुंठित करता है, उसे नष्ट करता है।

देखना यही है कि सच क्या है?

मैं प्रगतिशील साहित्य के पक्ष में कुछ आवश्यक तथ्य रखता हूँ। पहली बात तो यह है कि एक तो प्राकृत सृष्टि है ही, उसका क्रम तो चल ही रहा है। दूसरी मानवीय सृष्टि है, जिसे कवि और साहित्यकार निर्मित कर रहे हैं। इतिहास बताता है कि ऐसी सृष्टि आदमी की चेतन सृष्टि है। आदमी उत्तरोत्तर अपनी चेतना को विकसित करता जाता है, और उसी से जो सृष्टि करता है, वह उसकी चेतन सृष्टि होती है।

जब से आदमी ऐसा करने लगा है, तब से अतीत में ऐसे काल-खंड नहीं आये, जब उसकी चेतना के अतिरिक्त उसके पास कोई अवचेतन-उपचेतन मानसिक स्थितियाँ रही हों। अवचेतन और उपचेतन हैं क्या? यह ऐसी मानसिक स्थितियाँ हैं, जो समय के साथ, आदमी के संघर्ष के साथ, और उसके जीवन जीने की कार्य-क्षमता के साथ, कभी जुड़ीं नहीं। दूसरे शब्दों में, उन्हें वहीं छोड़ दी गयी मानसिकता कहा जा सकता है, जो कभी चेतन रूप नहीं ले सकीं। तो, वह एक तरह की भूली-बिसरी, त्यागी, त्यक्त पड़ी रह गयीं, पहले की अविवेचित और अविवेकित ग्रन्थियाँ हैं, जिसको चेतन आदमी ने कोई महत्त्व नहीं दिया। ये संस्कार भी नहीं हैं।

अब देखना यह है कि उन मानसिक स्थितियों का क्या कोई, चेतन मानवीय काव्य और साहित्य में स्थान है या नहीं?

मैं समझता हूँ कि प्राकृत सृष्टि की समकक्षी मानवीय चेतन सृष्टि में ऐसे उपचेतन और अवचेतन को कोई स्थान नहीं दिया जा सकता। उसका पहला कारण तो यही है कि ये (अवचेतन और उपचेतन) मानवीय चेतन सृष्टि के प्राथमिक आधार के ही विरुद्ध जाते हैं क्योंकि तब तो चेतन और अवचेतन का अस्तित्व ही सम्भव नहीं हुआ था। फिर बाद को जब सामाजिक व्यवस्था ने आदमी को संकीर्ण बना दिया और राज्यसत्ता तथा प्रभुसत्ता प्रबल सत्ताधारियों के

हाथ में चली गयी, तब प्राथमिक मानवीय चेतना अपने प्रवाह से अलग कर दी गयी और संकीर्णता ने उसको गतिशील होने से रोक दिया। परिणाम यह हुआ कि वे मनःस्थितियाँ मानव के संस्कारी जीवन में भी न आ सकीं और वहीं-की-वहीं, परत-दर-परत में, दबी पड़ी रह गयीं। जब बाद को, कभी किसी परिस्थिति विशेष में, या वैयक्तिकता को स्थापित करने के आवेश में, या मौलिक होने के रंग में, आदमी आया, तो वह इनका पक्ष लेकर आम मानवीय चेतन सृष्टि को ही नकारने के प्रयत्न में उसने अवचेतन या उपचेतन की नयी सृष्टि की अवतारणा प्रारम्भ कर दी।

वास्तव में, जो अचेतन रहा या जो उपचेतन रहा, वह तो इसीलिए आदमी के दिमाग में पड़ा रह गया क्योंकि वह उसके लिए निरर्थक था। तो, बाद को उनको लेकर यह नहीं कहा जा सकता कि इन्हें भी साहित्य और काव्य में स्थान दिया जाय और उनकी महत्ता स्वीकार की जाय और इन्हीं-इन्हीं को मौलिकता और वैयक्तिकता का सार समझा जाय और जो कुछ, इन्हें छोड़कर, साहित्यिक या कलात्मक सृष्टि की जा रही है, वह निरर्थक है।

मेरी समझ में अवचेतन और उपचेतन एक तरह के मानसिक विकार हैं, जो आदमी के सत्यान्वेषी जीवन न जीने की वजह से, उसके मस्तिष्क में पैदा हुए। उनको मैं रोग कह सकता हूँ। इनका निदान किसी मनो-चिकित्सक द्वारा किया जाना चाहिए, न कि इनको आदमी की चेतन सृष्टि के समकक्ष साहित्य और काव्य में कोई स्थान दिया जाना चाहिए।

इसके अतिरिक्त, मैं यह भी कहता हूँ कि इनको आज, वर्षों के बाद साहित्य और काव्य की प्रगतिशील सृष्टि में देने का मतलब अपने साहित्य और काम को रुग्ण बनाना है, जो सर्वथा अनुचित है। ऐसा न जनहित में होना चाहिए, न व्यक्ति के हित में। जो भी सृष्टि की जाती है, उसे सृष्टि का एक विवेकपूर्ण आदर्शोन्मुख चरित्र बनाया जाता है, ताकि वह सामाजिक दायित्व का वहन कर सके और सामाजिक जीवन में सुरुचिपूर्ण सौन्दर्य स्थापित कर सके और चेतन सृष्टि की निरन्तरता कायम रह सके और ऐसा न हो कि वह प्रकृत सृष्टि के समकक्ष पहुँचा दी जाय, जहाँ सैकड़ों, करोड़ों वर्षों तक किसी रचना की सम्भावना न हो।

समीक्षात्मक विवेक

1. लोक-जीवन से उद्भूत तुलसी की चेतना आज के सन्दर्भ में

'मरकर भी नहीं मरे बाबा तुलसीदास' अपनी कविता की बदौलत जो चार सौ साल से बराबर जीती चली आ रही है और उन्हें भी आजतक अपने साथ जिलाए हुए है; यही सत्य इस बात का प्रमाण है कि यह कविता कालजयी है।

कालजयी कविता में लिखी रामायण घर-घर में पढ़ी जाती है। अन्य किसी काव्य-ग्रन्थ का इतना प्रचार और प्रसार नहीं हुआ; जितना इसका हुआ है। मार्के की बात तो यह है कि समाज के सभी स्तरों को भेदकर यह जन-मानस में अत्यधिक गहरे प्रवेश कर गयी है। कोई भी ऐसा व्यक्ति नहीं बचा, जो इसके प्रभुत्व और प्रभाव से अछूता रह गया हो।

छोटा हो या बड़ा, विद्वान हो या मूढ़, दार्शनिक हो या दुनियादार, भक्त हो या ज्ञानी, रागी हो या विरागी, स्वामी हो या सेवक, राजधर्मी हो या प्रजाधर्मी, नैतिक हो या अनैतिक, निन्दक हो या प्रशंसक, सन्त हो या असन्त, कर्मी हो या अकर्मी, जहाँ जो है; वह इसे (रामायण को), अपने जीवन के किसी-न-किसी छोर पर, सहारा या सम्बल के लिए उसी तरह पकड़े हुए है, जैसे हारिल (पक्षी) लकड़ी पकड़े रहता है। इसके बिना तो जैसे कोई आदमी जीता ही नहीं! यह काव्य का ग्रन्थ न होकर जीवन का ग्रन्थ हो गया है।

हिन्दी-भाषी क्षेत्र में तो इसे सार्वभौम प्रभुसत्ता प्राप्त है। अहिन्दी क्षेत्रों में भी इसे महती महत्ता मिली है। वहाँ भी इसका पारायण होता रहता है।

देश से बाहर, विदेशों में भी इसके अनुवाद प्रस्तुत हुए हैं। यह विश्व की प्रमुख भाषाओं का ग्रन्थ बन गया है।

इसी रामायण को, जब यह रची गयी थी, तब विद्वानों ने—साहित्य और संस्कृति के पुंगवों ने काव्य का ग्रन्थ मानने से इनकार कर दिया था। प्रशस्ति के बजाय इसे उनसे अपमान ही मिला था। आज युग और युग के लोग इसके प्रबल पक्षधर हो गये हैं और इसकी प्रशंसा करते नहीं अघाते।

प्रशंसा कालिदास के 'रघुवंश' की भी होती है। उस महाकाव्य को काव्य के सुधी मर्मज्ञजन श्रेष्ठ महाकाव्य मानते हैं और कंठस्थ कर लेने पर अपने को धन्य समझते हैं। निस्सन्देह उस ग्रन्थ की भी महती महत्ता है, लेकिन उसकी तुलना में भी रामायण बाजी मार ले जाती है और उसे दूर—बहुत दूर—पीछे छोड़ जाती है। बाजी मार ले जाने का बड़ा ठोस कारण है। 'रघुवंश' केवल रघुवंशियों का महाकाव्य होकर उनकी ही प्रशस्ति का गौरव-ग्रन्थ बनकर रह गया है। रामायण महाप्रतापी मर्यादा पुरुषोत्तम राम के चरित्र का महाकाव्य होकर भी केवल उन्हीं की प्रशस्ति का गौरव-ग्रन्थ नहीं है; बल्कि राम के चरित्र के बखान के माध्यम से जनसाधारण के जीवन का अपरिहार्य और अनिवार्य लोक-ग्रन्थ बन गया है। जब जनता 'रामचरितमानस' को पढ़ती है, तब महापुरुष राम के चरित्र को तो देखती ही है; लेकिन उसके साथ-साथ उस चरित्र के मानवीय मूलाधारों से अपने को सम्बद्ध भी करती चलती है और जग में जी सकने की क्षमता का अनुभूत ज्ञान भी संचित करती चलती है। तभी तो राम सबके घट-घटवासी राम बन गये हैं। तुलसीदास ने अपने राम के चरित्र के इतने-इतने, अनेकानेक, बहुमुखी पक्ष उजागर किये हैं और इस तरह जनजीवन से सम्पृक्त करके उजागर किये हैं कि राम का चरित्र मानवमात्र का चरित्र बन गया है। ऐसा लगता है जैसे राम अपना जीवन जीते-जीते सबका जीवन जीने लगते हैं। ऐसा लगता है जैसे राम राज-परिवार का जीवन नहीं जीते, बल्कि साधारण आदमी के सुख-दुःख का जीवन जीते हैं। राम वैसे ही भोग्यमान भोगते हैं, जैसे आम आदमी भोगते हैं। तुलसी बाबा ने अपने आराध्य के चरित्र की राजकीयता पर बल देते हुए भी बल नहीं दिया, बल्कि राजकीयता से वंचित कर दिये गये राम के उदात्त मानवीय गुणों से परिपुष्ट चरित्र को ही सबके लिए सुलभ कर दिया है कि विमल विवेक के इस दर्पण में हरेक अपना प्रतिबिम्ब देख सके और राममय होकर वैसे ही जीवन जिए, जैसे भाग्य-मान भोगते राम जी सके।

मेरे लिए सदैव ही एक बड़ी उलझी हुई गुत्थी रही है कि सीताहरण के बाद तुलसी के राम अपने अवधवासियों से, अपने राज-परिवार वालों से अपनी फौज-फाटा से सहायता क्यों नही माँगते—वे न माँगते तो अवधवासी या रघुवंशी या राज्य की फौज-फाटा का तो यह धर्म था कि वह अपने प्रिय राम को अयाचित सहायता देते या देती। लेकिन उन सबसे किसी प्रकार की सहायता मिलने की बात भी तुलसीदास ने कहीं नहीं उठाई। मैंने बहुतों से पूछा। जितनों से पूछा उतनों ने यही बताया कि राम भगवान् थे—उन्हें उनकी सहायता की जरूरत न थी—वह स्वयं रावण को मारकर सीता को वापस ले आने में सक्षम थे। मुझे इस प्रकार के उत्तर से कभी सन्तोष नहीं हुआ। मेरा प्रश्न मेरे सामने हमेशा ही आकर खड़ा हो जाता रहा है और मैं बौद्धिक होने के नाते, इस शंका का समाधान खोजने के लिए,

अपने दुनियाई ढंग से ही विचार करता रहा हूँ और अवध की जनता और उसके राज-परिवार को राम के विरुद्ध षड्यन्त्र करने का दोषी ठहराता रहा हूँ और इसलिए यह भी मानकर चला रहा हूँ कि राम ने अपनी आत्मरक्षा में वनवासी होना स्वीकार किया था सीता को लेकर लक्ष्मण के साथ चौदह वर्ष की लम्बी अवधि तक जंगल-जंगल की धूल फाँकते फिरे थे। परन्तु अब आज मेरी शंका का समाधान मिल गया है और अब मैं यह जान गया हूँ कि क्यों तुलसीदास ने राम के लिए वैसे घोर संकट के समय अवध से किसी प्रकार की मदद पहुँचाने की कल्पना तक नहीं की। सत्य साफ दिख रहा है। महाकवि, राम को, संकट में पड़े आदमी की तरह, चित्रित करना चाहते थे। यही किया भी उन्होंने। यही उचित भी था। अगर राम वहाँ—वनवास में—राजा राम या युवराज राम की तरह संघर्ष का सामना करते तो अवश्य ही वह अवध से हर प्रकार की मदद लेते। फिर तो वह साधारण आदमी का जीवन न जीते। तब राम राजपुरुष होते—साधारणजन के जीवन में उतर आये राम न होते। और तब रामायण भी 'रघुवंश' जैसा महाकाव्य मात्र होकर रह जाती और आज की इस व्यापक प्रशस्ति से वंचित रह जाती।

तुलसी की चेतना लोक-जीवन से उद्भूत चेतना भी थी। उनकी चेतना राजवंश से लालित-पालित चेतना न थी। वह कवि थे, विद्वान् भी थे, अपने महान् ज्ञानभंडार से भरपूर अवगत भी थे। तिसपर भी उनकी चेतना अपना काम अपने ढंग से करती रही। तब का—उनके युग का—लोक-जीवन उनकी चेतना में प्रतिबिम्बित हुआ और वह उसी प्रतिबिम्बन (Reflection) के आधार पर अपने राम का चरित्र लिखते रहे।

यह सच है कि अपने राम को वैसा चित्रित करते समय भी तुलसीदास ने राम को जगह-जगह पर भगवान् राम कहा है और उनको महान् दैवी गुणों से सम्पन्न दिखाया है तथा उनके समस्त चरित्र को अलौकिक आलोक से आलोकित किया है। इस बात से अवश्य ही भटकाव और भ्रम भी पैदा हुआ है। यह दुबर्लता बार-बार प्रकट हुई है। इस दुर्बलता की वजह से अब आज रामायण मानवीय चेतना के क्षेत्र से दूर जा पड़ी है और उस पर विचार करना या सोचना-समझना भी बन्द कर दिया गया है। रामायण धर्म-ग्रन्थ बन गया है। धर्म-ग्रन्थ से बढ़कर ताबीज बन गया है, जिसके ग्रहण करने मात्र से भव-भय से मुक्ति मिल जाती है। यह तो हुई कम पढ़े-लिखे लोगों की बात। बड़े विद्वान् और विज्ञ-जन भी किसी दूसरे को इतनी छूट तक नहीं देते कि वह रामायण की कथावस्तु या उसके कथ्य या शिल्प को लेकर अपना बौद्धिक विचार व्यक्त करे और नयी दृष्टि से जाँच-पड़ताल करे और गलत-सही को प्रस्तुत करे।

कहा जा सकता है और सच भी यही जान पड़ता है कि तुलसी की कथा अपने सहज साधारण रूप में जन-जीवन की सहज साधारण चेतना थी; लेकिन

इनकी यह चेतना पूर्णतया अन्य युगीन प्रभावों से सर्वथा मुक्त नहीं रह सकी। तभी तो राम की कथा को बड़ों के मुँह से बड़ों को सुनाया गया बताया है तुलसी बाबा ने। तभी तो Law of primogeniture के विरुद्ध आवाज उठाने वाली कैकेयी को और आग में घी डालने वाली मंथरा को महाकवि ने अच्छा नहीं कहा। राजवंश की परम्परा को यथावत् बनाए रखने की कामना से ही तो महाकवि उसका सबल समर्थन करते हैं, तभी तो महाकवि अपने को राम का सेवक घोषित करते हैं; तभी तो राम की भक्ति को सराहते और प्रतिपादित करते हैं। उन्होंने कहा भी है कि 'जाको प्रिय न राम वैदेही, तजिए ताहि कोटि वैरी सम यद्यपि परम सनेही।' तभी तो उन्होंने 'ज्ञानहि भक्तिहिं नहिं कछु भेदा' भी कहा है। यह समन्वय की नीति अपने असली अर्थ में यही व्यक्त करती है कि जहाँ जो है, वैसा चलता चला जाए—राजनीति या अर्थतन्त्र में कोई परिवर्तन न किया जाए—साधारणजन भी उसी व्यवस्था में उसी के अनुरूप जिये और मरे और अवसर आने पर भी चूँ-चपड़ न करे। तभी तो तुलसी भरत पर बलि-बलि जाते हैं। राम पर फूल बरसाते हैं।

ऐसा इसलिए हुआ, क्योंकि महाकवि को अपना जीवन भी ऐसे ही बिताना पड़ा था। वह भी आर्थिक दृष्टि से निरवलम्ब थे। घर-बार कुछ भी नहीं रह गया था। पत्नी का परित्याग कर ही चुके थे। एकाकी जीवन-यापन करते-करते वह यही निष्कर्ष निकाल सके कि जीवन का लक्ष्य राम की भक्ति से राम में लीन हो जाना है। कर ही क्या सकते थे इसीलिए उनका चिन्तन, मुक्त चिन्तन न होकर श्रद्धा और भक्ति से बँधा चिन्तन है। इसीलिए आज के युग में इसको, पूरा ज्यों-का-त्यों, स्वीकार नहीं किया जा सकता। हाँ, उसके उस पक्ष को अवश्य स्वीकार किया जा सकता है, जो मानवीयता का पूरा-पूरा बोध कराता है और आज की युगीन चेतना से जुड़ जाता है। मुझे परशुराम और लक्ष्मण के संवाद में उसी पक्ष का समर्थन मिलता है। राम चुप रहते हैं। उनका राजतिलक होगा ही, वह राजा बनेंगे ही; इसलिए वह शील से सधे शालीन ही रह जाते हैं। परन्तु धनुष के तोड़े जाने पर वाद-विवाद में पड़े लक्ष्मण तो मुक्त मानव के मुख से बोलते हुए परशुराम से अपराजित ही रहते हैं और खुलकर सब-कुछ कहते हैं, जो-कुछ जितना कहा जा सकता था और जिसे राम नहीं कह सकते थे। तुलसी बाबा यहाँ जी खोलकर निर्भीक भाव से वाक्-युद्ध में संलग्न हुए हैं, देखते ही बनता है। यही है वह वाणी जो जनसाधारण का अमोघ अस्त्र हो सकती है। आज का बौद्धिक युवक उसी स्वर में अपने को परम्परा और प्रतिष्ठान के विरुद्ध स्थापित करने का बीड़ा उठाए है। रामायण का यह संवादस्थल भाषा की दृष्टि से भी बड़ा महत्त्वपूर्ण है। भाषा पूरी मुक्ति पाकर आज आक्रोश से भभक उठी है और व्यंग्य तथा प्रहार के वार करने लगी है। कहीं कोई प्रतिबंध नहीं रह गया है। पता नहीं, बाबा तुलसीदास में कहाँ से ऐसा मुक्त चिन्तन जागा कि वह आज के युवक की तरह

भभक उठे। शिव का धनुष तोड़ा गया था। उसे राम ने तोड़ा था। हो सकता है कि इसलिए तुलसीदास लक्ष्मण के मुँह से परशुराम पर आग बरसा पड़े। वैसे यह तो सही है ही कि तुलसी राम के प्रति इतने श्रद्धालु हैं कि उनके किये काम के विरोध को वह एक क्षण भी बरदाश्त नहीं कर सकते। मालूम होता है कि भक्त ने अपने आराध्य के विवादी परशुराम को इसीलिए भरी सभी में लज्जित किया और फिर धनुष भी तो शिव का था, राम उसे न तोड़ते तो सीता कैसे पाते? ऐसा न्याय तुलसी बाबा की दृष्टि में सर्वथा उचित ठहरता था। तभी तो वह शम्भु के धनुष तोड़ने पर कोई आपत्ति नहीं व्यक्त कर सके। शिव भी तुलसीदास को प्यारे थे, तभी राम के द्वारा रामेश्वरम् में शिव की स्थापना महाकवि ने जानबूझकर कराई कि शिव के उपासक धनुष तोड़े जाने की व्यथा को भूल जाएँ।

इसके अतिरिक्त जहाँ तुलसीदास की भाषा प्रतिबन्धित रही है, वहाँ वह रीति के स्वभाव की होकर आगे-पीछे चली है। अलंकारिक भी हुई है, काव्यात्मक भी हुई है और ध्वनिपरक भी हुई है। सीता के रूप का वर्णन कुछ इसी प्रकार का है। उस वर्णन की सराहना करते-करते लोग दुहरे हो जाते हैं। 'छविगृह दीपसिखा जनु बरई' में आत्मा-परमात्मा का रहस्यवाद बिम्बित देखते-देखते लोग-बाग नहीं थकते। पर मुझे तो यह रूप-वर्णन पिष्टपेषण ही मालूम होता है। औपचारिकता की अति हो गयी है। सीता अलौकिक हो गयी हैं। वैसे तो वे भूमिजा हैं। तुलसीदास भूल जाते हैं कि वह भूमिजा का रूप-वर्णन कर रहे हैं। सम्भवतः उनके आराध्य की प्रिया होने वाली सीता का ऐसा रूप-वर्णन ही उन्हें औचित्यपूर्ण लगा था। राम राजकुँवर थे। गद्दी पर बैठते। इसीलिए उनकी जीवनसंगिनी भला लौकिक कैसे रह सकती थी और उनका लावण्य भला कैसे लौकिक रह सकता था। अतः बाबा तुलसीदास ने सीता के रूप को प्रकाश में चढ़ा दिया और सौन्दर्य से भी सुन्दर बना दिया अन्यथा भूमिजा—मानवी—कैसे भगवान् की धर्मपत्नी बन सकती थी। उन्हें तो छवि को भी छवि देने वाली होना ही चाहिए। वही किया भी बाबा तुलसीदास ने उनके रूप-वर्णन में। जैसे आदमी मुक्ति चाहता है, वैसे भाषा भी मुक्ति चाहती है। जहाँ मुक्त नहीं होती, वहाँ भाषा और मनुष्य दोनों ही, अपनी सहज-स्वाभाविक शक्ति-सम्पन्नता खो देते हैं और किसी दूसरे के इशारे पर वैसे ही नाचते हैं, जैसे वह नचाता है। रावण और अंगद के संवाद में भी तुलसी की भाषा खुली है। परन्तु वहाँ की उस भाषा का स्तर, परशुराम-लक्ष्मण के सम्वाद की भाषा के स्तर से नीचे रह गया है।

वैसे भी देखा जाए तो रामायण की कथा-वस्तु का वही प्रमुख अंग है, जो राम के वन-गमन से शुरू होता है और लंका-विजय तक जाता है। इस काल के राम राजाराम नहीं हैं और न ही उस तरह आचरण करते हैं। दूसरे लोग—वनवासी लोग—अन्य जातियों के सम्पर्क में आने वाले और सहाय्य होने वाले लोग—भले ही

मानवीय राम को दैवी राम के रूप में देखने का लोभ संवरण न कर सके हों। अहिल्या शापवश शिला हो गयी थी। राम ने उसे अपने चरण-स्पर्श से पुनः नारी के रूप में परिवर्तित कर दिया। यह काम साधारण मनुष्य नहीं कर सकता था। बाबा तुलसीदास ने ऐसा क्यों किया और क्या ऐसा कराने में वह राम को नर नहीं नारायण मानते थे? यह प्रश्न उचित ही है—शंका उचित ही है। यही तो महाकवि की चेतना की प्रतिबद्धता को स्पष्ट करती है। इसी प्रतिबद्धता में बँधे हुए तुलसी बाबा राम को, मूलरूप से नर मानते हुए भी नारायण कह-कहकर पुकारने लगते हैं। लेकिन इस प्रतिबद्धता से रामायण की प्रमुख कथा-वस्तु का मानवीय स्वरूप किसी प्रकार विनष्ट नहीं हुआ। कथा-वस्तु का मानवीय स्वरूप इस विशद और विस्तृत आकार-प्रकार से जीवन के धरातल पर व्यक्त हुआ है कि उसे ही सर्वोपरि स्थान देना होगा, न कि राम के दैवी रूप के गुणों के बखान को, जो रह-रह कर स्थान-स्थान पर मुखरित होता रहा है। रामायण का पाठक मानव राम के चरित्र से इसलिए प्रतिभूत होता है, क्योंकि वह उसे जीवन के साथ जुड़ा हुआ मिलता है। पाठक राम के दुःख को अपना दुःख समझने लगता है। दुखी राम के साथ प्रत्येक पाठक सहानुभूति करने लगता है। सहानुभूति करते-करते पाठक की भावनाएँ परिष्कृत हो जाती हैं। उसमें भी उन्हीं मानवीय गुणों का विकास होने लगता है और वह भी जीवन के जीने में जी-जान से लग जाता है। जो विद्वान् इस पक्ष को महत्त्व नहीं देते, वह भूल करते हैं और रामायण को केवल श्रद्धा और भक्ति का पूजनीय ग्रन्थ बनाकर उसकी युगीन महत्ता से इनकार करने का घोर अपराध करते हैं। आज के विज्ञान के युग में जब महान् आत्मिक संकट उभरकर ऊपर आ गया है, तब रामायण को श्रद्धा और भक्ति का ग्रन्थ कहना किसी प्रकार से न्यायसंगत नहीं कहा जा सकता। युगीन परिप्रेक्ष्य में रामायण की महत्ता को, उसके उपर्युक्त मानवीय पक्ष को लेकर ही प्रतिपादित और प्रतिष्ठित किया जा सकता है। अन्यथा भविष्य में रामायण का महत्त्व घटकर ही रहेगा, उसे कोई रोक नहीं सकता।

तुलसीदास की चेतना वैज्ञानिक की चेतना नहीं थी। वह कवि की चेतना होने की वजह से जीवन के चाहे-अनचाहे, सभी पक्षों को समेटकर चली है। तभी तो उसे समेट कर चलने में वह राम के मानवीय गुणों के साथ-साथ राम के दैवी गुणों को समेटती चली गयी है और दैवी गुणों से राम को विभूषित करने में कहीं तनिक भी नहीं चूकी है।

मानवीय चेतना जब भक्ति-भाव से मर जाती है, किनारा कर लेती है, तब वह ऐसे जीवन से ही प्रतिबिम्बित हो चुकी होती है। ऐसे किनारा कर लेने के बाद चेतना इस पचड़े में भी नहीं पड़ती कि कोई देखे-सुने-समझे कि क्यों, कैसा और क्या-क्या हो रहा है? वह सब उसे निस्सार लगता है और आराध्य की आराधना ही जीवन का लक्ष्य बन जाता है। भक्त-कवियों की चेतना इसी कोटि की होती है।

भक्त-कवि अपने आराध्य के गुणगान ही बखानने में लग जाते हैं और दूसरों को भुला देते हैं। आराध्य के विमुख जन भी तभी तो उन्हें फूटी आँख नहीं सुहाते। महाकवि तुलसीदास की चेतना भी इसीलिए लोक-जीवन से उद्भूत होते हुए भी, लोक-जीवन के पक्षों को उजागर करते हुए भी, बार-बार अपने राम को भगवान् राम कह उठती है। रामायण में इसीलिए तो मानव राम भगवान् राम के पद पर आसीन दिखते हैं। भक्ति के आरोपित राम को मानव राम की ओट में करते-से दिखते हैं, लेकिन आज की युगीन चेतना मानव राम को ओट में नहीं रहने देती और सामने लाकर उनसे साक्षात्कार करती है और उनके अलौकिक ईश्वरीय रूप को भक्तों की मंडली में ही रहने देती है। जब ऐसा किया जाता है, तब राम आदमी का जीवन जीने लगते हैं और हमारे जीवन के सहभोगी बन जाते हैं तथा हम उन्हें अपनी आधुनिक दृष्टि से देखने-सुनने-समझने लगते हैं।

भक्ति-पक्ष की प्रबलता के कारण ही तो भक्त यह सोचना भूल जाता है कि अहिल्या का उद्धार चरण-स्पर्श से असम्भव है। चरण-स्पर्श से उद्धार किया जाना सहर्ष स्वीकार कर लेता है। वह सन्देह करने के निकट तक नहीं जाता। सन्देह करने से उसकी भक्ति पर आँच आती है। आज के विज्ञान के युग में नारी-उद्धार (Woman-emancipation) की ऐसी कल्पना की ही नहीं जा सकती—ऐसी घटना के स्वीकार किये जाने की बात तो कोसों दूर है। अहिल्या-उद्धार की घटना (Woman-emancipation) की ही घटना तो है। नारियों का उद्धार अब इस युग में ऐसे नहीं होता। बाबा तुलसीदास ने इस घटना को मात्र भक्तिभाव से सहज ही स्वीकार कर लिया था और आराध्य राम को उनके उद्धार का अमर श्रेय दे दिया था। आधुनिक काल में इस घटना पर कोई बौद्धिक व्यक्ति विश्वास नहीं करेगा और इसे निरा कपोल-कल्पित मानेगा।

तुलसीदास की चेतना में यदि इसी तरह भक्ति का पक्ष निरन्तर और अधिक काल तक आरोपित किया जाता रहा और यदि उनकी चेतना को विज्ञान, बुद्धि और विवेक से जोड़कर बाहर न निकाला गया तो वह दिन दूर नहीं है, जब उनकी चेतना का हमारे जीवन में मूल्य ही न रह जाएगा। यह सत्य कटु अवश्य है, परन्तु नितान्त ग्रहणीय है।

आज राम का कीर्तन जिस जोर-शोर से, लाउडस्पीकर लगाकर किया जा रहा है; वैसा पहले कभी नहीं होता था। इसके बावजूद वही कीर्तनियाँ राम के एक भी गुण को अपने चरित्र में नहीं उतारते। कैसी विडम्बना है यह, असहनीय भी है यह!

राजापुर में सरकार ने 'तुलसी-स्मारक' का निर्माण कराया है। वहाँ रामायण को लेकर उसके विविध पक्षों पर विद्वानों द्वारा—शोधकर्ताओं द्वारा—विचार-विनिमय चालू किया जाना चाहिए था, वही नहीं किया गया। वहाँ तो कीर्तन होता

है—रामलीला होती है। और सब-कुछ होने पर भी ऐसा लगता है कि कुछ हो ही नहीं रहा है। न जनता कुछ जानती है, न कोई कुछ जानता है। ऐसा केवल इसलिए होता है, क्योंकि वहाँ के प्रबन्धकों को तुलसी केवल भक्त दिखते हैं—रामायण केवल धर्मग्रन्थ दिखती है—राम केवल भगवान् दिखते हैं—और कहीं कुछ नहीं दिखता।

यह सब बातें यहाँ इस लेख में इसलिए कही गयी हैं कि अपना देश इस शताब्दी में तुलसी के चार सौ साल बाद—यह विचार करे कि तुलसी के काव्य पर सही दृष्टिकोण से कैसे और किस सीमा तक जाया जा सकता है और जनता के जीवन में उनका काव्य कहाँ तक—कितनी सीमा तक उपयोगी हो सकता है? ऐसे विचार किये बिना न तुलसी का उद्धार होगा—न रामायण का—न हमारा और न हमारे देश के काव्य का। वस्तुस्थिति का सामना करना और उसके अनुरूप आगे बढ़ना परम् आवश्यक है—परम् हितकारी है। अन्त में एक बात और महत्त्वपूर्ण है। उसे कहना आवश्यक है। तुलसी बाबा का सबसे महत्त्वपूर्ण योगदान यह है कि उन्होंने 'संस्कृत' के स्थान पर अपने काव्य की भाषा अवधी रखी। वह इतनी सुरुचिपूर्ण और सम्पन्न उन्हीं के कृतित्व के बल-बूते पर हुई है। हिन्दी-संसार इस बात के लिए उनका हमेशा-हमेशा आभारी रहेगा। चौपाई और दोहे तो अन्य छन्दों से इतने छोटे और सरल-सपाट रहे हैं कि काव्य में टिक ही नहीं सकते थे, परन्तु वाह रे बाबा तुलसीदास! कि वे दूसरे छन्दों से सबसे अधिक समृद्ध और प्राणवान् बन गये हैं और उनकी समता शायद ही कोई दूसरा छन्द कर सके। अवध के राम अवधी में जीकर जनता के जीवन के राम बने, तो इसीलिए कि तुलसीदास ने लोक-चेतना को लोक-वाणी में व्यक्त किया।

2. सत्य के समर्थ और साहसी व्यंग्यकार : हरिशंकर परसाई

देव, दानव और मानव शुरू से व्यंग्य को इस्तेमाल करते रहे हैं। ऐसा कोई कालखंड इतिहास में नहीं रहा, जिसमें व्यंग्य के बाण न छूटे हों। पहले बली, न बलीन के विरुद्ध व्यंग्य से अट्टहास करते और ईर्ष्या और द्वेष से वाक्मुखर होते हुए व्यंग्य के बम-विस्फोट करते थे। उन्हीं की देखा-देखी, निर्बल और पीड़ित भी, आपस में मिल बैठकर, बलीन के खिलाफ, और अपनी बिरादरी में, खुले-खजाने अपने जैसों के खिलाफ कभी धीमे से कानाफूसी करते और अभी ऊँची आवाज से काँव-काँव करते और अपने मन की भड़ास, फूहड़ फब्तियाँ कस-कसकर, निकालते। औरतें भी औरतों के खिलाफ और नामजद पुरुषों के खिलाफ, वैसे ही, मर्माहत स्वर और मुद्रा में, कनकनाती और झनझनाती हुई कर्कश कोलाहली आक्रमण करती थीं और ऐसा करने में वे पुरुष-जाति से किसी मायने में भी पीछे नहीं रहती थीं। जन-जीवन में व्यंग्य उसी तरह जीता-मरता चला आया है, जिस तरह जंगल में बड़े

नाखूनों और दाँतोंवाले डरावने जानवर, तबसे अबतक, बराबर जीते-मरते चले आते हैं। साहित्य में—संस्कृत साहित्य में—प्राकृत और अपभ्रंश में भी—और फिर हिन्दी में यह व्यंग्य लिपिबद्ध होकर पाठकों के सामने मनोरंजन करने के लिए प्रकट होने लगा। नाटकों में इसके लिए विशेष पात्रों की अवतारण की गयी। चुटकुलों के रूप में भी यह व्यंग्य, कहासुनी के रूप में, मुँह से कान तक की यात्रा करता रहा। लोकमंचीय प्रदर्शनों में भी यह, कभी अपनी खुशमिजाजी, कभी अपनी बदमिजाजी का दम भरता रहा। जैसे-जैसे आदमी और उसका समाज सहज साधारण से जटिल बुनावट को बुनता चला गया, वैसे-वैसे व्यंग्य महाराज भी अपनी मुद्राएँ बदलते चले गये और सतही प्रहार करने के प्रयोग को छोड़कर सूक्ष्म मनोवैज्ञानिक शस्त्रास्त्र का उपयोग करने लगे और बौद्धिकता की ओर बढ़ते-बढ़ते, शिल्पी के ओहदे पर पहुँचकर, तर्क-वितर्क से उलझाव उत्पन्न करने लगे और इस तरह युगीन कहानियाँ, उपन्यासों और नाटकों में, ताजे-ताजे तर्क और तेवर से वाक्योच्चार करने लगे। इस तरह होते-होते व्यंग्य का एक सामाजिक और ऐतिहासिक परिदृश्य तैयार हो गया, जो बड़ा ही महत्त्वपूर्ण कहा जा सकता है।

लेकिन, इस सबके अपने विकास के बाद भी व्यंग्य, सत्य की सही पकड़ नहीं कर पाता था, क्योंकि वह वैज्ञानिक जीवन-दर्शन से कोसों दूर केवल मानववादी परिकल्पनात्मक जीवन-दृष्टियों से उत्पन्न होता और बड़ा होकर भ्रमों की भूल-भूलैया में नाचता रहता था। तो व्यंग्य—आज का व्यंग्य अब पहलेवाला व्यंग्य नहीं रहा। वह प्रतिबिम्बन के सिद्धान्त और संज्ञान की सटीक दृष्टि से लैस होकर, अपनी दूरबीनी आँख से जन-जीवन में चौतरफा घट रहे घटनाचक्रों को देखता-परखता और आँकता है और फिर जनहित में, सही समझ का विचार-विमर्शी सत्य प्रेषित करता है। यह युगीन व्यंग्य महान् मानवीय गुणों की सेवा में संलग्न रहता हुआ अपने दायित्वों का पूरा-पूरा निर्वाह करता है और आदमी को सत्य की ओर ले चलता है। यह ठहाका मार व्यंग्य की सीमा तोड़कर, अजनबी बौद्धिकता के दाँव-पेंच से निकल कर, क्षणिक मनोरंजकता की छिंगुली छोड़कर, पूरा प्रतिबद्ध व्यंग्य हो गया है और इसका क्षेत्र पूरे मानव-जीवन का क्षेत्र हो गया है। अब यह व्यंग्य चोट के लिए चोट नहीं करता, बदमिजाजी से आदतन आक्रमण नहीं करता, किसी के स्वार्थ-साधन के लिए दास-प्रवृति के वशात् न दूसरों को नंगा करता है, न खुद नंगा होता है। यह व्यंग्य बेलौस, निर्भीक, सच का साथी, झूठ का दुश्मन और लुके-छिपे हुए तथाकथित अभिजात्यवर्गीय शक्तिसम्पन्न महाप्रभुओं की कलई खोलने वाला व्यंग्य है, और दलित, दमित और पीड़ित दीन-हीन शोषितों को आँख देनेवाला और करनी से समाज को बदलने का और राजनीति को समाजवादी बनाने के लिए कार्यक्रम प्रस्तुत करता है। हरिशंकर परसाई के व्यंग्य यही सब करते हैं। इसलिए वे दूसरे व्यंग्यकारों से अलग राष्ट्रीय और अन्तर्राष्ट्रीय व्यक्तित्व रखते हैं,

और इसी में उनकी लोकप्रियता निहित है।

मैंने परसाई जी की एक पुस्तक पढ़ी है। वह है 'पगडंडियों का जमाना'। इसका प्रथम संस्करण 1966 में निकला।

'पगडंडियों का जमाना' के शीर्षक हैं—हम, वे और भीड़; प्राइवेट कॉलेज का घोषणा-पत्र; सज्जन, दुर्जन और काँग्रेस-जन; प्रजापति-समाजवादी लोहियावादी; समाजवादी प्रेमप्रसंग में फादर; सोने का साँप; टेलीफोन; समय पर न मिलनेवाले; वह जरा वाइफ हैं न; चावल से हीरे तक; बेचारा भला आदमी; स्नान; पगडंडियों का जमाना; आँगन में बैंगन; फिर ताज देखा; अन्न की मौत; एक बेकार भाव; पेट का दर्द; भार देश का; कन्धे श्रवण कुमार के; सड़क बन रही है; डेंगूँ; अध्यात्म और लेखक और ग्रीटिंग कार्ड और राशनकार्ड। इन शीर्षकों से ही यही पता चल जाता है कि परसाई जी की व्यंग्य-चेतना ऐसी-वैसी छोटी-मोटी नहीं है, बल्कि वह सब जगह व्याप्त गहरी और दृष्टिभेदी है। परसाई जी जिधर जाते हैं, उधर सत्य की टोह में चुपचाप सरकते हैं या छलाँग मारकर या सी.आई.डी. बनकर पहुँच जाते हैं। न उन्हें कोई रोक पाता है और न ही वे रुकना जानते हैं। जहाँ पहुँचते हैं वहाँ या तो किसी सर्जन की तरह मरीज का दिमाग दुरुस्त करने के लिए ऑपरेशन करते हैं या नारद की तरह किसी की नाक कटवाकर उन्हें नेकनाम होने की प्रेरणा देते हैं या इतिहासकार की तरह घटनाचक्र को तोड़ते हुए राजनीतिक गतिविधियों की सही समझ प्रस्तुत करते हैं और ऐसा करने में न तो वह बात का बतंगड़ बनाते हैं, न तिल का ताड़ बनाते हैं, न सत्य का मुखौटा लगाकर असत्य का चिमटा बजाते हैं। ऐसा क्यों करते हैं कि लोग उनसे नाराज हो जाते हैं और वे लोगों की नाराजगी का भी कोई लिहाज नहीं करते और मार खाकर भी सफेदपोशों और नकाबपोशों को, सरेबाजार लू-लू बोल देते हैं और मजा यह कि वे खुद इसका मजा नहीं लेते, वरन् देश की दयनीय दशा से सम्बद्ध हुए, समाजवादी चेतना की दृष्टि से उसे देख-देखकर तड़पते और कराहते रहते हैं कि आदमी जल्दी-से-जल्दी आदमी बने और वह न देव बनने का बहाना करे न दानव बनकर दूसरों का शोषण और अपहरण करे और न कोई किसी की खटिया खड़ी करे।

एक जगह वे लिखते हैं—'देश एक कतार में बदल गया है। आधी जिन्दगी कतार में खड़े-खड़े बीत रही है।' दूसरी जगह वे लिखते हैं—'कुछ लोगों ने अपनी कली-कालीन भैंसें आजादी की घास पर छोड़ दीं और घास उनके पेट में जाने लगी। तब भैंसवालों ने उन्हें दुह लिया और दूध का घी बनाकर फिर हमारे सामने ही पीने लगे।' विशिष्ट बनने की तरकीब बताते हुए परसाई जी लिखते हैं—'भीड़ के आदमी को बकरे की या कुत्ते की बोली बोलने लगना चाहिए। वह एकदम विशिष्ट हो जाएगा और एकदम सबका ध्यान खींच लेगा।' लेखकों के विषय में लिखते हैं कि 'लेखकों के चोरी करने वाले कई गिरोह हैं। वे भीड़ में शिकार को

तोड़ते रहते हैं और किसी बहाने उसे भीड़ से अलग करके अपने साथ किसी अँधेरी कोठरी में ले जाते हैं। वहाँ उसके हाथ-पाँव बाँधकर मुँह में कपड़ा ठूँस देते हैं। तब स्वतन्त्र चिन्तक सिर्फ घो-घो की आवाज निकाल सकता है। गिरोहवाले उस घो-घो में सौन्दर्यशास्त्रीय मूल्य निकालकर बता देते हैं, उसे तत्वज्ञान सिद्ध कर देते हैं।' यह मर्मबेधी कचोट है, जो व्यक्ति-स्वातन्त्र्य के हिमायतियों और सौन्दर्य-शास्त्रियों पर की गयी है। आगे चलकर कॉफी हाउस में बैठे भीड़ से बचे लेखकों के विषय में कहते हैं कि 'लेखक की हालत खस्ता है।' सबके साथ होने में उसकी विशिष्टता नकारी जाती है। वह कहता है 'कोई हमें भीड़ से बचाए।' राजनीति से नफरत करने वाले तथाकथित लेखकों पर भी फब्ती कसते हैं। वयोवृद्ध होने पर लेखकों को पुरस्कार और आर्थिक सहायता दी जाती है, तो इसपर भी परसाई जी एक लाजवाब प्रश्न करके ऐसी व्यवस्था के मुँह पर तमाचा जड़ते हैं। वे कहते हैं—'पुरस्कार या आर्थिक सहायता रचना करने के लिए मिलती है या रचना बन्द करने के लिए! मुख्यमन्त्री के आस-पास तीन आदमियों में स्पर्धा चल रही थी कि उनमें से कौन उनके कोट की किस जेब में घुस जाय? कोट में दो जेबें थी। दो आदमी दोनों जेबों में घुस गये। तीसरा आदमी हाय करके बोलता है, अगर मुख्यमन्त्री पतलून पहने होते तो वह उनकी उस जेब में घुस जाता। यह है चमचों का हाल, जो मन्त्रियों और मुख्यमन्त्रियों के पाले-पोसे समाज को दूषित किये रहते हैं।'

आजकल प्राइवेट कॉलेज बहुत खोले जा रहे हैं और बहुत-से खुल गये हैं। कॉलेज खोलना व्यापार हो गया है—खोलने वाले के परिवार का नाम उजागर होता है और यह लोक भी बनता है और परलोक भी बनता है। कॉलेजों में जो अध्यापक और नौकर-चाकर रखे जाते हैं, वे भी खोलने वाले के यहाँ बिना किसी उजरत के कामकाज में मदद देते रहते हैं और कॉलेज में लगायी गयी रकम वही रकम होती है, जो इनकम टैक्स में चली गयी होती है। ऐसी संस्थाओं को आदर्श संस्था कहकर घोषित किया जाता है और परसाई जी इन्हें देखकर तिलमिला उठते हैं। वे बरदाश्त नहीं कर पाते कि शिक्षा-संस्थाओं का इतना देश-व्यापी अधःपतन हो। तभी वे ऐसी संस्थाओं के 15 चालू सिद्धान्त और नियम प्रस्तुत करते हुए इनकी वर्तमान स्थिति की पूरी-पूरी जानकारी से आप पाठक को अवगत कराते हैं कि वह पोलखाते को देखें और उसके खिलाफ अपनी आवाज उठाएँ। यह खिल्ली उड़ाना नहीं, दायित्व-निर्वाह के इरादे से किया गया व्यंग्य है। इसकी कद्र करनी चाहिए, न कि इसे हँसकर टाल दिया जाए, और शिक्षा-संस्थाओं को पैसा कमाने का अड्डा बना रहने दिया जाय। शर्म आती है इस प्रचलित व्यावसायिक वृत्ति पर। बेचारा व्यंग्यकार इससे अधिक कर ही क्या सकता है! वह किसी की आँख के सामने से अँधेरे का परदा हटा सकता है—किसी को नाक के नीचे घूरे को सूँघने के लिए

विवश कर सकता है—किसी को चिकोटी काटकर जगा सकता है—किसी को चल रहे षड्यन्त्र से परिचित करा सकता है। इसकी जरूरत व्यंग्यकार को इसलिए होती है कि आम आदमी इन विसंगतियों को अपने-आप देख नहीं पाता और वह इनको नजरअन्दाज किये रहने का अभ्यस्त हो चुका होता है। परसाई जी जीवन के भीतर के जागरूक व्यंग्यकार हैं। वह हर जोर-जुल्म के ठौर-ठिकानों को जानते हैं—वे हर दर्द के होने का कारण भली प्रकार से खोज निकालते हैं—वह माहिर हैं टटोल-टटोलकर छिपी हरकतों को दबोच लेने में और उन्हें तार-तार कर देने में। यह काम न उपदेशक कर रहे हैं—न नेता कर रहे हैं—न विद्वान और बौद्धिक कर रहे हैं—न सामाजिक जन कर रहे हैं—न कवि-लेखक कर रहे हैं। सब-के-सब धैर्य धारण किये अपनी-अपनी रोजी-रोटी कमा रहे हैं और यथास्थिति के कायम बने रहने में ही सुख-सुविधा प्राप्त किये रहने की सम्भावना देखते हैं। परसाई जी का व्यंग्य सामाजिक जीवन को चरमरा देनेवाला व्यंग्य है, नयी चेतना का, उन्मेष का और आक्रोश का व्यंग्य है। इनका व्यंग्य भभूतिया बाबा का वरदानी व्यंग्य नहीं है। वैज्ञानिक और आलोचनात्मक चेतना का जन-हिताय मानवीय विवेक का व्यंग्य है। परसाई जी का सानी कोई नहीं है।

त्याग और तपस्या के मूर्त-स्वरूप पुराने गाँधीवादी अपने को आज भी महान् अवतारी पुरुष मानते हैं, लेकिन निहायत घटिया करनी करते हैं कि हैरत होती है। ऐसे गाँधीवादी की गरदन पकड़ते हैं परसाई जी और उसे ज्यों-का-त्यों अपने शब्दों में सटीक उतारकर रख देते हैं। वह खादी को 'खादी जी' तकली को 'तकली जी' और चर्खा को 'चर्खा जी' कहता है। 'खादी जी' की पूजा करता है। आराम बेहद पसन्द करता है। गाल भर-भर कर बीसों बीड़े पान चबाता है, तब फिर कुछ बात करता है। अपने को दलबन्दी से अलग रखता है। पंडित नेहरू का अनुयायी घोषित करता है, पर सिद्धान्त उनका एक भी नहीं मानता है और न ही ज्वलन्त राष्ट्रीय और अन्तर्राष्ट्रीय समस्याओं से अवगत है कि अपनी कोई सही राय व्यक्त कर सके। वह ऊपरी तामझाम से वाकिफ है, तभी तो शेरवानी पहनकर उसमें गुलाब का गुलदस्ता खोंसे रहने तक ही रह जाता है। फिर भी वह नेहरू के सिद्धान्तों का समर्थक और साधक समझने की सबसे बड़ी भूल करता है और उसी भूल में भूला न देश को देखता है, न अपनी करनी को, वह पार्टी में नयी जीवन-शक्तियों के समाहित होने को न्यायसंगत नहीं, वरन् अनौचित्यपूर्ण समझता है। वह तो अपना कर्तव्य इस बात में ही समझता है कि उस जैसा पुराना नेता ही जुआ खेलने में पकड़े गये व्यक्ति को पुलिस की गिरफ्त से छुड़वा सकने में सफल हो सकता है, न कि नया आया, पार्टी में भरती हुआ आज का कोई नेता। यह लक्ष्य और उद्देश्य भ्रष्ट; मनोवृति अत्यन्त घृणित है। जनसंघ का विरोध भी किसी सिद्धान्त से नहीं, बल्कि जातिवाद से करता है। जनसंघ हिन्दूवाद का नारा देता है

तो वह जातिवादी नारा-ब्राह्मणवाद को सही करार देता है। और मजा यह कि इसपर गर्व से ठहाका लगाता और सही होने की डींग मारता है। उसकी एक और भी प्रवृत्ति है। वह दिनोंदिन ऊँचा-से-ऊँचा होने का दावा करता है, जोकि कोई भी ऊँची करनी नहीं करता। वह नकली ऊँचाई प्राप्त करने में ही सुख-सन्तोष पा लेता है। वह तकिये पर खड़ा होकर बाँहें ऊपर फैला देता है और गांधी जी और जवाहरलाल नेहरू की जय-जय करता है। वह एक नयी ऊँचाई पर पहुँचता है। अब तकिये से कूदकर मेज पर खड़ा हो जाता है। नेहरू जिन्दाबाद का तुमुलनाद करता है। फिर और आगे बढ़ता है। रूस से सम्बन्धित मित्रता के विषय में कुछ न कहकर कुर्सी में खड़ा हो जाता है और केवल यह पढ़ा-पढ़ाया पाठ दुहराता है 'पंडित नेहरू के हाथ मजबूत करो।' सोफा रह गया था, उसपर भी चढ़कर उसने 'जवाहर चाचा जिन्दाबाद' का नारा लगाया। यह है देश के गाँधीवादी व्यक्तियों की मानसिकता जो घृणास्पद ही नहीं, अपितु परम पीड़क है। इसी देशव्यापी तथाकथित गाँधीवादी मानसिकता से संत्रस्त परसाई जी की मानसिकता टकराई और द्वन्द्व में आकर उसके विरोध में व्यंग्य बोल पड़ी। बड़ी खूबी से परसाई जी ने व्यंग्य के द्वारा ऐसे व्यक्तियों की बखिया उधेड़ी है। जो सर्वथा प्रशंसनीय है। ऐसे काँग्रेसी भइयासाहब से पिंड छुड़ाकर परसाई जी तब भगे जब उन्हें आशंका हुई कि अब या तो अल्मारी पर चढ़कर पुराना गाँधीवादी नयी ऊँचाई पाएगा या उनकी पीठ पर सवार होकर। यह चलते-चलाते की सूझ चरमबिन्दु को अन्तिम चोट कर गयी।

शायद ही कोई व्यक्ति ऐसा हो जो काली करतूत करते-करते भी परसाई जी की निगाह से बच निकला हो। राजनीति के मैदान में उतरी पार्टियाँ भी इनकी वक्र दृष्टि से बच नहीं पाईं। प्रजावादी समाजवादी दल और लोहियावादी समाजवादी दल भी इनके शिकार बने हैं। प्रजावादी समाजवादी पार्टी के साथी तेजेराम 'आग' स्वयं अपने नाम से विदूषित हुए और अपनी पार्टी को भी अपनी करनी से नीचे गिराए रहे। वे विलाप करते दिखाए गये हैं तब के बाबू जयप्रकाश नारायण के चित्र के सामने, जिनके आवाहन पर ही काँग्रेस से वह बाहर निकल आये थे, इस आशा से कि चुनाव लड़-लड़कर भी अपनी इज्जत बना लेंगे। नारायण जी तो सर्वोदय में चले गये और वे लावारिस रह गये। वे बाहर वीर रस का और भीतर करुण रस का प्रदर्शन करते हैं। वे दल में रहते हुए भी बदल जाते हैं। वे कभी-कभी राजा जी के सामने और कभी-कभी गुरु गोलवरकर के सामने भी इसी तरह रो लेते हैं, जैसे बाबू जयप्रकाश नारायण के चित्र के सामने। वे कहते हैं कि उनकी इस दयनीय आर्थिक स्थिति के उत्तरदायी दोनों हैं—नेहरू जी और नारायण जी। दोनों ने उन्हें धोखा दिया है। अवाड़ी काँग्रेस में नेहरू ने तो समाजवाद का नारा ही छीन लिया। यह 1947 की आवाज के विरुद्ध था। वे कहीं के न रह जाने पर पछताते हैं कि हाय जनसंघ में ही क्यों न चले गये? 'आग जी' जनसंघ और

समाजवादी पार्टियों में कोई अन्तर नहीं देखते। सब विरोधी एक होते हैं। वे इस गुरुमन्त्र को मानते हैं कि वे दक्षिण भारत को डी.एम.के. को दे देंगे। राजा, रानियों को उनके रजवाड़े वापस कर देंगे, ताकि स्वतन्त्र पार्टी को सन्तुष्ट किये रहा जाय। यही नहीं, भिलाई जैसे सार्वजनिक उद्योग को वह प्राइवेट कम्पनियों के हवाले कर देंगे। जनसंघ को मिलाए रखने के लिए उनका नायाब नुस्खा यह है कि वह भी दक्षिण अफ्रीका जैसा कानून बना ले और हिन्दू को वैसा ही दर्जा यहाँ दे-दे, जैसे वहाँ गोरों को दिया गया है। पंजाब को मास्टर तारा सिंह को सौंपने की उनकी योजना भी ऐसी ही है। वे समाजवाद को गोली मार देने के पक्ष में हैं। समाजवाद शब्द पुराना पड़ गया है उनकी निगाह में। वे तो चाहे जैसे हो सत्ता हथियाने को ही तत्पर दीखते हैं। न उनका कोई आदर्श है, न उनकी कोई राजनीतिक समझ है। स्वस्थ विरोध वह उसे कहते हैं, जो हर स्थिति में और हर मुद्दे पर होता रहे। वह विरोध तभी समाप्त कर सकते हैं, जब उन्हें चुनाव लड़ने का टिकट मिल जाय। लोहियावादी समाजवादी की खिल्ली भी परसाई जी ने खूब जमकर उड़ाई। अशिष्ट भाषा के प्रयोग के लिए इस पार्टी ने स्कूल खोल रखे हैं। वहीं इनका प्रयोग सिखाया जाता है। अटपटी बात बोलना ही इसके कार्यकर्ताओं का मूल धर्म है। लोहिया जी ने आँकड़े प्रस्तुत करके सिद्ध किया था कि प्रधानमन्त्री पर प्रतिदिन कितनी रकम व्यय होती है और आमआदमी कितने कम में; गुजर करने को मजबूर है। इस दृष्टिकोण को परसाई जी ने 'हिसाब की क्रान्ति' का नाम दिया। बहुत उपयुक्त टिप्पणी है लोहिया जी की तथाकथित क्रान्तिकारिता पर। इसे कहते हैं सस्ती, भावुक राजनीति का दम-दिलासा वाला रुख जो अनपढ़ जनता को मोह में जकड़ ले। संसदीय व्यवहार को जो लोहियायी छाप मिली तो वह भी अभद्र और आपत्तिजनक हो गया। टेबुल पर कूदकर चढ़ जाना और नीचे घुसकर वहाँ बकरे की बोली बोलना जैसा यह व्यवहार होने लगा था। भर्त्सना परसाई जी ने की, ठीक की। इस पार्टी का कोई संगठित कार्यक्रम नहीं रहा। इसीलिए परसाई जी ने खुलकर सशक्त शब्दों में इस कमजोरी पर प्रहार किया और क्रान्तिनाद जी के मुँह से कबूल करवा लिया कि मजबूत संगठन बनाना क्रान्ति को टालना है और यह तरीका भी पुराना है। नया तरीका तो 'हिसाब क्रान्ति का ही है।' फिर इस पार्टी की स्वच्छन्दतावादी राजनीति को एक-दूसरे ढंग से विरूपित किया परसाई जी ने। और यह कहा कि क्रान्ति का दूसरा तरीका है कि हर एक भारतवासी के हाथ में तलवार हो और हर एक को छूट हो कि जो जिसे चाहे मारे। यहाँ मार-काट की समाजवादी क्रान्ति का मखौल उड़ाया गया है। तीसरा तरीका भी इस पार्टी ने क्रान्ति करने के लिए अपनाया है कि संसद में हुल्लड़ करो कि मंत्रिमंडल भाग खड़ा हो और इस दल के सदस्य सरकार पर कब्जा कर लें।

'प्रेम प्रसंग में फादर' के माध्यम से जवान लड़के-लड़कियों के प्राथमिक

प्रेम-उबाल की कुछ एक करतूतों की बानगी पेश की गयी है। एक जगह दर्शनशास्त्री प्रेमी के अनुभव की चर्चा भी की गयी है। रिटायर्ड फादर और गैर रिटायर्ड फादर की मनोवृत्तियों में फर्क दिखाया गया है और प्रेम की भाषा में 'फादर' के कई गुण-धर्म टिक के निशान लगा-लगाकर व्यक्त किये गये हैं। अन्त में एक दर्दनाक कथा का भी उल्लेख हुआ है। पिता को खुश करने की कोशिश में एक पुत्र उसकी हाँ-में-हाँ मिलाता है और पैतृक अंग्रेज-भक्ति की ताईद आँख मूँदकर करता है। वह समझता है कि पिता को इस तरह प्रसन्न कर उसकी पुत्री को अपनी बीबी बनाने में सफल हो जाएगा। होता यह है कि लड़की, लड़के और पिता की वे गुलाम मनोवृत्ति वाली बातें सुनती रहती है और जब लड़का 'प्रपोज' करता है, तो वह लड़के को तिरस्कार से देखती है और कहती है कि उस जैसे राष्ट्रद्रोही व गुलाम मनोवृत्ति के आदमी पर तो वह थूकेगी भी नहीं। लेकिन इस दर्दनाक कथानक का वह असर नहीं पड़ता कि पूरा प्रेम-प्रसंग अपने पूरे माहौल के साथ उभरकर सामने आ जाय। इस प्रकार की कला को 'बहु धनुहीं तोरी लरिकाईं' वाली कला कह सकते हैं। न वहाँ ब्रजवासियों का लट्ठमार प्रेम प्रकट होता है। जिसके लिए वह मशहूर है, न यहाँ 'होरियार, हुड़दंगी' की नौबत आयी है कि हँसते-हँसते पीठ की मार सहलानी पड़े। फिर वाकई परसाई जी ने या तो यहाँ अनुभवी चौके-छक्के नहीं लगाये या वे चूकते ही चले गये। बहरहाल यह प्रसंग ऐसा था कि होली का मजा आ जाता और व्यंग्य की मार लड़के-लड़कियों की पीठ पर उपट तो जरूर ही आती। और 'फादर' महोदयों की नैतिकता की परीक्षा भी हो जाती।

'सोने के साँप' में सरकारी योजनाओं की ऐसी-तैसी का बखान है। जमींदारी उन्मूलन, भूमिसुधार, भूमि-सीमा-निर्धारण आदि, समाधानों में जो-जो गड़बड़ियाँ हुईं, परसाई जी ने उन्हें गिनाया है। नकली दवाओं के रोजगार को रोकने के लिए सरकारी प्रयासों की विफलता के कारण भी उन्होंने बताए। सोने की सरकारी नीति की आलोचना भी की, पर इसके बावजूद परसाई जी ऐसे साँप को पकड़ नहीं पाए। वह ज्यों-का-त्यों कायम है और उनके तीर से मरा नहीं। व्यंग्य की सामग्री तो है, पर परसाई जी उसका उपयुक्त प्रयोग नहीं कर सके। शायद वह तीर चलाते-चलाते थक कर सुस्ताने लगे थे और दिमाग को कोल्ड ड्रिंक पिला चुके थे।

'टेलिफोन' भी व्यंग्य से नहीं घनघनाया। व्यंग्य की घंटी बजती है तो उसी लहजे में जैसी कमरों में बजा करती है। परसाई जी की चेतना चाबुकमार व्यंग्य नहीं करती। मालूम होता है कि परसाई जी ने सोचकर शक्ति-बाण का प्रयोग नहीं किया। इसे पढ़ने के बाद भी लक्ष्मण बेहोश नहीं होते और हनुमान् को संजीवनी बूटी लाने जाना नहीं पड़ता।

'समय पर मिलने वाले' का व्यंग्य भी हल्का-फुल्का है। मालूम होता है कि

परसाई जी की चेतना की वेवलेन्थ ऐसे मामलों में कमजोर पड़ जाती है। उनका रेडियो स्टेशन जैसे इलाहाबाद का रेडियो स्टेशन हो जाता है, जो हमेशा-हमेशा मन्द स्वर में सिसियाता रहता है। कुछ इसी तरह के व्यंग्य का निर्वाह 'वह जरा वाइफ है न' में हुआ है। 'चावल से हीरे तक' की व्यंग्य-यात्रा भी बातूनी यात्रा होकर रह गयी है। वहाँ दूधफाड़ व्यंग्य नहीं है। न यहाँ अगुँलीकाट व्यंग्य की कैंची चली है। 'बेचारा भला आदमी' भ्रष्टचरित्र के समाज में जिस दुर्दशा को प्राप्त होता है, उसी को परसाई जी की कलम ने 'थोड़े में बहुत कहा' है। ऐसे आदमी को अपना आत्मपरीक्षण करने के लिए विवश होना पड़ता है। किस तरह ऐसे आदमियों का शोषण-दोहन होता रहता है, इसकी कुछ मिसालें देकर व्यंग्यकार परसाई जी ने स्वयं अपने पर भी व्यंग्य-बाण मारा है। लेखक भी एक ऐसा ही भला आदमी होता है। वह जब तक प्रकाशक से पैसा न माँगे—हिसाब न माँगे, तबतक भला रहता है, लेकिन पैसा की माँग करते ही वह प्रकाशक को ऐसा कहते जान पड़ता है जैसेकि वह उसके पिता की मृत्यु की सूचना देकर मर्मान्तक कष्ट दे रहा हो। 'स्नान' को लेकर परसाई जी ने जो प्रवचन दिया है, वह साहित्यिक पुट पाकर भी अन्धविश्वासों की परती जमीन को कुरेद सकने में असमर्थ साबित होता है। 'स्नान' अमूर्त प्रतीक बनकर रह गया है। इतना महान् अन्धविश्वासी देश इतनी हलकी चपत से चौंकता भी नहीं। इसके जागने का प्रश्न ही नहीं उठता।

परसाई जी का बहुत-सा लेखन अनुभव का लेखन है। वह समाज में रह कर समाज के दायित्वबोध से जीते हैं और सबकी कथनी-करनी को उसी बोध से जाँचते-परखते और आँकते हैं। तब इस तरह से पाए हुए तथ्यों और करतूतों को अपनी बानी के व्यंग्य से व्यक्त करते हैं। ऐसे में व्यक्त हुआ उनका व्यंग्य कोई उनकी निजी अभिव्यक्ति नहीं होता। उसमें व्यक्त सत्य सामाजिक सत्य होता है, जिसे साधारणतया दूसरे अपनी आँखों से देख नहीं पाते और अगर देख भी पाते हैं तो उसे अव्यक्त ही रहने देते हैं, क्योंकि वह भी उस सत्य को परदे की ओट में रखकर सुख और सुविधा का जीवन-यापन करने के अभ्यस्त हो चुके होते हैं। लोगों की ऐसी मनोवृत्ति को देश आज ही नहीं, लगातार वर्षों से भोग रहा है और उनकी बेईमान करनी से भ्रष्ट-पर-भ्रष्ट होता जा रहा है। परसाई जी से एक सज्जन ने अपने लड़के के नम्बर बढ़वाने के लिए कहना चाहा और कहा कि वह अपने परिचित अध्यापक से कहकर काम करा दें। मगर परसाई जी का ईमान पक्का था, इसलिए उन्होंने इंकार कर दिया। नतीजा हुआ कि वह सज्जन उनकी बुराई करता फिरता रहा। निजी हित और अनहित का यह चल रहा दौर-दौरा आज तो पहले से भी जोर पर है। शिक्षा संस्थाओं में अब खुलेआम 'पेपर आउट' हो जाता है, नकल की छूट है, नम्बर बढ़वाने की सहूलियत है और पास हो जाने का शर्तिया इलाज है। परसाई जी ने इस पर विचार किया, उत्तेजना से। उन्हें याद आया कि पुरानी

कथाओं के दानव अपनी आत्मा को दूर किसी पहाड़ी पर तोते में रख देते थे और तब बेखटके दानवी कर्म करते रहते थे। उन्होंने उन दानवों से आज के बेईमान आदमी की तुलना की है। वे कह उठे कि उन्होंने 'ऐसे आदमी देखे हैं, जिसमें से किसी ने अपनी आत्मा कुत्ते में रख दी है, किसी ने सुअर में। अब तो जानवरों ने भी यह विद्या सीख ली है और कुछ कुत्ते और सुअर अपनी आत्मा किसी-किसी आदमी में रख देते हैं।' उनका यह कथन शत-प्रतिशत सही है और हर बेईमान का सिर तोड़ देने के लिए हथौड़े की चोट के समान है। दुकानदार भी बेईमानी से फलते-फूलते हैं। सही हिसाब रखते हैं तो सच्चाई के लिए घूस देनी होती है। गलत हिसाब बनाकर देते हैं तो कहीं कम घूस देकर काम चल जाता है। शिक्षा और व्यापार के क्षेत्र की यह दयनीय हालत हुई। कोई औरत जब किसी बड़े महानुभाव के पास उनसे सच्चरित्रता का प्रमाणपत्र लेने जाती है कि उसे प्रस्तुत कर वह नौकरी पा सके तो उसे महानुभाव के शयन-कक्ष में चलने के लिए कहा जाता है कि इसके उपरान्त उसे वह पत्र दिया जा सके। यह चारित्रिक पतन आये दिन की मामूली बात हो गयी है। तभी परसाई जी कह बैठे कि 'देखता हूँ कि हर सत्य के हाथ में झूठ का प्रमाण-पत्र है। ईमान के पास बेईमानी की सिफारिसी चिट्ठी न हो, तो कोई उसे दो कौड़ी को न पूछे। यही सब सोच कर मैं ढीला हो गया। अब मैं बड़े खुले मन से नम्बर बढ़वाता हूँ।' यह सब पहले कम होता था और जो यह काम कराने आता था, संकोचशीलता से बात करता था, पर अब तो निर्लज्जता पर उतर आये हैं लोग। दस साल तक यह भोगते-भोगते परसाई जी परेशान हो गये। तभी तो उन्होंने ठीक ही कहा कि 'सफलता के महल के सामने का आम दरवाजा बन्द हो गया है। कई लोग भीतर घुस गये हैं और उन्होंने कुंडी लगा दी है। जिसे उसमें घुसना है, वह रुमाल नाक पर रखकर नाबदान में से घुस जाता है। आसपास सुगन्धित रुमालों की दुकानें लगी हैं।' नाबदान शब्द से, ही इस घिनौती गन्दगी का पूरा इजहार हो जाता है, जो सर्वत्र व्याप्त है। परसाई जी अपने इस व्यंग्य के दौरान ऐसे लोगों के साथ बड़ी सहानुभूति से पेश आये हैं। उन्हें उन्होंने निर्मम हो कर नहीं पीटा। उनकी मजबूरियों पर वे रोकर उन्हें गले लगाने की हद तक पहुँच गये हैं। इसीलिए परसाई जी का व्यंग्य मानवीय सहृदयता का व्यंग्य हो गया है।

परसाई जी के पड़ोसी मित्र के सपाट पड़े आँगन में लगा बैंगन का पेड़ जब फल उठा तो घरवालों को इन्तहा खुशी हुई। और फिर जबतक बैंगन लगते रहे; तब तक बैंगन-ही-बैंगन की चर्चा होती रही। इन घर के बैंगनों की खूब तारीफ हुई। परसाई जी सुनते-सुनते अघा गये। उनकी चेतना जागरूक हुई और वह घर-बाहर को लेकर औरत, गुलाब और गेंदे पर फिकरेबाजी करने लगे। जबलपुर की तरफ बोलचाल में पत्नी को मकान कहा जाता है, पत्नी 'मकान' हुई तो पति 'चौराहा'

हुआ। ऐसा कह बैठे परसाई जी और तत्काल उन्हें आभासित भी होने लगा कि जैसे कोई स्त्री दूसरी स्त्री से पूछ रही हो कि 'बहन, तुम्हारा चौराहा शराब पीता है या नहीं?' यह कटाक्ष है जो परसाई जी ने पुरुष-जाति पर किया है। वह स्त्री के प्रति हो रहे अपमानजनक व्यवहार से मन-ही-मन पहले से ही क्षुब्ध हो चुके थे। उन्होंने अपना क्षोभ लिख भी दिया है, 'जब वह कद्दू काटता है, तब कोई ऐतराज नहीं करता, तो औरत को पीटने पर क्यों ऐतराज करते हैं? जैसा कद्दू वैसी औरत। दोनों उसके घर के हैं। घर की चीज में यही निश्चिन्तता है।' किसी सामाजिक बुराई का बदला परसाई जी ने अपनी योनि वाले से कटाक्ष करते हुए लिया। चूके नहीं। यही नहीं, आगे देखिए क्या कहा है परसाई जी ने अपने एक दोस्त के बारे में जब उसने शादी कर ली—'उसने शायद घबरा कर बैंगन लगा लिया। बहुत लोगों के साथ ऐसा हो जाता है। गुलाब लगाने के इन्तजार में साल गुजरते हैं और फिर घबड़ाकर आँगन में बैंगन या भिंडी लगा देते हैं। मेरे एक परिचित ने इसी तरह अभी शादी की है, गुलाब के इन्तजार से ऊब कर बैंगन लगा लिया है।' लेकिन बात ऐसी नहीं है कि परसाई जी स्त्री को ज्यादा पसन्द करते हों और पुरुष को कम। वह इनमें से किसी की निन्दा या अवहेलना नहीं करते। उनमें से कोई भी उनका ममत्व पा सकता है या उनकी कटाक्ष का शिकार हो सकता है। परिवार की एक तरुणी के मुख से निकला—'अच्छा तो है। बैंगन खाए भी जा सकते हैं।' परसाई जी की विचार-प्रक्रिया चल पड़ी। लिखते हैं—'मैंने सोचा हो गया सर्वनाश। सौन्दर्य, कोमलता और भावना का दिवाला पिट गया। सुन्दरी गुलाब से ज्यादा बैंगन को पसन्द करने लगी। मैंने कहा—देवी, तू क्या उसी फूल को सुन्दर मानती है, जिसमें से आगे चलकर आधा किलो सब्जी निकल आये? तेरी जाति कदम्ब के नीचे खड़ी होने वाली है, पर तू शायद हाथ में बाँस लेकर कटहल के नीचे खड़ी होगी। पुष्पलता और कद्दू की लता में क्या तू कोई फर्क नहीं समझती? तू क्या बंसी से चूल्हा फूँकेगी? और क्या वीणा के भीतर नमक मिर्च रखेगी?'

इसके पीछे परसाई जी की वह खोज काम कर रही मालूम होती है, जो बैंगन की ज्यादा तारीफ ने पैदा कर दी थी। न मर्द उनकी फिकरेबाजी से बचा, न औरत बची। इसी तरह एक तरफ गेंदे के फूल की तारीफ करते हैं तो उसे गरीब सर्वहारा कह बैठते हैं, क्योंकि वह कहीं भी जड़ें जमा लेता है। लेकिन दूसरी तरफ जब गेंदे का फूल सूखकर डंठल मात्र हुआ, जमीन में गड़ा उन्हें चिढ़ाता रहा, तब उन्होंने कहा—'अभागे, मुझे ऐसा गेंदा नहीं चाहिए जो गुलाब का नाम लेने से ही मुरझा जाए। गुलाब को उखाड़कर वहाँ जम जाने की जिसमें ताकत हो, ऐसा गेंदा मैं अपने जीवन में लगने दूँगा।' बात बैंगन को लेकर चली थी और चलते-चलते इस हद तक पहुँची कि उनकी फिकरेबाजी के इतने सब लोग निशाने बने। और अन्त तक पहुँचते-पहुँचते परसाई जी सरकार पर और उसके नौकरों पर भी तानाशाही

कर ही बैठे। लिखते हैं—'भारत सरकार से पूछता हूँ कि मेरी सरकार, आप कब सीखेंगी? मैं तो अब 'प्लांट' लगाऊँगा तो पहले रखवाली के लिए कुत्ते पालूँगा। सरकार की मुश्किल यह है कि उसके कुत्ते वफादार नहीं हैं। उनमें से कुछ आवारा ढोरों पर लपकने के बदले, उनके आस-पास दुम हिलाने लगते हैं।' अपने आँगन को भी निशाना बनाते हैं और लिखते हैं। '...मैं इस आँगन में अब पौधा नहीं रोपूँगा। यह अभागा है। इसमें बरसाती घास के सिवा कुछ नहीं उगेगा। सभी आँगन फूल खिलने लायक नहीं होते। फूलों का क्या ठिकाना। वे गँवारों के आँगन में भी खिल जाते हैं। एक आदमी को जानता हूँ, जिसे फूल सूँघने की तमीज नहीं है, पर उसके बगीचे में तरह-तरह के फूल खिले हैं। फूल भी कभी बड़ी बेशरमी लाद लेते हैं और अच्छी खाद पर बिक जाते हैं।' इसे कहने में मर्माहत हृदय बोलता है। यह दुःख-दर्द की विवेकशील आवाज है जो निकल पड़ी है। परसाई जी के मित्र ने इनके आँगन के बारे में सही ही कहा—'तुम्हारे आँगन में कोमल फूल नहीं लग सकते। फूलों के पौधे चाहे किसी घटिया तुकबन्द के आँगन में जम जाएँ, पर तुम्हारे आँगन में नहीं जम सकते। वे कोमल होते हैं, तुम्हारे व्यंग्य की लपट से जल जाएँगे। तुम तो अपने आँगन में बबूल, भटकटैया और धतूरा लगाओ। यह तुम्हारे बावजूद पनप जाएँगे। फिर देखना कौन किसे चुभता है—तुम बबूल को या बबूल तुम्हें? कौन किसे बेहोश करता है—धतूरा तुम्हें या तुम धतूरे को?' पता नहीं उनके दोस्त ने यह कभी कहा भी या नहीं पर लिखा तो इसे परसाई जी ने। इसलिए यह अभिव्यक्ति इन्हीं के अन्तरंग की अभिव्यक्ति है। इस अभिव्यक्ति में उनका व्यक्तित्व बोल उठा है कि उनका व्यंग्यकार वह सब जोखिम उठाता चला जाएगा जो उसे झेलने ही पड़ेंगे और उसकी नियति बन गये हैं।

जी तो चाहता है कि परसाई को चूम लूँ—कलम को चूम लूँ और ऐसे दमदार साथी को सबके सिरपर बिठाकर फल-फूल से लादकर, सब सुख-सुविधा प्रदान कर दूँ और अपने देश में ऐसे दिन आने में पचासों साल लगेंगे, तबतक के लिए प्रत्येक प्रतिबद्ध लेखक को कमर कसे रहना चाहिए और हर समय आफत मोल लेने के लिए तत्पर रहना चाहिए।

'फिर ताज देखा' में परसाई जी ने शुरुआत 'भेड़ाघाट' से की और वहीं से, पहले तो घर आये और ठहरे मेहमानों की आवभगत, फवती कस-कस कर की, आगे कुछ बढ़े तो जबलपुर से आगरे आ पहुँचे और वहाँ वालों की इमदाद में वहाँ के आने-जाने वाले मेहमानों की वैसी ही खैर-खबर ली, जैसी अपने नगर में आने-जाने वाले की ली। वाकई में मेहमानों के मारे जबलपुर और आगरा दोनों ही नगर, मेजबानों के लिए संकट-स्थल हो गये हैं। भले ही देखनेवालों के लिए वे सौन्दर्य-स्थल हों। परसाई जी लिखते हैं, 'भेड़ाघाट से हम कितने ही परेशान हों, उसकी अवहेलना नहीं सह सकते।' ऐसा लिखने में उनका सौन्दर्य-बोध जागा और

प्रबल होकर उनपर सवार हो गया और तभी वह नगर-मोह में पड़कर जबलपुर के भेड़ाघाट की अवहेलना बर्दाश्त न कर सके। आगरे वाले को इन्होंने चाँदनी रात में भेड़ाघाट दिखाया, लेकिन उस ताजमहली नगर वाले ने जब उस 'घाट' की तारीफ केवल 'ठीक है' कहकर की तब तो परसाई जी के मानवीय मन में आम आदमी जैसी प्रक्रिया हुई और वे तिलमिला जैसे गये। मन में पड़ा 'घाट का अपमान' उनके आगरा पहुँचकर ताज देखते समय खौखिया उठा और जब किसी ने ताज के बारे में उत्सुकता से उनसे पूछा कि कैसा लगा, तब अपने 'घाट' के अपमान का बदला लेते हुए फुस्स से बोले 'ठीक है'। बात यहीं नहीं खत्म होती। बदला ले लेने के बाद जो गर्व हर एक पानीदार आदमी को होता है, वही गर्व परसाई जी को हुआ और सन्तोष की साँस लेकर प्रकट में कह सके, 'मैंने बदला ले लिया।' मन-ही-मन हर्षित भी हुए जब उन्होंने ताज-महिलाओं को अपनी, 'दो शब्दों' ठंडी, कमसखुनी से कटते देख लिया। यह बात वैसे तो साधारण है। घट गयी—चली गयी। लेकिन जब आदमी का पूरा जीवन ऐसी ही घटनाओं से आक्रान्त होता रहे और वह उन्हें भोगते-भोगते अपनी स्थिति (यानी मनोदशा) काठ जैसी बना ले तो यह छोटी सहज, साधारण घटनाएँ भी उसके मरण का कारण बन जाती हैं, जिससे वह बराबर, मरते दम तक, बेखबर ही बना रहता है। व्यंग्यकार परसाई इस बात को—इस परिणाम को बखूबी जानते हैं और ऐसे परिणाम को इनसान के लिए प्राणघातक मानते हैं। फिर जब देश के सारे लोग इस प्राणघातक मर्ज में मुबतिला हों और ऐसे मर्ज से बेखबर ही बने रहें और मान-अपमान की भावना से शून्य हो जाएँ तो देश भी मुर्दा हो जाता है। परसाई जी ने इस अन्तिम परिणति को मद्देनजर रखा और ताज और भेड़ाघाट के बहाने से मियाँ भुट्टो के किये गये अपमान का मुँहतोड़ राष्ट्रीय बदला लिया। इसी सिलसिले में साहिर लुधियानवी की भी अच्छी खिंचाई की। साहिर की एक कविता 'ताज' पर है। वह ताज को गैरत की नजर से देखते हैं और समझते हैं कि शाहजहाँ ने ताज बनवाकर गरीबों की मुहब्बत का मजाक उड़ाया है। यह गलत राजनीतिक दृष्टिकोण की अभिव्यक्ति थी। चुनाँचे परसाई जी ने इनकी खाल की भी खिंचाई की। यह दृष्टिकोण कतई साम्यवादी नहीं है। वह सिखाता है ऐसी इमारतों को सुरक्षित रखने की बात। पर साहिर साहब गरीबों के अलमबरदार बन ही तो गये और उन्होंने प्रेम की सम्पूर्ण भावना का दिवाला निकाल दिया और इस तरह खुद भी सौन्दर्य-बोध से वंचित, मुफलिस हुए और देश के तमाम नौजवानों को भी, अपने इसी नजरिये से मुफलिस बना सके। परसाई जी ने यह काम माहिर व्यंग्यकार की तरह किया है। उन्होंने ऐसा करके राष्ट्रीयता की पहचान कराई है और मानवीय प्रेम को पुनर्जीवित और प्रतिष्ठित किया है। शायद इसी प्रभाव में आकर पन्त जी भी 'मुँह भरा' गिर पड़े थे और उन्होंने भी 'ताज' के सुन्दर स्मारक को जीवन की अवहेलना के स्मारक

के रूप में देखा और उसे मृत्यु का सुन्दर स्मारक कह गये। चाहे वह उर्दू वाला हो, चाहे हिन्दी वाला, चाहे मुसलमान हो, चाहे हिन्दू, गलत है तो गलत है। उन्हें किसी कोने से सही नहीं कहा जाना चाहिए। उनमें से हर एक से आशा यही की जाती है कि वह सही-सम्यक्-मानवीय जीवन-दृष्टि पैदा करे और देश का सभ्य नागरिक बनकर जिए। परसाई जी का निष्कर्ष सही है कि 'हमारे कवियों ने ताज के बारे में जल्दबाजी बरती। कच्चे जनवाद के उबाल में उससे नफरत करने लगे।' कवियों को छोड़कर परसाई जी कारपोरेशन के सदस्य से मिले और कह बैठे कि वह 'अपने घर के सामने सीमेंट की सड़क बनवा लेता है, जिससे प्रिया के पाँव में कंकड़ न गड़े। घर के सामने बिजली का खम्भा लगवा लेता है, ताकि प्रिया अँधेरे में न डरे। प्रजातन्त्र में भी हजारों छोटे-बड़े शाहजहाँ हैं। उन्हें जब भी मौका मिलता है अपनी प्रिया के लिए जनता के पैसे से कुछ कर देते हैं। हर मुमताज उम्मीद लगाये बैठी है कि चुनाव में हमारे शाहजहाँ जीतने वाले हैं और आगामी मन्त्रिमंडल के पुनर्गठन में उन्हें जगह दी जा रही है।' किसी पवित्र ने कह दिया कि 'ताज की छाया में सैकड़ो जोड़े मिलते हैं।' बस इतना सुनना था कि परसाई ने कहने वाले को तड़-सा चाँटा जैसा मारा और कहा, 'उन्हें तो बदबूदार, गन्दी, अँधेरी कोठरियों में मिलना चाहिए—तभी तो हमारी नैतिकता की रक्षा हो सकेगी। सारी नैतिकता पिछवाड़े के दरवाजे से ही तो आती है।' इसी सिलसिले में परसाई जी ने पाकिस्तान और हिन्दुस्तान की एकसाथ खबर ली। कहते हैं 'उधर पाकिस्तान में लोग हैं, जो सौन्दर्य की जाति-बिरादरी तय करते हैं, कला की नस्ल पूछते हैं। और इधर मेरे देश में भी लोग हैं जो ताज पर गंगाजल छिड़ककर उसे देखना चाहते हैं। दोनों कला, संस्कृति और मनुष्यता के दुश्मन हैं।' यह कबीर जैसी बानी है, जो विवेक की धार से वार करती है और मुसलमानियत और हिन्दुत्व की अन्धवादिता को ढेर कर देती है।

बात यहीं नहीं रुकती। परसाई जी अपने इस 'ताज' वाले निबन्ध को बड़े उत्साह से प्रसन्न होकर समाप्त करते हुए लिखते हैं—'मगर इन सब से ऊपर एक बात है—ढाका रेडियो से सुन्दर रवीन्द्र संगीत आता है और दिल्ली रेडियो से इकबाल की गजल गायी जाती है। मुझे विश्वास है, न ताज का कोई मजहब माना जाएगा और न उसपर गंगाजल छिड़कने की कोशिश होगी।' परसाई जी का पूरा-का-पूरा निबन्ध सीख से सधा, धर्मनिरपेक्ष नैतिकता के समर्थन में लिखा गया है। साधारण तथ्य के भीतर से गहरी मानवीय दृष्टि उपलब्ध की गयी है।

'अन्न की मौत' की बातचीत निजी प्रसंग से शुरू हुई, चूहों तक पहुँची वहाँ से व्यवस्था की ओर दौड़ी और चूहेदानी का रहस्य जानकर व्यापक षड्यन्त्र की जानकारी देती हुई जिलेबन्दी की कठिनाइयों को समेट कर देशी-विदेशी पैसों की चाल-ढाल नाक-भौं सिकोड़ती देवताओं के पेट पर आ धमकी और वहाँ से सहसा

राष्ट्र की एकता के पास आयी और उसका असली रूप देखा। परसाई जी इस रूप को प्रस्तुत करते हैं—'हे भारत भाग्य-विधाता, पंजाब, सिन्धु, गुजरात, मराठा, द्राविड़, उत्कल बंगा—सब जगह अन्न को मार कर दफना दिया गया। कोटि-कोटि नर-नारी अन्नसंकट के सूत्र में बँधकर एक हो गये हैं। भुखमरी और भ्रष्टाचारी हमारी राष्ट्रीय एकता के सबसे ताकतवर तत्व बन गये हैं। धर्म, संस्कृति और दर्शन कमजोर पड़ गये हैं। कैसी अद्‌भुत एकता है? पंजाब का गेंहू गुजरात के कालाबाजार में बिकता है और मध्य प्रदेश का चावल कलकत्ता में मुनाफाखोर के गोदाम में भरा है। देश एक है। कानपुर का ठग मदुराई में ठगी करता है, हिन्दीभाषी जेबकतरा तमिलभाषी की जेब काटता है और रामेश्वरम्‌ का भक्त बद्रीनाथ का सोना चुराने चल पड़ा है। सब सीमाएँ टूट गयी हैं। अब जरूरी नहीं है कि हैदराबाद का रेड्डी वहीं भूखा मरे। वह पटना में भी मर सकता है, क्योंकि देश एक है। मुनाफाखोरों, कालाबाजारियों, भ्रष्टाचारियों ने मिलकर राष्ट्र को एक कर दिया है। सुन्दर सपने वाले रवीन्द्रनाथ की उल्लासमयी जिज्ञासा थी कि ये हिन्दू, मुसलमान पारसी और ईसाई सब किसके आवाहन पर भारत-महामानव-सागर में एकत्र हो गये हैं? मैं पूछता हूँ, कवि, वे तो ठीक आये, मगर ये सब जातियों के लुच्चे किसके आवाहन से इधर आये?' अन्त में मर्माहत होते हुए व्यंग्यकार ने सहनशीलता और तटस्थता पर जो कहा उसे सुनिएः 'अद्‌भुत सहनशीलता है इस देश के आदमियों में; और बड़ी भयावह तटस्थता कोई उसे पीट कर उसके पैसे छीन ले, तो वह दान का मन्त्र पढ़ने लगता है।'

'एक बेकार घाव' को लेकर परसाई जी ने दुःख की छान-बीन की है। लिखते हैं, 'पीड़ा के गवाह न हों तो वह बेमजा हो जाती है। बहुत तरह की पीड़ाएँ गवाह देखकर पैदा हो जाती हैं, जैसे कुछ स्त्रियों को पति के घर आते ही सिरदर्द होने लगता है। खूबसूरत चिकने पत्थर बड़े खतरनाक होते हैं। इन पर पहले तो सिर्फ फिसलने का ही डर था। मेरे देखते-ही-देखते बहुत-से लोग चिकने पत्थरों को कुचलने का हौसला लेकर गये और फिसलकर ऐसे गिरे कि अभी तक उनका सिर पत्थर से चिपका है। अब तो ये इसे अपनी नियति मानने लगे हैं, और उठने की कोशिश को बेवकूफी समझते हैं। इधर पत्थरों ने तेज किनार निकाल ली है। कोई मजबूत कदमवाला चले और न फिसले तो उसका पाँव काट देते हैं। किसी मन्त्री का जुकाम मेरे निमोनिया के बराबर होगा। मेरी जानकारी में एक मन्त्री की जाँघ में फोड़ा हो गया था। उनके आस-पास लोग इस तरह बैठे थे, जैसे सबके शरीर में फोड़े-ही-फोड़े हों। प्राचीन इतिहास के एक अध्यापक, जिनकी तरक्की रुकी थी, बता रहे थे कि प्रियदर्शी अशोक को भी ठीक इसी जगह फोड़ा हुआ था। इस दुःख का स्तर ही दूसरा है। वह फोड़ा राष्ट्रीय स्तर का था। राष्ट्रीय स्तर के फोड़े एकदम आदरणीय हो जाते हैं। मेरा घाव 'मरहम-वरहम' स्तर का ही था—एक दुःख है कि रोटी नहीं है। एक दुःख यह भी है कि जिसमें रोटी रखते है, वह फ्रिज बिगड़ गया

है ...अच्छा कलेंडर न मिले तो कुछ लोग आत्महत्या करने की जगह खोजते हैं। ...अच्छे घाव से बड़े काम होते हैं। रूठी प्रेमिका लौट आती है। प्रेम की परीक्षा भी हो जाती है। ...सजे हुए घावों से लोग मन्त्री हो गये हैं। माँ की मृत्यु से एक उम्मीदवार चुनाव जीत गये। पेचिस ने एक रीडर को प्रोफेसर बना दिया। एक बहिन जी को पति ने त्याग दिया, तो सारी पार्टियाँ उनके सामने चुनाव टिकट लेकर खड़ी हो गयीं। ...पैर का घाव सबसे घटिया होता है। घाव सिर पर हो और पगड़ी की तरह पगड़ी बँधी हो, तो लोग आधा घंटा हाल पूछते हैं। हाथ में चोट हो और हाथ 'स्लिंग' से लटका हो, तो आदमी कितना अच्छा लगता है। ये इज्जतदार घाव हैं। घाव को दुकानों के साइनबोर्ड की तरह होना चाहिए। सामने टँगा हो और रंग-बिरंगे बल्ब लगे हों। जो अपना साइनबोर्ड अल्मारी में रखता है, उसकी दुकान बरबाद न होगी? दुबारा ऐसा मौका आया तो कोशिश करूँगा कि पाँव न कटे, सिर फटे 'सिर की चोट' का निराला ही मजा है। इस अँगुली के घाव ने तो मुझ में हीन-ग्रन्थि पैदा कर दी है। एक जख्म और बेकार चला गया।'

ठूँस-ठूँसकर खाने और खिलाने की गैरमामूली चलन से देश के आदमी 'पाँच लाख काम के घंटे, रोज बरबाद करते हैं। बीमारी रगों-रेशे में है। दोपहर का भोजन—मुख्य भोजन बना लेने के कारण हम आमतौर पर खूब डटकर पेट भर लेते हैं। फिर दफ्तर जाते हैं। तो टेबिल पर हाथों के तकिये से सिर टिकाकर ऊँघते हैं। घर में होते हैं तो फैलाकर पड़ जाते हैं। किसी भी दफ्तर में 'लंच' के बाद ऊँघनेवाली पलटन देखी जा सकती है। साहब के कमरे में तो आरामकुर्सी खाकर सोने के लिए ही होती है। 1 बजे से 3 बजे तक तो सारा राष्ट्र ऊँघता है। ...कोई नहीं सोचता कि क्रान्ति की बुनियाद भोजन की आदत के परिवर्तन पर डालनी चाहिए। 'लंच' को सुधार लें, तो विकास की रफ्तार दुगुनी हो जावेगी। ...क्या काम के वक्त दफ्तरों में, दूकानों में, स्कूलों में और घरों में ऊँघने वाले और पेट पर हाथ फेरने वाले क्रान्ति लाएँगे? यह शब्द हैं परसाई के। इनके कहने की जरूरत उन्हें तब पड़ी जब वह स्वयं इस तरह से छककर खिलाए गये थे कि घर आ कर घंटों बिस्तर पर पड़े-पड़े करवट बदलते रहे और पेट के दर्द से देश का दर्द अनुभव कर रहे थे।

एक जगह परसाई जी कहते हैं—'पर इस अर्थव्यवस्था की नदी पर जो हमारी डोंगी बह रही है, उसमें छेद तो है, पर वाल्व लगा है—बाहर से कुछ नहीं आ सकता, अन्दर का ही बाहर जाता है।' इस सत्य की उपेक्षा देश भर में चारों तरफ हो रही है। इसे दिन-प्रतिदिन अनदेखा और अनसुना किया जाता है। तभी तो आयात और निर्यात में भारी असन्तुलन पाया जाता है।

आजकल लड़कों में ऊधम करने की—अवज्ञा करने की—अनुशासनहीनता की प्रवृत्ति बहुत बढ़ गयी है। कोई निदान काम करता नजर नहीं आ रहा। परसाई जी

ने इस समस्या का कारण खोज निकाला है। वे लिखते हैं, 'मगर देख रहा हूँ कि श्रवणकुमार के कन्धे दुखने लगे हैं। वह काँवड़ हिलाने लगा है। काँवड़ में अन्धे परेशान हैं। विचित्र दृश्य है यह। दो अन्धे एक आँख वाले पर लदे हैं और उसे चला रहे हैं। जीवन से कट जाने के कारण एक पीढ़ी दृष्टिहीन हो जाती है, तब वह आगामी पीढ़ी के ऊपर लद जाती है। अन्धी होते ही उसे तीर्थ सूझने लगते हैं—हमें तीर्थ ले चलो। इस क्रियाशील जन्म का भोग हो चुका है। हमें आगामी जन्म के भोग के लिए पुण्य का एडवांस देना है। आँख वाले की जवानी अन्धों को ढोने में गुजर जाती है। वह अन्धों के बताए रास्ते पर चलता है। उसका निर्णय और निर्वाचन का अधिकार चला जाता है। उसकी आँखें रास्ता नहीं खोजतीं; सिर्फ राह के काँटे बचाने के काम आती हैं। कितनी काँवड़ें हैं—राजनीति में, साहित्य में, कला में, धर्म में, शिक्षा में। अन्धे बैठे हैं और आँखवाले उन्हें ढो रहे हैं। अन्धे में अजब काइयाँपन आ जाता है। वह खरे और खोटे सिक्के को पहचान लेता है। पैसे सही गिन लेता है। उसमें टटोलने की क्षमता आ जाती है। वह पद टटोल लेता है, पुरस्कार टटोल लेता है, सम्मान के रास्ते टटोल लेता है। आँखवाले जिन्हें नहीं देख पाते, उन्हें वह टटोल लेता है। नये अन्धों के तीर्थ भी नये हैं। वे काशी, हरिद्वार, पुरी नहीं जाते। इस काँवड़वाले अन्धे से पूछो—कहाँ ले चलें? वह कहेगा—तीर्थ; कौन-सा तीर्थ? जवाब देगा-कैबिनेट; मन्त्रिमंडल; उस काँवड़ वाले से पूछो, तो वह भी तीर्थ जाने को प्रस्तुत है। कौन-सा तीर्थ चलेंगे आप? जवाब मिलेगा—अकादमी, विश्वविद्यालय।' बात बड़ी गम्भीरता से सोची गयी है और व्यंग्य होकर सटीक निकल पड़ी है।

चाहे गाँव हो या शहर या महानगर, सड़कें सब जगह बनती रही हैं, बनती चली जाती हैं, और भविष्य में भी बनती रहेगी। मगर सब जानते हैं कि पहले भी आज जैसी खराब बनती रही हैं और शायद आइन्दा अभी कई दशकों तक खराब बनती रहेंगी। अभी कोई सम्भावना अच्छी सड़कें बनने की नहीं। कुछ एक अच्छी बनेंगी भी तो उससे कोई फर्क नहीं पड़ता। दैनिक जीवन का आवागमन ज्यादातर खराब सड़कों से ही होता रहता है। यह तो बात हुई अपने सीमित दायरे की। राष्ट्रीय स्तर से आगे अन्तर्राष्ट्रीय स्तर पर भी साम्राज्यवाद संसार को जिन सड़कों पर लिये जा रहा है वह भी किसी से छिपा नहीं है। कहते हैं कि 'साम्राज्यवाद ने पहले की कुरूपता त्यागकर सुन्दर रूप ले लिया है'। परसाई जी टिप्पणी करते हैं और सही कहते हैं कि 'कुचलने वाले को निरन्तर सुडौल होते जाना चाहिए। तभी कुचले जाने वाले उसे अपने ऊपर चलने देते हैं।' सड़क तो सत्य को प्रस्तुत करने के लिए अपनाई है परसाई जी ने। बात असल में उनकी करते हैं जो कुचल रहे हैं और जो कुचले जा रहे हैं। दोनों के रोल ने परसाई जी की आँखें उघार दी हैं। जहाँ भी जो भी नया निर्माण किया जाता है वह योजनाबद्ध प्रोग्राम के अन्तर्गत नहीं,

वरन् निजी स्वार्थवश किया जाता है। तभी तो संसार उत्तरोत्तर संकटमय होता चला जाता है। निर्माण-कार्य होते भी इसीलिए हैं कि आधे से अधिक धनभ्रष्ट अधिकारीगण डकार जाएँ। इमारत बनी-तो-बनी पर बनाने वाले का बँगला भी उसी पैसे से बन जाता है। इसे परसाई जी व्यंग्य से कहते हैं कि यह चमत्कार पैसे से बन जाता है। इसे परसाई जी व्यंग्य से कहते हैं कि यह चमत्कार वैसा ही है, जैसा कि भैंस के पेट से कुत्ता पैदा हो जाए। बड़ा चुभता वाक्य लिखते हैं परसाई जी। इसी सिलसिले में—'दशरथ की रानियों को यज्ञ की खीर खाने से पुत्र हो गये थे। पुण्य का प्रताप अपार है, अनाथालय में से हवेली पैदा हो जाती है। अब कंक्रीट की सभ्यता ने रसधारा के ऊपर पक्का पुल बना दिया है। ऊपर से अछूते निकल जाइए। कंक्रीट की सड़कों पर काँटे नहीं गड़ते, दुर्घटना होती है।' आवारा कुत्तों के माध्यम से उन लोगों पर परसाई जी ने बच्चों से गिट्टी फिंकवाई जो गिट्टी के ढेलों से घायल नहीं होते, बिना पत्थर लगे। वह कहते हैं; 'बच्चों को आवारा कुत्तों को मारने का अभ्यास हो जाए तो अच्छा है। आगे चलकर यह देश सँभालेंगे। एक ही आशंका है—इन्हें ऊँची नस्ल के कुत्तों को मारने का अभ्यास नहीं हो रहा है। ऊँची नस्ल का चाहे कुत्ता ही क्यों न हो, दबंग होता है। जूठन चुरा कर खाने वाले घटिया कुत्ते ही पिट रहे हैं। किलो अनाज वाला जेल जा रहा है, 10 ट्रक चोरी से बेचने वाला अटारी में बेखटके रहता है। 5 रुपया घूस वाला पकड़ा जाता है, 5 लाख वाला पकड़ने वाले को डिसमिस करा देता है। अलसेशियन पर यह बच्चे भी गिट्टी नहीं फेंकते। सिक्ख ड्राइवर कहता है रास्ता खराब था जी, मगर वाहे गुरु जी की किरपा से मजे में चले आये। हिन्दू ड्राइवर कहता है—ईश्वर की कृपा से रास्ता ठीक कट गया। मुसलमान ड्राइवर कहता है—खुदा का शुक्र है कि ट्रक किसी तरह आ गया। चीन का ड्राइवर कहता है—माओ के विचारों के प्रताप से बिना दुर्घटना के ट्रक आ गया। बिना देवता के शायद आदमी का काम नहीं चलता। देवता बदलते जाएँ, यह अलग बात है। अमरीका के कलेंडर का बच्चा किसे नमन करता होगा? क्या राइफल और लिंकन को? लिंकन को नमन करके क्या वह वियतनाम जाता होगा? अभागा बच्चा होगा वह। यों ये सभी बच्चे अभागे हैं, दुनिया भरके, जिनके सामने इनके बुजुर्ग राइफल और देवता को रख देते हैं। यह मेरे सामने का बच्चा भी कम अभागा नहीं है। इसके हिस्से का दूध राइफल पी रही है। बहुत वल्गर है यह चित्र। मगर यह देशभक्ति का चित्र है।' सड़क, जिसको लेकर परसाई जी चले, वह यह सड़क थी जो देश-देश में देखने को मिलती है और जिस पर राष्ट्र-के-राष्ट्र अपने और दूसरों का भविष्य अन्धकारमय बना रहे हैं। इस युगीन यथार्थ सत्य से अनवगत रहना ही षड्यन्त्र को बल दिये रहता है। इसी को भरपूर अवगत कराया है परसाई जी ने। दैनिक जीवन के सत्य से जोड़कर, ताकि जड़वत् भी चेतन हों और अपने इर्द-गिर्द की दुनिया को सही

परिप्रेक्ष्य में देखकर सही कदम बढ़ाएँ और नयी मानवीय उपलब्धियाँ हासिल करें, न कि गर्त में गिरते जाएँ—गिरते जाएँ और संसार का रूप-रंग विरूपित कर दें।

'डेंगू, अध्यात्म और लेखक' परसाई जी के कुछ 'हड्डीतोड़' और 'हिम्मततोड़' फतवे पढ़ने लायक हैं। 'रोग कितना ही बुरा हो, नाम अच्छा होना चाहिए। अमरीकी शासक हमले को 'सभ्यता का प्रसार' कहते हैं, तो वह इतने बुरे नहीं लगते। बम बरसते हैं, तो मरने वाले सोचते हैं कि सभ्यता बरस रही है। चीनी नेता लड़कों के हुल्लड़ को 'सांस्कृतिक क्रान्ति' कहते हैं, तो पिटनेवाला नागरिक सोचता है कि मैं सुसंस्कृत हो रहा हूँ। ...आश्रम के नाम से चकलाघर चले, तो भला ही लगता है। डेंगू का नाम 'मधुरिमा' होता, तो—दृश्य दूसरा होता। ...बुखार में वह जीव, ब्रह्म और माया की बातें कर रहा था। संसार असार है, शरीर नाशवान् है। आत्मा अमर है। ब्रह्म ही सत्य है। ऋषि, मुनि जिन्दगी भर तपस्या करते थे, तब उन्हें अध्यात्म-बोध होता था और बाधाएँ कितनी थीं—अप्सरा की, दूसरे ऋषि से ईर्ष्या की। मगर तुझे 101 डिग्री बुखार में ही अध्यात्म-बोध हो गया। क्या डेंगू आध्यात्मिक बीमारी है? तपस्या और बुखार में क्या कोई फर्क नहीं है? क्या अध्यात्म एक तरह का 'डिलीरियम' है? अगर है तो शहर में इस वक्त हजारों ज्ञानी हैं। वे डेंगू के बुखार के जरिये आध्यात्मिक भूमिका में पहुँच गये हैं। ...राजनीति से लेकर बुखार तक में नाटकीयता प्रभावित करती है। चुनाव में ऊँची जाति का सम्पन्न उम्मीदवार किसान के घर जाकर कहता है—दद्दा, आज तो हम तुम्हारे घर से रोटी खाकर ही जाएँगे। बाद में किसान सारे गाँव में कहता फिरता है—इतने बड़े आदमी हैं, पर घमंड बिल्कुल नहीं है। ...बिना नाटक के बड़ा काम करो, कोई चर्चा नहीं होती। ...सांस्कृतिक आदान-प्रदान की सन्धियाँ होती हैं, मगर रोग आ जाते हैं। बीमारियाँ अन्तर्राष्ट्रीय हो गयी हैं। हम बाहर की बीमारी ग्रहण करने के लिए बहुत तत्पर रहते हैं। निर्यात अपना कमजोर है—सामान का हो, चाहे बीमारी का। सुना है भारतीय गाँजा और भाँग पश्चिम में बहुत पसन्द किये जाते हैं। यह धार्मिक नशे हैं। साधु गाँजा पीकर त्रिकालदर्शी हो जाता है। आल्डस हक्सले भी मानता था, नशे के बदले में हम बीमारी ले लेते हैं। पश्चिम को और नशा चाहिए, पूर्व को और बीमारी चाहिए। ...अपनी अर्थ-व्यवस्था को डेंगू हो चुका है। लेटती है तो उठा नहीं जाता। बिठा दो, तो लुढ़क जाती है। पूछता हूँ—माता जी, यह क्या हो गया? कहती है—बेटा डेंगू हो गया। बाहर से 'इन्फेक्शन' आया था। मेरे बेटे को भी डेंगू हो गया था। कितना दुबला गया बेचारा।'

यह है परसाई जी का डेंगू, अध्यात्म और लेखक का विश्लेषण। कैसी अचूक पकड़ है आर्थिक, धार्मिक, सांस्कृतिक और दैहिक बीमारियों की। इनकी अँगुली वहीं पहुँचती है, जहाँ देश दर्द से कराहता होता है। विदेश भी इनकी चपेट में लात

खाकर चित हो जाता है। यह सब बातें दिल और दिमाग का फेर नहीं है, जैसा फेर आज के बौद्धिकों के दिल और दिमाग में होता है। उनके यहाँ तो जरा-सी बात पर जमीन-आसमान के कुलावे मिला दिये जाते हैं और नाक के नीचे, देश हो या विदेश सड़ता रहता है और वे भी उस सड़ान्ध के सहभोक्ता होकर ऊल-जलूल बकते रहते हैं। दरअसल में सत्य–यथार्थ जीवन का सत्य–वही टोहते हैं, जो वैज्ञानिक दार्शनिक दृष्टि से आदमी बनने के कायल हो चुके होते हैं और दूसरों को भी आदमी बनकर जीने का दायित्व सौंपते हैं।

'ग्रीटिंगकार्ड और राशनकार्ड' में परसाई जी ने अच्छे-खासे चुभते वाक्य लिखे हैं। विस्तार रूप से उनकी बानगी यहाँ पेश नहीं की जा रही।

अन्त में इस देश के सुप्रसिद्ध दर्शनीय स्थल भेड़ाघाट के इस धुँआधारिए व्यंग्यकार परसाई को, जो अब तक मेरी नजर से छिपा रहा, उसके वजनदार वचनों के लिए बार-बार हार्दिक बधाई देता हूँ कि उसने अपनी चेतना को सार्थक किया और दूसरे भी उसके सटीक विश्लेषण से समर्थ और साहसी हुए। साहित्य और कला का भी ऐसे ही जनतन्त्रीकरण किया जा सकता है, जैसा करके परसाई जी ने बता दिया। सत्य की पकड़–निर्भीक अभिव्यक्ति साहित्यकार की सबसे बड़ी मौलिक उपलब्धि होती है। जो कोरी बौद्धिकता को और तथाकथित समसामयिकता को दूर-बहुत-दूर पीछे छोड़कर, जनता का मार्ग प्रशस्त करती रहती है। परसाई के तर्ज और तेवर महान् मानवीय गुणों को स्थापित करने के लिए बहुत जरूरी हैं। ऐसे ही व्यक्ति की लेखनी स्याही से नहीं–खून से लेख लिखती है–व्यंग्य करती है और हृदय बेध देती है। इस गद्य के बलिष्ठ और पुरुषार्थी प्रवीण व्यंग्यकार की रचनाएँ ऋषियों की रचनाओं को मात करती हैं और भारतीय चिन्तन-पद्धति में आमूल परिवर्तन करती हैं। निर्लिप्त विवेक की वाणी आदमी के दुःख-दर्द से उद्भूत हुई है और आदमी को ही ऊपर उठाने में जी-जान से लगी है।

मित्र संवाद से

(क) 'उर्वशी' प्रसंग

हम तो जब पढ़ने लगे तो पहले ही 'नीचे' धरती 'ऊपर' आसमान पढ़ कर कवि के ऊपर दया आयी। उसकी कलम और कला पर क्षोभ हुआ। जब 'धरती' वहाँ है और 'आसमान' वहाँ है तब नीचे-ऊपर कैसा? सूत्रधार भी तो धरती पर है। 'फोड़' का प्रयोग प्रारम्भ से अन्त तक है। दोनों अंक (पहले दो) उसी मैथिलीशरनिया भाषा में हैं। बड़े फीके। बड़े भौंडे। न कलात्मक हैं। न बुद्धिमत्ता के प्रतीक। फिर से पढ़ो। चौकड़ी न भरो। औशीनरी का जो परिचय मिलता है वह बड़ी (बड़ा) ही निम्न कोटि का है। दुर्बल नारी पिनपिनाती रहती है। निपुणिका और मदनिका उसे सहानुभूति और साहस देती हैं। सहजन्या और रम्भा की बातें सुन कर तो ऐसा लगा कि जीवन में बस यही है। सबको वही एक बात सूझती रहती है। कहीं तो ऐसा भी प्रयोग है कि तंद्रा 'फट' गयी। 'फोड़' कर द्वीप निकल आये। खूब फोड़ा जल आपके दूसरे पहलवान जी ने। और आगे सुनिए।

निभेद्य गगन में चन्द्रमा मन्द-मन्द चलता है। बताइए आप ही यह कैसा अनूठा चित्रण है। जब बादल होता है तभी वह चलता है और तभी चन्द्रमा चलता प्रतीत होता है। अन्यथा नहीं। यह अकल का दोष है। जरा और देखिए। चित्र कितना वीभत्स है। सूत्रधार कहता है पहले ही पृष्ठ में गगन खोल कर बाँह विसुध वसुधा पर झुका हुआ है। अब आप लेटी हुई पृथ्वी पर वैसे ही झुकिये जैसे गगन झुका था। क्या रूप बनेगा इस चित्र का। आपको गाली देने का मन करेगा। क्या यही है कला? छठें पृष्ठ पर नटी का बयान पढ़िए। कनक प्रतिमाएँ—कुसुम बल्लियाँ—वीणा की रागिनियाँ—कविता की नूतन पंक्तियाँ—समाधि पर रोते दिये की सूरतें—? यह क्या बिम्ब-बोध देते हैं? कुछ भी नहीं। सपनों की तसवीरें। यह क्या रूप वर्णना है? 31वें पृष्ठ पर फिर 'फोड़' आया है। हृदय के साथ-साथ। 30वें पृष्ठ पर निपुणिका ने अनिपुण ढंग से कहा है—'अभी-अभी जल से निकला उत्फुल्ल कमल था'। खूब निकला साहब। जी पहलवान जी, पानी के भीतर से ही

वह फूल कर खिला हुआ निकला। देखा तुमने यह अजूबा सौन्दर्य-बोध। शक्ति के साथ 'हाँक' का प्रयोग भी 30वें पृष्ठ पर नीचे से दो पंक्तियाँ बाद है। वह भी श्रेष्ठ कला की निशानी है। 31वें पृष्ठ पर है गोदी में उठा कर उसे बाँहों में भर लिया। सो यह कैसे? गोदी में उठाया तो बाँहों में भरना कैसा? हम नहीं समझे। आप खूब समझे। 33वें पृष्ठ पर एक प्रयोग है 'भ्रमा' का। यह भी खूब जमा। है न मैथिलीशरणी प्रयोग। 38वें पृष्ठ की पहली ही पंक्ति देखिए। पुरुष के विषय में अर्द्धसत्य घोषणा मिलेगी। ऐसी ही न जाने कितनी बातें हैं जो इस पुस्तक में भरी पड़ी हैं। लिखना दुश्वार है। अभी तो हमने इस काव्य के विचारों के सम्बन्ध में कुछ कहा ही नहीं। उसे लेकर तो बड़ा बवंडर होगा। हमें तो लगता है कि हमारे एम. पी. महोदय ने इसकी पांडुलिपि किसी पान वाले को भी नहीं दिखाई, वरना वह भी बता देता कि जरा कत्था चूना के मेल-मिलाप की सही मात्रा तो सीख लीजिए, और तब दुकान खोल कर बीड़ा बेचिए। नहीं सीख सकने वाला व्यक्ति यदि पान लगायेगा तो खाने वाले का मुँह कटेगा ही। वही हुआ।

हमने तो पहले लिखा था कि इस पुस्तक की शुरुआत ही ऐसे ढंग से की गयी है—ऐसी भाषा अपनाई गयी है कि हम बिचक गये। वैसे ही जैसे ख़ुश्चेव आइसनहावर के सामने। उर्वशी ने जो अपनी तारीफ की है वह अपने मुँह मियाँ मिट्ठू बनने की साध पूरी ज़रूर करती है। यह है भारतीय काव्य की श्रेष्ठ परम्परा में लिखा गया क्लासकीय काव्य। स्वाभाविक भी है। औरतें अपनी तारीफ करती भी हैं। ज़माना बदल गया है। प्रेमी के सामने लाज से नज़र नीची नहीं करतीं वरन सिर उठा कर खूब ठाठ से अपना बखान करती हैं। शायद यह नयी कविता का आदर्श है।

'निष्काम काम-सुख' का सिद्धान्त 'निष्काम कर्म' के भारतीय तराजू पर बड़ा सटीक बैठता है। यह भी सिद्धान्त सही है न कि 'प्रकृति नित्य आनन्दमयी है।' हम क्या कहें इस वाक्-स्फुरण को?

पृष्ठ 89 पर देखिए। यहाँ टहनी चीर दी गयी है। आपने टाँगे चीरना—लट्ठा चीरना सुना होगा। यह नया प्रयोग है। खास दिल्ली का। यदि वहाँ का न होगा तो बिहार का होगा। यदि वहाँ का न होगा तो अपर लोक का होगा। आप जानें—वह जानें।

आपने अपने लेख में अँधेरे पक्ष को लिया, मगर बस सपाट दौड़ गये। हम आशा करते थे कि दोषों का विवेचन इसलिए और करेंगे कि यह काव्य एक वयस (वयस्क) कवि का है। उससे ऐसी भूलों की आशा नहीं की जा सकती थी। वह महज़ इसलिए सराहे जाने का पात्र नहीं है कि उसने कुछ ऐसी मनबहलाव की बातें की हैं जो थोड़ी देर तक नशे का सुरूर देती हैं।

उर्वशी और पुरुरवा की कथा इस युग में किन्हीं दूसरे स्तरों पर खुलनी चाहिए थी। इस कथा में बड़े प्रौढ़ तत्व हैं। उन्हें ग्रहण करना चाहिए था। यह चन्द्रमा में पहुँचने का युग है। यह धरती और आकाश की दूरी मिटाने का युग है। इस दृष्टि

से भी नये तत्वों को उठाना चाहिए था। दिनकर साहब ने बहुत साधारण समस्या को उठाया है। भरत का श्राप (शाप) सफल होता है। उर्वशी पति-पुत्र दोनों को छोड़ कर चली जाती है। हाँ एक बात बड़ी मजे की यह है कि हमारी हिन्दी जो राष्ट्र के कोने में अभी तक राष्ट्र-भाषा न बन सकी वह इस काव्य में अप्सराओं की बड़ी प्रौढ़ भाषा बन सकी। बधाई है कवि को। अब फिर।

(ख) अज्ञेय पर

बाँदा
15-10-70

प्रिय डॉक्टर,

4/10 का पत्र सामने है। उत्तर विलम्ब से दे रहा हूँ।

तुम्हारे भवभूति वाले लेख को देखने को लालायित हूँ। हिन्दुस्तान साप्ताहिक के दिवाली अंक में शायद छप कर आयेगा। यहाँ उसे खरीदूँगा। धर्मयुग में भी शायद एक लेख आया था पर वह अंक यहाँ मिल नहीं सका। न देख सका।

—निराला का अद्वैत काफी चिन्तन चाहता है। विस्तार भी। तभी पाठक उसे समझ सकेगा।

—इधर अज्ञेय की पुस्तक 'सागर मुद्रा' देखी। बड़ी सतही कविताएँ हैं। वहाँ नदी का पुल अपने से पीड़ित है कि उसे रौंदा जा रहा है और दूसरे उससे पार उतर रहे हैं। शायद यहाँ उनकी ही व्यक्तिगत मानसिक पीड़ा उभरी है। हम होते तो पुल का रूप लेते तो इसीलिए कि सबको पार उतार कर अपने को भी कृतकृत्य समझते। अज्ञेय सतह पर रह कर कलम चलाते हैं। चूँकि शब्दी हैं—शिल्प का प्रयोग जानते हैं। इसलिए बात कह जाते हैं। विवेक से विवेचन करने पर पक्ष की कमजोरी उभरती है। पहली कविता भी वैसी ही है। उसमें भी अज्ञेय उस आग से रात में डर कर सोते-सोते जग पड़े हैं और स्वप्न में उस आग से निगले जाने की स्थिति में पहुँच गये हैं। बाहरी आग से डर—भीड़ का डर है।

सस्नेह केदार

(ग) पार्टी की स्थिति पर

केदारनाथ अग्रवाल एडवोकेट

सिविल लाइन्स, बाँदा
(उत्तर प्रदेश)
दिनांक 13-2-74
शाम 5-1/2 (साढ़े पाँच) बजे

प्रिय डॉक्टर,

दिनांक 6/2 के पत्र का उत्तर अब दे रहा हूँ। देरी इसलिए हुई कि बेटा और उसकी बीवी अपने बच्चे प्रशांत को लेकर मद्रास से आ गये थे। परसों वापस गये। मैं उन्हीं में व्यस्त रहा।

बाँदा सम्मेलन ने शुरुआत की। बरसों के सन्नाटे को तोड़ा। यहाँ के सम्मेलन के समय हम लोगों ने साहित्यिक पत्रिका की चर्चा की थी। सभी आये हुए साहित्यकारों ने सुझाव अच्छा समझा था। पर अन्तर्धारा यही मालूम हुई थी कि पार्टीबन्दी में फँसे लोग इस ओर एकजुट हो नहीं सकते। मार्क्सवादी अलगाव की स्थिति में ही रह कर लिखना-पढ़ना चाहते थे। छोटी-मोटी पत्रिकाओं के अलमबरदार भी अपनी निजता बरकरार रखने के लिए एक पत्रिका प्रकाशन के लिए तैयार नहीं दिखे। कोई भी व्यक्ति इस मसले पर कृतित्व की रक्षा के लिए एक सहयोगी पत्रिका निकालने की दिशा में ठीक से सोचने-समझने के लिए तैयार नहीं दिखा। सब पर राजनीति सवार थी। साहित्य सभी के लिए गौण-सा ही रहा। इलाहाबाद में जो सम्मेलन हुआ वह तो बाँदा-सम्मेलन की उलटी प्रतिक्रिया के लिए ही आयोजित किया गया जैसा लगा। वही लोग जो यहाँ आम जनता से जुड़ने-जूझने की बात कर रहे थे वहाँ केवल प्रकाशक और लेखकों के आपसी सम्बन्धों को ले कर उबलते रहे। शायद ही हरीशंकर परसाई (हरिशंकर परसाई) के अतिरिक्त किसी ने दो टूक बात कही हो और समाजवादी साहित्य के निर्माण की बात सोची हो। महादेवी वर्मा का ऐलान भी भारतीय संस्कृति के नाम पर अच्छा नहीं रहा। यहाँ बाँदा में भी उन्होंने इसी संस्कृति का अधूरा और एकांगी स्वरूप सबके सामने रखा था। तभी डॉक्टर उपाध्याय[1] (श्री विश्वम्भर नाथ ने नहीं) उन्हें भद्र तरीके के उत्तर दिया था और भारतीय संस्कृति के उस पक्ष को उजागर किया था जिस पक्ष से उसका असली स्वरूप सामने आया था। बिहार में हुआ सम्मेलन डॉ. खगेन्द्र प्रसाद के प्रयास से आयोजित हुआ था। वहाँ की पूरी रिपार्ट देख नहीं सका, पर वह इलाहाबादी सम्मेलन से भिन्न तो था ही।

तुम ठीक कहते हो--पहले भी तुमने यही लिखा था कि बिना पत्रिका के कुछ काम नहीं बन सकता। बात पते की है। परन्तु वह दिन दूर है--बहुत दूर है जब पत्रिका निकल सकेगी। माहौल भयानक है। गुटबाजी सबसे, प्रबल है। कृतित्व की परवाह किसी को नहीं है। नयी प्रतिभाएँ भटक रही हैं। कोई साथ नहीं चल सकता। अपने-अपने तौर तरीके हैं। बेहद कूड़ा-करकट ऊपर फेंका जा रहा है। इस पर भी चुप बैठे रहना कोई महत्त्व नहीं रखता। छुटपुट ही सही (,) सही काम होते ही रहना चाहिए। दिखावट के युग में मिलावट खाकर ही जीना पड़ता है। पर मिलावट है इसी अवगतता को अपनाए-अपनाए लिखते रहना पड़ेगा। कोई दूसरा उपाय नहीं है। पार्टियाँ पत्रिका नहीं निकालेंगी। यह भी निश्चय ही लगता है।

1. श्री भगवतशरण उपाध्याय

उन्हें राजनीति लड़ाने से अवकाश नहीं है। उनका ध्यान ही इधर नहीं जाता चाहे जितना कहो सुनो। वैसे संसद सदस्य श्री झारखंडे राय से बातें हुई थीं कि क्या साहित्य और संस्कृति को जनसंघ के लिए छोड़ा जा रहा है। वह कहते तो थे कि अपनी पार्टी में पत्रिका का सुझाव वह रखेंगे। व्यास जी[1] से दिल्ली में बात हुई थी। वह कहते थे अभी तो सम्भव नहीं है। हालत ठीक नहीं है। शायद 'जनयुग' का Supplement ही Literary –निकालना सम्भव हो। देखो क्या होता है।

अब चुनाव की सरगर्मी है। समाजवादी साहित्य के निर्माण की दिशा इस चुनाव से क्या होगी यह अभी कह सकना कठिन है। बड़े विषम दिन हैं। लगता है कि जैसे साहित्य का मंच उखाड़ फेंका जा रहा है और छिछला और छिछोरा पत्र ही कृतित्व कहला सकेगा। आत्मपरकता का वस्तुवत्ता से कोई गहरा सम्बन्ध नहीं रह गया। समाजवादी दृष्टिकोण धुँधला रहा है कृतित्व में। न कोई समय देता है–न धैर्य से काम करता है। फुलझड़ियाँ छुटाई जा रही हैं। वही जो गरम बनते हैं कुछ दिनों बाद व्यवस्था से जुड़ कर समाप्त हो जाते हैं। शायद सब जगह ऐसा होता रहा है, अन्य देशों में भी। इस पर भी अच्छा लिखा जाएगा चाहे कम ही क्यों न हो।

समय तो उपयुक्त है कि धारदार कृतियाँ लपलपाएँ और ज्योति बिखेरें। पर कृतियाँ बनिया की पुड़िया हो गयी हैं। जिनमें नकली हल्दी और गरम मसाला मिला करता है। तमाम कारण हैं जो इस सबके लिए जिम्मेदार हैं।

तुम तो खूब जम कर लिख रहे हो। मुझे बेहद खुशी इसी बात की है। और भटक जाएँ–तुम नहीं भटके, यही बड़ी बात है। दाद देता हूँ। निराला की तीसरी पुस्तक भी तैयार कर डाली तुमने। बधाई।

तुलसीदास अच्छे तो हैं ही। राम-लछिमन-भरत-सीता-हनुमान तो उन्हीं के बनाए हैं। अब इस युग में तुलसी का सेवार ही सब तरफ उतराया फिर रहा है। भारतीय संस्कृति के नाम पर वही-वही तो श्रेष्ठ माना जाता है। बेचारे सतह से नीचे धँसे तुलसी का असली मर्म तो कोई समझता ही नहीं। न उसे कोई ऊपर लाता है। तुमने वह रूप देखा है इसलिए तुम कहते हो कि सभी रूढ़ियों के ऊपर से उनकी कविता धारा बह चली है। उनकी Ecstacy को देखती नहीं है दुनिया। तभी तो मैं कहा करता हूँ कि रामायण (को) ताबीज बना कर लोगों ने गले में पहन ली (लिया) है और बस कल्याण हो गया सब तरह का। मुझे इसी रूप से तो नफरत है। पर लोग हैं कि इस बात को सहन नहीं कर सकते। तुलसी का असली रूप लोग समझें–जनता उसे पहचाने तब वह किसी काम के हो सकते हैं वरना वह भी परम पूज्य बना कर प्रातःस्मरणीय मात्र घोषित कर दिये जाएँगे।

---

1. श्री एच.के. व्यास, जनयुग–सम्पादक, पी.पी.एच. से सम्बद्ध

जनता अनपढ़ है। उसे पढ़ाना पड़ेगा। रामलीला ने मूढ़ जनता को रूढ़ियों में ही जीने का बल दिया पर रूढ़ियों के तोड़ने का बल तो नहीं दिया। वास्तव में वह (तुलसी) भक्त मात्र मान लिए गये हैं--क्रान्तिदर्शी नहीं। यह विडम्बना है कि हम लोग उन्हें उबार नहीं रहे। उनके राम-लछिमन आदि तो स्थापित हो गये, परन्तु तुलसी विस्थापित हो गये। यह सच है, झूठ नहीं। अभी पिछले दिनों चित्रकूट में तुलसी-मेला आयोजित हुआ था। वह भी वही रूढ़ियों का मेला था।

(घ) मुक्त छन्द की हिमायत

बाँदा
5-12-43

प्रिय शर्मा

...,

रही बात Free Verse की–यह मुझे मेरी जान ही मालूम होती है। जो चाहता हूँ वही उन शब्दों में कह लेता हूँ–ऐसा नहीं होता कि लिखने कुछ बैठूँ और तुकान्त के यही दाँव पेंच में पड़कर कुछ दूसरा ही लिख डालूँ। मेरा ऐसा अनुभव है कि तुकान्त में यही होता है। उसमें मेरी हत्या होती है। Free Verse में मैं पनपता हूँ। मुझे तुम्हारी सलाह तुकान्त में लिखने की पसन्द है, पर ग्राह्य नहीं है। मैं उसे ग्रहण तो तब करूँ जब वह मुझे धोखा न दे। वह दग़ाबाज़ है। वह केदार को नहीं साहित्यिक मानव के पुरातन भावों को ही शब्दों के गर्भित अर्थ गौरव से प्रकट करना जानती है। मुझे Free Verse का माध्यम जानदार और ज़ोरदार मिला है। यह पिटा-घिसा नहीं है। न इसमें पंक्ति के अन्तिम भाग का एक-सा अवसान है। यहाँ प्रवाह है, रोज़ की बोली का सजीव रूप है। शर्मा मेरी राय मानो तो तुम मुझे तुकांत लिखने की यह सलाह न दो। मैं तुम्हारा केदार हूँ। वैसे तो मैं मानूँगा ही पर तनिक और सोच लो। लोग गधे होते हैं–हरामज़ादे होते हैं, उन्हें तो तुम जितने घूँट जैसा पानी पिलाओगे वह उतने घूँट वैसा पानी पिएँगे। उनका (की) खुद की रुचि ही क्या है। वह लेखक की कलम के साथ नाचते हैं। ताब भर हो मेरी कलम में मैं तो उन्हें ऊबने न दूँगा। ऐसे तरीके से लिखूँगा जो नयी होंगी। मैं पुराना तरीका आने ही नहीं देता। साँस का जोर पंक्तियों में आवे, मेरी यह साधना है। जिन लोगों को तुम कहते हो कि ऊब गये हैं Free Verse से वे लोग ही कौन हैं? तुम्हारे घनचक्कर साहित्यिक होंगे। नये साहित्य की सृष्टि अतुकान्त मुक्त छन्दों के प्रवाह में है, मैं यही देख रहा हूँ। जब दुनिया वाले तुकान्त छन्दों को युगों से घोखते रहने पर भी आज तक नहीं ऊबे तब भला वे इस कुछ काल की अतुकान्त Free Verse से कैसे ऊब सकते हैं। वह जब इसी के

आदी हो जावेंगे तब इसका स्वागत करेंगे, अभी उनकी सब भावनाओं का प्रकटीकरण नहीं है इसी से इस Free Verse से बिचकते हैं जैसे मेरा बूढ़ा बैल नेता लोगों को देख कर बिचकता है। फिर यह तो Free Verse की मुठभेड़ है, तुकान्त की जीत नहीं हो सकती, नहीं हो सकती। अपनी लम्बी-चौड़ी टाँगों और मजबूत कलाइयों का पूरा जोर Free Verse गोलमटोल तुकान्त के शरीर पर अजमावेगा और खून निकाल लेगा। Free Verse की कविता नये दृष्टिकोण की कविता है। वह केवल कल्पना की परी के उरोजों पर चढ़ी चोली अथवा भावुक नासिका की नाक पर बैठे हुए श्रम बिन्दु का प्रतिबिम्ब नहीं हैं। वह अनगढ़ लोगों के जमात की, टाट पर बैठने वालों की सोहबत में रहने वालों की, ऊबड़-खाबड़ देह की एक मात्र मज़दूरिन है। उसे नफासत की उँगलियाँ कैसे छू सकती हैं। सभ्य समाज के पोषक उसे कैसे पास बुलाकर निहार सकते हैं। वह साहित्य में 'भदेस (पन)' लाई है किन्तु उस 'भदेस (पन)' में ख़ून की लाली है, गरमी है और ताकत है। शर्मा तुम न ऊबो और सालों को ऊबने दो। मैं गाली इससे देता हूँ कि वह (वे) तुम्हारा स्वाद बिगाड़ रहे हैं। तुम पूरे 'साधु' (साहित्यिक) होते जा रहे हो, यह प्रगति तुम्हें बहका रही है। जानते हो दुनिया उसी की है जिसका हथियार (चाहे वह जिस प्रकार का हो) गहरा घाव करता है। मैं सोचता हूँ तुकान्त काम कर चुकी। नयी दुनिया के बाशिन्दों की (को) वह चीज़ नहीं दे सकती—वह निकम्मी और कायर है। तुम कहोगे संसार की तुकान्त कविता ने ही संसार बदला है, रंग जमाया है, ख़ून तक बहाया है। बहुत अंशों में वह सत्य है। किन्तु यह भूतकाल का सत्य है। सत्य मैंने ग़लत कहा, भूतकाल का अनुभव मात्र है। जब सम्पूर्ण राज्य व्यवस्था ही उलट-पुलट रही है, हँसिया-हथौड़ा की हड्डी-पसलियाँ नव निर्माण कर रही हैं तब क्या यह सम्भव नहीं है कि पुरानी कविता की 'तरकीबें' भी रद्द कर दी जाएँ और नयी निकाली जाएँ। तुकान्त कविता एक फल का चाकू जैसी है। अतुकान्त Free Verse सौ लाख फलों जैसी है।

दोस्त, तुम यह न सोचना कि मैंने यह सब अपनी कविता के Defence में लिखा है। यह मेरे साथ अन्याय होगा क्योंकि मैं तुम्हारे साथ यह 'कपट' नहीं कर सकता। मैं अपनी कविताओं की कमज़ोरियाँ मानता हूँ—मैं प्रयत्न करता हूँ कि ज़ोरदार चीज़ें दूँ। तुम्हें कायल कर दूँ। पर यह ज़रूर है कि जहाँ सब उस तरह लिखते हैं, मुझे मेरी तरह ही लिखने दो। मेरा यह Experiment है। इसे बीच में ही न बन्द करने को कहो। यदि सफल हुआ तो हिन्दी का फायदा है। यदि न हुआ तो नुकसान नहीं है। तुम्हारी बात मान जाऊँगा।

शायद तुमने देखा होगा कि छन्द वाली कविता ग्राम्य कंठ से नहीं निकलती। उसमें Free Verse ही रहता है। मैं शहरी गवैयों या गज़ल गाने वालों की बात

नहीं कहता, न आल्हा या ब्रजवासी गाने वालों की बात कहता हूँ। ये कवियों की कृतियों के मौखिक अनुकरण हैं। जब पिसनहारी गाती है, तो साँसे लम्बी-छोटी चलती हैं Free Verse में। खैर...

तुमने Time को Eternal dimension माना है। इस dimension की व्याख्या तो करो, प्यारे। इसके लिए तुमने लिखा है, न आदि है, न अन्त है; न वह अनादि है न अनन्त है। आदि भी नहीं है; फिर भी अनादि नहीं है,–यह कैसे समझ में आये?

तुम कहते हो Energy, Consume नहीं होती। जब सूर्य ठंडा हो जाएगा, धरती जीवहीन हो जाएगी–तब वह Energy परिवर्तित हो कर कहां स्थित होगी?

इस विषय पर कुछ और पढ़ कर एकाध लेख-वेख लिखूँगा तब तुम्हें विचार के लिए भेजूँगा। अच्छा, अब पकौड़ियाँ आ रही हैं। पहली तुम्हारे नाम की–गप्।

रा. वि.

(ङ) देशकाल

बाँदा

1-12-56

रात्रि साढ़े सात बजे

प्रिय डॉक्टर

...,

एंगेल्स का कहना मुझे सही प्रतीत होता है कि प्रकृति का भी समय के अन्तर्गत एक इतिहास है। इस कथन का तात्पर्य यह कभी नहीं होता कि वही प्रकृति उसी रूप में सतत बनी रहेगी। हो सकता है कि यह न रहे–कोई (किसी) दूसरे रूप में रहे। फिर कभी ऐसा ही रूप ग्रहण कर ले। यह क्रम तो निरन्तर होता रहेगा।

जब मैं समय को न अनादि कहता हूँ–न अनन्त कहता हूँ तब मेरा मतलब होता है कि उसका आदि से आदि क्षण भी अपने से पहले से ही रह चुका होता है। इसीलिए समय के किसी छोर की कल्पना करना तर्कसंगत नहीं होगा। तभी तो मैं उसे अनन्त भी नहीं मानता। हो सकता है कि जो आदि क्षण है वही अन्त क्षण भी हो। यहाँ आदि और अन्त एक ही बिन्दु पर मिले होते हैं। इसीलिए अनादि और अनन्त की कल्पना ही असंगत है क्योंकि जिसका आदि है वह अनादि कैसे और जिसका अन्त है वह अनन्त कैसे? अतएव समय आदि और अन्त से परे होकर भी आदि और अनन्त नहीं कहा जा सकता। वैसे तो प्रतीत तो यही होता है कि जिसका आदि नहीं है वह अनादि है और जिसका अन्त नहीं है वह अनन्त है। किन्तु मुश्किल यह है कि उस समय के Dimension के अन्दर

समय है, आदि और अन्त के रूप में नहीं, न अनादि और अनन्त के रूप में। समय सत्तात्मक है। सत्ता के आदि और अन्त का प्रश्न ही नहीं उठता—जब प्रश्न ही नहीं उठता तब अनादि और अनन्त की बात सोचना भी गलत जान पड़ती है।

समय को मैंने eternal dimension कहा है। इस dimension की व्याख्या नहीं— अनुभूति होती है। यदि व्याख्या ही करना चाहो तो कह सकते हो कि समय वह है जिसके अन्दर सब कुछ होता रहा है, होता रहेगा, और हो रहा है। समय तो स्पेस के साथ ही जुड़ा है। समय और स्पेस का एक ही dimension है।

Energy consume नहीं होती। यह ठीक है। सूर्य ठंडा पड़ जाएगा—मगर वह energy space & time के dimension में कहीं-न-कहीं विराजती रहेगी। पृथ्वी ठंडी पड़ जाएगी तो क्या इस पृथ्वी के अलावा अन्यत्र कोई नक्षत्र या ग्रह है ही नहीं? हैं तो।

शेक्सपियर की उक्ति एक हद तक ठीक ही है। यह दुनिया न रहेगी। मगर पदार्थ रहेगा शक्ति—रहेगी ही। शेक्सपियर इस गोल दुनिया के नष्ट होने की बात कह रहे हैं मगर उससे पदार्थ और शक्ति के सर्वनाश होकर न रहने की बात नहीं कह रहे। Prospero का काल कथन दार्शनिकों का कथन नहीं—हम जैसों का कथन है। बस। स्पेस समाप्त हुई—कलम भी रुकती है।

केदार

बांदा (उ. प्र.)

26-10-74

प्रिय डॉक्टर,

नागर जी[1] का पत्र आया था। वह न आये। उनका कंठ उनका पथ प्रशस्त न कर सका। तुमने पत्र भी न दिया। आये भी नहीं। मैं तो स्टेशन गया—ट्रेन देखी। फिर अकेला घर लौट आया, लेकिन मैं गया उसी दिन कार से। वहाँ दो दिन रहा। मौसम बेहद बढ़िया था। गरमी न थी। हल्का जाड़ा हरियाली को उत्फुल्ल किये थे (था)। धूप जो थी। पयस्विनी अनुसुइया जी में आदिम यौवन के उन्मुक्त आवेग से निष्कपट निनाद कर रही थी। देखता रहा-देखता रहा और तुम दोनों की याद करता रहा। काश तुम लोग भी होते तो शायद हम लोग उसे कंधों में उठा लेते और उसके आह्लाद के आवर्तों में गोते लगाते रहते।

जानकी कुंड में ठहरा था। प्रबन्ध बढ़िया था। कोई दिक्कत न हुई। वहाँ से जीप मिल गयी थी। गुप्त गोदावरी भी गया उसी में। स्थान रमणीक है। पहाड़ों से घिरा चारों ओर का दृश्य मन मोहे था। पहाड़ियाँ हरे परिधान में खड़ीं, धूप से गौरांग हुई, सीधे आसमान से बातें करती थीं और सूरज को सिर पर चढ़ाए खूबसूरत हो रही थी। इसके पद तल पर बिछे पड़े हरे-भरे खेत किसानों के श्रम

1. श्री अमृतलाल नागर। [अ. त्रि.]

और स्वेद की जयगाथा से चमक रहे थे। तुम लोग भी झूम गये होते। धत्तेरे की। वादा करके भी मुकर गये। अब शायद वह सुअवसर और वैसा मौसम नसीब भी न हो। होनहार थी कि प्रकृति उदार और स्नेहिल हो गयी थी।

सस्नेह तुम्हारा
रामविलास

16, Thirumoorthy Street
"T", Nagar
MADRAS 17
25.3.78

प्रिय डॉक्टर,

—22/3 का तुम्हारा पत्र आज सबेरे मिला। होली का दिन है। उत्तर प्रदेश के यहाँ आये लोग, तो रंग-अबीर और गुलाल से लाल हो रहे हैं और मद्रास के कोरे मौसम में भंग-बूटी छान कर भोले बाबा की जय बोल रहे हैं। मथुरा की होली को साकार कर प्रसन्न हो रहे हैं। अभी तो हम रंग से बचे सफेद बैठे पत्र लिख रहे हैं। पर बेटे की ससुराल में आज दोपहर का भोजन है इसलिए तब तो बच पाना सम्भव न होगा और रंगीन हो जाएँगे। मज़ा तो आता ही है, इस बुढ़ौती में भी जब तन-मन दोनों रसिया उठते हैं। भला कोई बात है कि परिवेश में फूल रंग मारें और हवा नाचे और धूप गुदगुदाती रहे और आदमी ठूँठ की तरह बेजान खड़ा रहे;

—तुम ठीक कहते हो कि महाबलीपुरम् का समुद्र-तट मद्रास के समुद्र-तट से अधिक काव्यमय है। यहाँ परसों शाम गया था। आदि तत्व हिलोरें ले रहा था—चंद्रमा रोशनी भर रहा था। पानी-अथाह नीला पानी—तरल तन से पारा-पारा हो-हो कर उछल-बिछल रहा था और आदिम बोल-बोल कर तट पर पसर-पसर जाता और तत्काल अपने अहं में पहुँच-पहुँच जाता था। फिर-फिर देश और काल को पानी-पानी किये हरहरा रहा था। देखता रहा—सुनता रहा—जल की विवशता मुझे द्रवित करती रही और मैं अपनी चेतना में इसके आदि तत्व की पुकार—पुकार में शताब्दियों का इतिहास खुलते-मुँदते, प्रस्तुत होते भोगता रहा। आदमी के सम्पूर्ण विकास-क्रम को इसी सन्दर्भ में, फिर-फिर दुहराता रहा और आदमी होने के गौरव से और उसकी गरिमा से गूँज-गूँज उठता रहा। सच, आदमी सबसे श्रेष्ठ है। श्रेष्ठ है इसकी चेतना जो प्रकृति और परिवेश को बदल-बदल कर मानव मूल्यों के अनुरूप बना रही है और हम एक उज्ज्वल भविष्य की ओर जा रहे हैं। इसमें सन्देह नहीं है।

सस्नेह तुम्हारा।

केदारनाथ अग्रवाल

□□